任力资源

人力资源成本管控

任康磊◎著

第 2 版

人民邮电出版社

北 京

图书在版编目（CIP）数据

人力资源成本管控 / 任康磊著. -- 2版. -- 北京：
人民邮电出版社，2022.10
ISBN 978-7-115-59291-0

Ⅰ. ①人… Ⅱ. ①任… Ⅲ. ①人力资源管理－成本管
理 Ⅳ. ①F234

中国版本图书馆CIP数据核字(2022)第084888号

内 容 提 要

本书内容涵盖人力资源管理实战中人力成本管控的关键知识点，将人力资源成本管控的方法论转化为容易上手操作的表单、图形、工具、模型，让方法论可视化、流程化、步骤化、模板化，通过大量实务案例详解呈现操作过程，从而有效指导读者做好人力资源管理中的成本管控。

本书分为10 章，内容包括如何认识和分析人力成本；如何在顶层设计层面管控人力成本；如何在机构岗位层面管控人力成本；如何在灵活用工层面管控人力成本；如何在招聘选拔层面管控人力成本；如何在培训发展层面管控人力成本；如何在薪酬绩效层面管控人力成本；如何在借力用人层面管控人力成本；如何在人才保留层面管控人力成本；如何在法律风险层面管控人力成本。

本书案例丰富、模板齐全、通俗易懂、实操性强，特别适合人力资源管理从业人员、企业各级管理者、各高校人力资源管理专业的学生、准备考取人力资源管理师及其他人力资源管理专业相关证书的学员、需要人力资源管理实战工具书的人员，以及其他对人力资源管理工作感兴趣的人员使用。

◆ 著　　　任康磊
责任编辑　马　霞
责任印制　周昇亮

◆ 人民邮电出版社出版发行　　北京市丰台区成寿寺路 11 号
邮编　100164　电子邮件　315@ptpress.com.cn
网址　https://www.ptpress.com.cn
涿州市般润文化传播有限公司印刷

◆ 开本：700×1000　1/16
印张：15.75　　　　　　　　　　　2022 年 10 月第 2 版
字数：327 千字　　　　　　　　　　2025 年 11 月河北第 6 次印刷

定价：69.80 元

读者服务热线：(010)81055296　印装质量热线：(010)81055316
反盗版热线：(010)81055315

总序

HR，用专业证明自己

有很多做人力资源管理工作的朋友问过笔者这样的问题："HR（human resources，人力资源，常代指企业人力资源管理工作人员）要如何证明自己？"

营销类的岗位可以用业绩来证明自己；产品类的岗位可以通过开发出好的产品来证明自己；运营类的岗位可以通过达成项目预期来证明自己；就连财务类的岗位，也可以通过定期形成财务报表，做财务分析来证明自己。

可是，HR 要用什么来证明自己呢？

实际上，HR 可以证明自己的方法非常多，比如划分清楚岗位权责利，保证人才的招聘满足率，给关键岗位建立胜任力模型，帮团队培养出能力达标的人才，设计出有激励效果的薪酬体系，建立起有助于实现目标的绩效体系，帮助团队提升员工敬业度，实施有价值的人力资源数据分析，帮助团队提升劳动效率，帮助公司降低人力成本等。

不过，任何一项能够证明自己的工作，都需要 HR 专业能力的支持。HR 这份职业是一个上限可以很高、下限也可以很低的职业。要提升 HR 的职业上限，提升专业能力是大多数 HR 的唯一选择。

如果不具备人力资源管理的实战专业能力，HR 就只能做人力资源管理中价值比较低的事务性工作。只有具备系统实战专业能力的 HR，才能在人力资源管理岗位上获得好的职业成长与发展。

十几年之前，笔者刚接触人力资源管理工作的时候，特别想系统地学习人力资源管理实战技能，帮助自己更好地开展工作。但当时找遍了全网，也没找到好的学习资料和课程。

后来，靠着不断向世界顶级的管理咨询公司学习方法论，靠着对大量人力资源管理咨询项目不断实施验证，靠着对实战中搭建的人力资源管理体系的不断应用复盘，靠着十几年的经验积累，笔者终于能相对全面地总结出实战人力资源管理体系的方法论，能够帮助 HR 更系统、更快速、更有效地提升人力资源管理技能。

任康磊的人力资源管理图书自上市以来就好评如潮，销量与口碑都名列前茅，如今已有超过 60 万册的总印刷量。

许多读者在线上平台和笔者社群中晒出书架上摆着的一整套任康磊的人力资源

管理实战系列丛书，并开心地说这套书已经成为其案头必备的工具书，内容非常实用。笔者很高兴自己的经验知识能够帮助到广大 HR 学习成长。

为帮助读者朋友们更高效地学习实战人力资源管理技能，介绍一个"4F"学习成长工具。工具中的"4F"分别是：facts（现实／事实）、feeling（感受）、findings（发现，引申为思考／观点）、future（未来，引申为行动计划）。"4F"对应着 4 个学习步骤，按照这 4 个学习步骤进行实战学习，能让学习效率事半功倍。

第 1 步，总结事实。

在学习过程中，注意学习内容中都有什么，看可以总结出多少对自己当前工作有价值的要点。学习的过程固然重要，个人的总结同样重要。没有总结，知识都是别人的；有了总结，知识就变成了自己的。

第 2 步，表达感受。

通过总结出的要点内容，表达出自己的感受。这里的感受可以随意延展，不限于总结出的内容。横看成岭侧成峰，远近高低各不同，相同的内容，不同时间点的感受是不同的。

第 3 步，寻找观点。

思考通过学习的过程，获得了怎样的独立思考，形成了哪些自己的观点，得到了哪些具体收获。学而不思则罔，思而不学则殆，学习的过程必然伴随着深度的独立思考。

第 4 步，行动计划。

经过思考之后，形成具体的行动计划。这里的行动计划最好能够帮助实际工作，可实施，可落地。行动不仅是实践学习成果的方法，也是检验学习成果的有效方式。行动计划实施过程中如果发现问题，可以再回到第 1 步重新学习。

"4F"学习成长工具是个闭环。每一个学习过程，都可以用"4F"学习成长工具进行复盘。当你刻意运用这个工具学习的时候，即便学到自己已经知道的内容，也往往会有一些新的认知、新的理解和新的感悟。

如果你在系统学习任康磊的人力资源管理系列图书、线上课或线下课，建议不断运用这个工具开展学习，你将能够不断获得成长与提升。

系统有效地学习任康磊的人力资源管理系列学习产品（图书、线上课、线下课），将帮助 HR 全面提升个人能力，提升职场竞争力；帮助 HR 成为解决人力资源管理实际问题的专家，提高 HR 的岗位绩效；帮助 HR 迅速增加个人价值，增加职场话语权。

最后，要感谢广大读者朋友的支持与厚爱，感谢人民邮电出版社恭竟平老师与马霞编辑的指导与帮助，感谢张增强老师的鼎力协助。

祝读者朋友们能够成为卓越的人力资源管理者。

HR，让咱们用专业证明自己！

曾经有个朋友问我："做人力资源的是不是永远都不会受领导待见？"

我反问他："你为什么会有这样的想法呢？"

他回答说："难道不是吗？人力资源部不就是个只会花钱的部门吗？发工资、发福利、交保险，处处都要花钱，而且没有拿得出手的业绩，不像业务部门，可以为公司赚钱。"

我说："没有拿得出手的业绩，就创造出拿得出手的业绩呗。"

他说："做人力资源的都是些事务性工作，哪有什么实质的业绩？"

我说："不对吧？做人力资源可以为公司创造的价值可多了，而且能够被量化的也不少。领导关注公司的盈利，最简单的利润公式，利润 = 销售收入 - 成本，很多业务部门能够通过努力为公司提高销售收入，人力资源管理人员可以通过努力为公司降低成本。这两者都可以为公司提高利润，不都是看得见的业绩吗？"

我曾经负责过一家年销售规模超过百亿元企业的人力资源管理工作，这家企业每年的人力成本接近 20 亿元。随着企业规模的不断扩张，在平均每年总人数增长约 5% 的前提下，保证全体员工每年工资平均增长 7%，人力成本总额每年仅增长 4%，人力费用率保持每年持平，人均劳动效率逐年提高。

如果没有对人力成本的有效管控，按照每年总人数增长约 5% 的比例，那么每年的人力成本总额也将增加约 5%。要保证全体员工每年工资平均增长 7%，粗略计算人力成本至少将会增长约 2%（当时那家公司工资总额占人力成本的比例在 30% ~ 35%），加上前面因为人数增长而增加的 5%，人力成本大约应增长 7%；经过人力资源部对人力成本实施的一系列管控工作后，人力成本总额实际上每年只增长 4%。

每年节省的人力成本总额 ≈ 20 亿元 × 3%=0.6 亿元。

也就是说，在我负责那家公司的人力资源管理工作期间，人力资源部每年通过对人力成本的管控工作，为公司创造的价值约达 0.6 亿元。这样的人力资源部，会不受领导待见吗？当然不会！

许多传统的观念认为人力资源部是一个只会花钱的部门（成本中心），不像业务部门那样能够创造利润（利润中心）。所以在有的企业，人力资源部地位比较低，显得可有可无。然而，降低成本同样可以有效地为公司提高利润、创造价值。尤其是随着人口红利的消失，用工形式的规范，劳动力的成本逐年上升，这种价值将会越来越明显。

经济环境已经由卖方市场转向买方市场，企业的产品、资金和劳动力的市场竞争日趋激烈，企业的人力资源成本压力越来越大。在全球经济一体化的背景下，企业要寻求生存和发展的空间，就必须提高对人力资源管理的要求。大部分企业中传统粗放型的人事管理方式已经无法满足市场的要求，以成本控制为基础、以经营成果为导向、以价值创造为目标的人力资源管理是未来企业人力资源管理的发展方向。

低水平的人力资源管理注重事务工作，像一个办公文员。

中水平的人力资源管理擅长查漏补缺，像一个消防队员。

高水平的人力资源管理建立流程体系，像一个公司领导。

对待同一件事情，不同的做事高度和方法，决定了不一样的结果。

我住的小区由于规划问题，有一个路段没有实现人车分离。结果在这个路段常常有大爷大妈们险些被小区内车辆撞到的情况。虽然还没有真正发生，但是大爷大妈们已经感知到了这个危险，要求小区物业必须改变这个状况。

重新规划道路成本太高，不现实。物业公司最开始的做法，是在小区内张贴各类宣传标语，放置各种安全标识，规定在小区内行驶的车速不能超过 20 千米 / 小时，但是并没有效果。

后来，物业公司召开业主会议，通过社区居委会、各栋楼的楼长进行宣传教育，还是没有效果。

再后来，物业公司干脆采取强硬手段，规定小区保安只要发现小区内有车速超过 20 千米 / 小时的，就要对业主罚款。由于物业公司并没有罚款的权利，为此物业公司还特别制定了一份承诺书，挨家挨户找业主在这份承诺书上签字。

一是为了提醒业主注意，二是为自己罚款提供一个法律依据。可是操作起来还是没有效果，因为小区保安根本不敢执行这项所谓的罚款，实际上还是在实施提醒义务。结果这个办法也无疾而终，依然没有效果。

大爷大妈们见问题没有得到任何改善，继续找物业。这时候，一位大爷的一个提案，成功地解决了这个问题。这位大爷的提案很简单：就是在小区内安装减速带。

在大爷大妈们的强烈建议下，我住的小区那个路段减速带的密度之大和高度之高，在全市都很罕见。现在走到那个路段时，车速都没有超过 20 千米 / 小时的，因为一是开快了减速带颠得人难受，二是怕开快了减速带把车给颠坏了。

流程体系的工作，就是安装"减速带"这样的工作，虽然前期需要付出一些成本，但是会一劳永逸，能从根本上解决问题；事务工作或查漏补缺工作，就像物业公司在安装减速带之前做的那些工作，工作量不少、工作难度不小，但是成效却几乎为零。

人力成本控制是人力资源管理流程体系中的一环，人力成本控制本身也是一项流程体系工作。通过人力成本控制，能够强化公司全员的成本意识和市场竞争意识；能够探索公司发展和人力成本水平之间的最佳结合点；能够更加有效地利用薪酬管理和绩效管理激励、约束员工的行为，从而降低成本、提高经济效益；能够在公司经济效益不断提升的基础上，不断提高员工的工资水平，增强员工的忠诚度。

人力成本控制是最能够体现人力资源管理工作价值的关键工作。很多人力资源管理人员在做工作总结的时候苦于没有可量化的工作价值。人力资源部不是公司的主要业务部门，很难直接产生销售收入，所以人力资源部的工作价值主要体现对人力资源效率的提升和人力资源成本的降低上。

针对如何有效地控制人力成本，我总结了实际操作中常见的人力成本控制操作方法、工具和通用模板，并结合大量的实操案例编写了本书。希望通过本书，让读者快速学习到人力成本控制的方法论、工具和注意事项。

随着相关法律法规和方法论的更新变化，本书迎来了第 1 次改版。为增加本书对读者的实用性，本次改版增加了一些实战案例。希望通过这些新增的实战案例，进一步加深读者对人力资源成本管控方法的理解和应用。

除此之外，本次改版还对原书章节内容做了改写和升级，改掉了个别错别字，修订了个别表述方式。

最有效的学习是通过解决问题来学习。建议读者拿到本书后，不要马上从第一个字看到最后一个字。而是先带着问题，根据当前公司的具体情况，选择最薄弱的环节，查找本书中的操作方法，根据公司的实际情况，思考、制定、实施和复盘解决方案。

当具体的问题得到缓解之后，读者可以由问题点切入，查找知识点；由知识点延伸，找到流程线；由流程线拓展，发现操作面；由操作面升华，全面掌握整个人力资源量化管理和数据分析体系的建设和实施方法。这时候再从整个体系的角度，自上而下地看问题，又会有新的、更深刻的认识。

我总结了一个学习的 ABC 原理：看到的是 A，学到的是 B，用出来变成了 C，这才是真正的学习成长。很多人不是这样，他们是看到了 A，学到了 A，就只会用 A，结果用的时候发现 A 没有解决问题，就说 A 没有用，这其实是不会学习的表现。

当我们看到 A 时，想要学到 B，需要总结、归纳、发散的能力；学到 B 时，想要用出 C，需要对场景进行观察、思考，同时对 B 不断进行练习、复盘，并不断调整，这也是一种行动力。所以，学习能力从来都不是一种单一的能力，而是能够发散思维、举一反三，并在实际应用时灵活变通的能力。

由于人力资源的法律、法规等政策文件具有时效性，本书的一切内容都是基于书稿完成时的相关政策规定。若政策有所变化，可能会带来某些模块或操作方法的变化。届时，请读者朋友们以最新的官方政策文件内容为准。

希望本书能够持续为各位读者朋友的人力资源管理实践提供帮助。如有更多实战人力资源管理学习需求，欢迎关注任康磊的人力资源管理系列其他丛书、线上课或线下课。

祝读者朋友们能够学以致用，更好地学习和工作。

本书若有不足之处，欢迎读者朋友们批评指正。

本书特色

1. 通俗易懂、案例丰富

读者拿到本书后能够看得懂、学得会、用得上。本书不仅知识点全面，而且包含丰富的实战案例，让读者能够快速掌握人力资源成本管控的操作方法，并能够有效降低人力资源管理的成本，提高人力资源的效率。

2. 上手迅速、模板齐全

本书把大量复杂的理念转变成能在工作中直接应用的、简单的工具和方法，并将这些工具和方法可视化、流程化、步骤化、模板化，即使是初学者也能够快速上手开展工作。

3. 知识点足、实操性强

本书共涉及 200 多个人力成本分析及管控方法，知识点的选择立足于解决工作中的实际问题。

本书内容及体系结构

人力成本是公司人力资源成本的简称，指的是公司在一段时间之内，在从事生产经营和提供劳务的活动中，为了获得、开发、使用和保留所需要的人力资源，而产生的所有直接费用和间接费用的总和。

第1章　如何认识和分析人力成本

本章分成四部分。第一部分主要介绍人力成本的组成要素，内容包括人力获取成本、开发成本、使用成本和离职成本；第二部分主要介绍人力成本预算编制的格式、流程、执行管控和考核激励；第三部分主要介绍人力成本分析的方法，包括常用指标、盈亏平衡、人力成本区间测算以及如何判断人力成本的优劣；第四部分主要介绍人力成本管控的认识误区，包括认为人力成本管控就是管控工资、裁员、数字游戏以及认为公司减少人力成本一定会受到损失。

第2章　如何在顶层设计层面管控人力成本

本章分成三部分。第一部分主要介绍在公司如何在组织设计层面管控人力成本，内容包括管控人力成本的组织体系以及各方的责任、组织变革如何影响人力成本、技术升级如何影响人力成本；第二部分主要介绍如何在制度建设层面管控人力成本，内容包括人力成本统计分析制度、各岗位人力成本责任制度以及编制系统化制度的注意事项；第三部分主要介绍如何在流程设计层面管控人力成本，主要内容包括如何找准企业的价值位、如何分解企业的价值链、如何提升企业流程的价值。

第3章　如何在机构岗位层面管控人力成本

本章分成三部分。第一部分主要介绍如何通过优化组织机构管控人力成本，内容包括职能型、事业部型、矩阵型、多维立体型、模拟分权型、流程型、网络型、阿米巴模式和创客模式组织机构在人力成本管控方面的优劣势和适应性；第二部分主要介绍如何通过岗位设置管控人力成本，内容包括如何建立岗位体系、如何实施岗位分析、如何编写岗位说明书、如何实施岗位审批；第三部分主要介绍如何通过岗位编制管控人力成本，内容包括如何根据公司预算、劳动效率、业务数据以及行业对标进行岗位编制。

第4章　如何在灵活用工层面管控人力成本

本章分成六部分。第一部分主要介绍非全日制用工如何降低人力成本及操作方法；第二部分主要介绍劳务派遣如何降低人力成本及操作方法；第三部分主要介绍劳务外包如何降低人力成本及操作方法；第四部分主要介绍学生实习如何降低人力成本及操作方法；第五部分主要介绍劳务用工、委托代理、承包经营如何降低人力成本及操作方法；第六部分主要介绍如何通过工时制度降低人力成本及操作方法。

第5章　如何在招聘选拔层面管控人力成本

本章分成三部分。第一部分主要介绍如何在招聘选拔之前管控人力成本，内容包括如何建设雇主品牌、如何设置招聘预算、如何设置招聘审批权限、如何做招聘渠道优化；第二部分主要介绍如何在招聘选拔过程中管控人力成本，内容包括如何快速筛选简历、如何提高面试赴约率、如何高效实施背景调查、如何科学实施薪酬谈判；第三部分主要介绍如何在招聘选拔之后管控人力成本，内容包括招聘费用统计方法、招聘渠道效率分析、招聘成本分摊方法、招聘质量评估方法。

第6章　如何在培训发展层面管控人力成本

本章分成三部分。第一部分主要介绍如何在培训预算方面管控人力成本，内容包括职工教育经费管控方法、职工教育经费监督考核、培训预算编制管控、培训讲师和培训食宿差旅费用管控；第二部分主要介绍如何在培训运作方面管控人力成本，内容包括外派员工培训管理、培训服务协议、培训服务期限约定、培训物资管控；第三部分主要介绍如何在培训评估方面管控人力成本，内容包括如何平衡培训评估的成本、如何评估培训评估经费使用情况、如何实现培训效果最大转化以及如何对培训部门实施考核。

第7章　如何在薪酬绩效层面管控人力成本

本章分成三部分。第一部分主要介绍如何通过工时管理管控人力成本，内容包括计件工资制度、加班管理流程、迟到早退管理、员工旷工相关规定、员工外出管理；第二部分主要介绍如何通过薪酬策略管控人力成本，内容包括如何定位薪酬策略、如何定位薪酬水平、如何定位薪酬结构、常见错误薪酬模式；第三部分主要介绍如何通过绩效策略管控人力成本，内容包括绩效薪酬的应用方法、绩效调薪的操作方法、绩效福利的操作方法。

第8章　如何在借力用人层面管控人力成本

本章分成三部分。第一部分主要介绍如何借助外部资源管控人力成本，内容包括借助上游供应商、下游客户和政府补贴资源；第二部分主要介绍如何通过管理机制管控人力成本，内容包括如何做好分工与协作、如何划分员工的权责、如何提高团队活跃度；第三部分主要介绍如何通过员工关怀管控人力成本，内容包括员工满意度调查、员工合理化建议、员工心理疏导的操作方法。

第 9 章　如何在人才保留层面管控人力成本

本章分成三部分。第一部分主要介绍人才保留的心法，内容包括人才保留的关键思维、减少人才流失的方法、人才保留的心理契约；第二部分主要介绍保留人才的三大核心环节，内容包括仪式感、工作环境、师徒机制对人才保留的作用；第三部分主要介绍如何通过留住外部人力资源创造价值，内容包括如何管理和调动未入职的人力资源以及如何活用已离职的人力资源。

第 10 章　如何在法律风险层面管控人力成本

本章分成三部分，介绍如何防控人力资源管理流程中有可能给企业带来人力成本损失的法律风险。第一部分主要介绍员工入职环节重点法律风险防控，内容包括录用通知书、入职登记、订立劳动合同的注意事项；第二部分主要介绍员工在职环节重点法律风险防控，内容包括调岗调薪、女性职工以及雇主责任险的注意事项；第三部分主要介绍员工离职环节重点法律风险防控，内容包括终止劳动合同、经济补偿金、经济性裁员的注意事项。

本书读者对象

人力资源管理各级从业人员；

分管人力资源管理各模块的专员、主管、经理、总监、副总经理；

企业各级管理者；

准备考取人力资源管理师及其他人力资源管理专业相关证书的学员；

各高校人力资源管理专业的学生；

需要人力资源管理实战工具书的人员；

其他对人力资源管理工作感兴趣的人员。

目录

第 1 章　如何认识和分析人力成本

第 2 章　如何在顶层设计层面管控人力成本

第 3 章　如何在机构岗位层面管控人力成本

第 4 章　如何在灵活用工层面管控人力成本

第 5 章　如何在招聘选拔层面管控人力成本

第 6 章　如何在培训发展层面管控人力成本

第 7 章　如何在薪酬绩效层面管控人力成本

第 8 章 　如何在借力用人层面管控人力成本

第 9 章　如何在人才保留层面管控人力成本

第 10 章　如何在法律风险层面管控人力成本

员工离职环节要注意哪些法律风险？

疑难问题

第1章

如何认识和分析
人力成本

　　人力成本即企业人力资源成本，指的是企业在一段时期之内，在从事生产经营和提供劳务的活动中，为了获得、开发、使用和保留所需要的人力资源，而产生的所有直接费用和间接费用的总和。

1.1 人力成本组成要素

人力成本由 4 个部分组成，分别是获取成本、开发成本、使用成本和离职成本。这 4 个部分，也可以理解为分别来自人力资源管理工作中的选、育、用、留 4 个维度对应的成本。这些人力成本有的是能够量化的，有的则不能。

1.1.1 获取成本

人力资源的获取成本，指的是企业在招聘和录用员工的过程中发生的成本。这些成本一般发生在企业对人力资源获取过程中，对人力资源的招聘、选择和录用环节发生的所有费用。人力资源的获取成本主要包括招聘成本、选择成本、录用成本和安置成本。

1. 招聘成本

招聘成本指的是企业为了吸引和确定企业需要的内外部人力资源而产生的各类费用，包括招聘业务产生的费用和招聘人员的劳动费用。其中，招聘业务产生的费用包括招聘人员的交通费、住宿费、餐饮费、宣传材料费、广告费、场地租用费、设备使用费以及其他与招聘相关的费用。

2. 选择成本

选择成本指的是企业从内外部的求职者中选择合格的人力资源而产生的各类费用，包括人才测评环节的费用、笔试环节的费用、面试环节的费用、背景调查环节的费用、体检环节的费用等一切与决定人力资源是否录用相关的费用。

3. 录用成本

录用成本指的是企业为取得已经确定聘用的人力资源的合法使用权而产生的各类费用，包括录用手续费、路途补助费、调动补偿费等一切与人力资源的录用过程相关的费用。

4. 安置成本

安置成本指的是企业将被录用的人力资源安置到某一个岗位的过程中产生的各类费用，包括人力资源部安置人员所损失的时间成本等。

1.1.2　开发成本

人力资源的开发成本，指的是企业为了提高员工的工作效率，对其素质、知识、能力等的提高而产生的各类费用。这些费用一般发生在员工上岗前和在岗时。人力资源开发成本包括岗前培训成本、在岗培训成本和脱岗培训成本。

1. 岗前培训成本

岗前培训成本指的是企业为了让新员工在正式上岗之前，掌握企业的规章制度、工作流程、操作设备、工作环境、产品特性以及其他相关信息产生的成本，包括对新员工培训需要付出的资料费用、设备使用或折旧费用、新员工的劳动费用以及负责新员工培训工作人员的劳动费用等。

2. 在岗培训成本

在岗培训成本指的是企业为了员工的素质、知识、能力能够达到岗位要求，更好地完成工作岗位的任务，而对其进行短期培训（一般一次持续时间小于一个月）所产生的成本，包括对员工在岗期间提供培训付出的资料费用、设备使用或折旧费用、员工接受培训期间的劳动费用以及负责在岗培训工作人员付出劳动的费用等。

3. 脱岗培训成本

脱岗培训成本指的是企业根据需要（一般是为了培养高层管理人才和专业技术人才），允许员工脱离工作岗位接受较长期限（一般一次持续时间大于一个月）的培训而产生的成本，包括员工离岗企业需要付出的员工的劳动费用、脱岗培训的费用以及岗位空缺可能产生的损失。

1.1.3　使用成本

人力资源的使用成本，指的是企业为了使用员工而产生的费用。一般意义的薪酬，就是一种人力资源的使用成本。与薪酬相关的各类费用，都包含在人力资源的使用成本中。人力资源的使用成本包括维持成本、奖励成本、调剂成本和保障成本。

1. 维持成本

维持成本指的是企业保持员工的生产和再生产所需要的费用，是员工的劳动报酬，包括员工的计时工资、计件工资、岗位津贴、法定加班费、各类福利费用、劳动保护费、社会保险费用、住房公积金费用、年终分红、住房费用、工会费用、保密费用等维持员工在岗工作所需要付出的成本。

2. 奖励成本

奖励成本指的是企业为了鼓励员工的劳动成果，激励员工的劳动积极性，促使员工更好地完成绩效，为企业创造更大的价值，对其为企业做出贡献所支付的奖金，包括超产奖励、超额绩效奖励、变革创新奖励、合理化建议奖励、优秀表彰奖励、特殊贡献奖励等。

3. 调剂成本

调剂成本指的是企业为了调剂员工工作和生活节奏，调节员工的工作情绪，增强员工的凝聚力，消除员工的疲劳，稳定员工队伍所产生的费用，包括员工业余活动费用、员工文体活动费用、员工定期休假费用、改善员工工作环境费用、员工疗养费用等。

4. 保障成本

保障成本指的是企业因为工作原因（工伤或职业病）或工作以外的原因（如疾病、生育、受伤害等）引起员工的身心健康问题，企业需要承担的经济补偿费用，包括员工工伤工资、员工患职业病的工资、医药费、残疾补贴、丧葬费、员工缺勤的损失等。

1.1.4 离职成本

人力资源的离职成本，指的是企业因为员工离职需要付出的成本，包括企业需要支付给员工的离职津贴、因为一些原因需要支付的一定时期的生活费以及因员工离职对岗位造成的损失等。人力资源的离职成本可以分为离职管理成本、离职补偿成本、离职前低效成本和岗位空缺成本。

1. 离职管理成本

离职管理成本指的是企业办理员工离职手续的相关员工，为处理员工离职的事务所产生的全部费用，包括办理员工离职手续的相关员工的劳动费用、与办理员工离职手续相关的资料费用及需要承担的交通费用等。

2. 离职补偿成本

离职补偿成本指的是企业因为员工离职，需要支付给离职员工的各类费用，包括必要的离职人员安置费用、一次性支付员工的离职金等。

3. 离职前低效成本

离职前低效成本指的是员工从决定离职到离开企业之前，由于心态和行为的变化，造成其生产效率比以前降低，由此造成的损失，以及由于该员工的离职，使企业其他员工生产效率降低造成的损失。

4. 岗位空缺成本

岗位空缺成本指的是员工离职后，在企业找到接任者补充到该岗位之前，岗位空缺给企业造成的损失，以及由于该岗位补充的接任者能力或经验不足，造成生产效率达不到原岗位水平而给企业造成的损失。

1.2 人力成本预算编制

企业要有序地承接战略目标和遵循人力资源管理规划，合理安排人力资源管理活动的资金情况，规范与人力资源管理活动相关费用的使用情况，做到合理规划和合理应用，就需要提前编制人力成本预算，并在人力成本预算执行的过程中实施必要的管理、管控和考核。

1.2.1 人力成本预算编制格式

人力成本预算表是编制企业人力成本预算的重要工具。编制人力成本预算前，我们需要明确本企业人力资源管理成本项目的类目，形成符合本企业需求的人力成本预算表格。

实战应用时，我们需要根据本企业的管理习惯、管理成本和管理能力来制定适合本企业使用的人力成本预算表。

根据人力成本的构成要素，人力成本预算表格至少可以设置成三级项目，一级项目是人力成本构成的四大分类，分别是获取成本、开发成本、使用成本和离职成本，二级项目为一级项目的细分，三级项目是二级项目的细分，以此类推。根据企业管理的需要，可以将人力成本预算设置为更细致的四级项目，甚至可以细化到五级项目、六级项目。

在人力成本预算表的费用分析部分，一般至少要体现上年度实际发生情况、本年度的现状以及根据企业战略和人力资源管理预算的下年度计划发生的情况。有的企业习惯将前3年的情况进行比较，这时候，可以在人力成本预算表中加入前3年的数据。

我们在实战中应用人力成本预算表时，需要注重表格的实用性而非全面性。人力成本中有一些费用难以量化或者量化的成本较高（比如由于员工离职造成本岗位或其他岗位劳动效率降低的损失），如果企业当前不具备量化这部分数据的能力，就不必将该部分量化或者体现在人力成本预算表中。

企业实施人力成本管控的目的是降低成本，如果这种管理行为本身的效率低下或者成本较高，那么这种管理行为就变成了"为了管理而管理"，而不是为了"价值而管理"，这样的管理不仅没有给企业带来正向的价值，反而给企业带来很多负面的作用，那么这样的管理就是不必要的。

1.2.2 人力成本预算编制流程

人力成本预算编制的流程如图 1-1 所示。

图 1-1 人力成本预算编制流程

1. 上年比较

编制人力成本预算的第一步是将上一年人力成本的预算和决算情况进行比较，找出上一年预算和决算之间差异比较大的项目，分析该项目差异大的主要原因和存在的问题，判断下一年是否会发生类似的问题。

2. 本年比较

编制人力成本预算的第二步是将本年度发生的人力成本和预算情况进行比较，找出当前实际发生和预算差异比较大的项目，分析该项目差异大的主要原因和存在的问题，判断下一年是否会发生类似的问题。

这里需要注意，一般企业编制下一年度人力成本预算的时间是每年的 10 月初到 12 月底，这时候，当年发生的人力成本还没有全年的完整数据，只能比较当时的情况和预估到年底的情况，所以这一步的比较具有一定预估成分。

3. 分析趋势

在做完上年度人力成本的预算决算情况比较和本年的人力成本的预算决算情况比较之后，我们就可以分析出人力成本使用的变化趋势，得出哪些项目可能会增加，哪些项目可能会减少。这时候对趋势的分析不仅仅是停留在数字层面，还要考虑实际工作情况。

4. 经营分析

我们对人力成本的分析不能仅停留在人力资源管理规划的层面，还需要站在企业经营管理的高度，了解企业的战略目标、发展状况和生产经营状况，让企业的人力成本预算与生产经营相匹配。

5. 工作预测

编制人力成本预算的第五步是结合上一步的分析，列出符合企业战略的工作重点，列出当前影响企业人力成本预算编制的主要因素，同时列明下一年人力资源管理工作的重点及方向。

6. 预算编制

编制人力成本预算的最后一步，是根据前五步对人力资源管理工作重点的分析和预测，逐项分析下一年的费用变化情况，逐项编制人力成本预算项目的具体数字。

在编制人力成本预算的时候，要尽可能考虑到可能发生变化的各项因素，在人力成本的预算数字上留有余量，设置预算预备费用，以备发生预算外的支出。预算预备费用的具体数字可以参考前3年人力成本预算和决算之间的数字差额来制定。

1.2.3　人力成本预算执行管控

在编制完人力成本预算后，应形成书面报告，报企业预算管理委员会进行核准和审批。人力资源部在收到企业预算管理委员会的批复后，内容上需要修改的，应及时修改，直至预算委员会最终通过。方案通过后，要执行该人力成本预算决议。人力成本预算审批和通过的流程如图1-2所示。

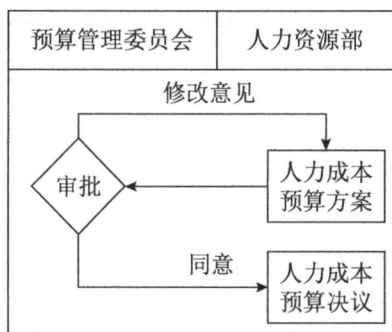

图1-2　人力成本预算审批和通过的流程

在制订决算决议的具体计划时，应形成人力成本预算执行表，如表1-1所示。

表1-1　人力成本预算执行表

1列	2列	3列	4列	5列	6列	7列
预算项目	预算额	实际发生额	差异额	累计预算额	累计实际发生额	累计差异额

在人力成本预算执行表中，第1列的预算项目可以根据企业人力成本预算样表中的项目分级表示；第2列到第4列的预算和实际发生情况的记录一般是以月为时间单位；第5列到第7列的累计预算和实际发生情况的记录一般是当年累计月的数据。

在执行人力成本预算以前，企业应具备相应的管理制度和对预算责任人的奖惩制度。审批后的人力成本预算目标一般是和企业绩效指标挂钩的硬指标，没有特殊原因，一般不得超过预算。相应地要对人力成本预算实施管控，管控一般应遵循如下注意事项。

1. 在预算内使用时

在人力成本预算管理的过程中，对预算内的项目，一般来说由人力资源部负责人和总经理进行审批和管控，由财务部和预算管理委员会进行监督。

2. 在预算外，预备内使用时

如果遇到特殊情况，需要突破人力成本预算，但是超出的金额在预算预备费用内时，需要提出申请，详细说明原因，由财务部负责人和总经理核准审批后，纳入预算外支出。

3. 在预算外，预备外使用时

如果需要突破的人力成本预算超过预算预备费用，除了财务负责人和总经理审批外，还需要预算管理委员会的审核与批准。必要时，应对该超过预算项目的必要性实施充分的论证。

4. 预算使用不足时

当人力成本预算使用不足有剩余时，一般可以跨月结转，继续使用，但一般不能跨年结转使用。

5. 环境变化时

人力成本预算使用过程中，如果遇到各类环境变化以及其他特殊原因（如政策环境变化、经济环境变化、产业环境变化等），造成企业的经营战略发生变化，对人力成本的预算应及时做出修正，并按照企业权限，重新实施核准和审批流程。

1.2.4 人力成本预算考核激励

对人力成本预算的考核主要是对执行人力成本预算的责任人的考核。人力成本预算虽然是人力资源管理成本的预算，但是执行该预算的责任人不仅是人力资源部，人力成本预算的主要执行人和责任人实际上是拥有和使用人力资源的各部门负责人。

人力资源部要对人力成本预算的执行和管控实施必要的约束和激励措施，通过实施预算目标的细化、分解、考核和激励，实施对人力成本预算的管理和控制。人力资源部对人力预算的考核一般应细化到月度考核，并每月实施评估。对于管理要求较低或者管理成本较高的企业来说，也可以按照季度考核，实施季度的人力成本评估。

在人力成本预算考核评估的过程中要及时发现表面问题和潜在问题，及时对预算责任人或预算本身实施必要修正。对预算责任人的修正主要体现在绩效面谈和绩效考核结果的应用上；对预算本身实施修正要注意按照企业的相关流程和权限运行。

对人力成本预算实施考核应遵循如下原则。

1. 目标原则

对人力成本预算的考核应当以预算目标为基准，按照人力成本预算的完成情况考核和评价责任人的绩效情况。

2. 时效原则

对人力成本预算的考核应当遵循相应的考核周期，实施动态评价，每个考核周期结束后应立即实施评价。

3. 激励原则

对人力成本预算的考核应体现出对责任人的激励性，当责任人完成情况较好时，要有相应的激励措施；当责任人完成情况较差时，要有相应的惩罚措施。

4. 例外原则

如果环境或条件发生重大变化，对人力成本预算的考核也应灵活变化，特殊时期、特殊情况，可以采取特殊处理方式。

1.3　人力成本分析方法

我们要有效管控人力成本，首先要了解与各类人力成本相关指标的含义，要明确企业经营上的盈亏平衡点，在此基础上，测算出企业人力成本的区间，并结合外部情况，做出企业当前人力成本状况的优劣判断。

1.3.1　人力成本常用指标

常用的人力成本分析指标分成"额度指标和比率指标"两类。额度指标除了表示人力成本总金额和人力成本各组成要素的金额之外，还包括人均人力成本额、单位时间人力成本额、单位产品人力成本额等；比率指标包括人力成本费用率、人力成本占总成本的比率、人均劳动效率等。

1. 人均人力成本额

人均人力成本额指的是企业一段时间内全部的人力成本平均分配到每名员工身上后，平均每名员工的人力成本额。人均人力成本额反映的是企业在某时期内，每聘用一名员工，需要负担的人力成本水平。

某时期人均人力成本额 = 某时期人力成本总额 ÷ 某时期平均从业人数。

除了人均人力成本额之外，还可以计算人力成本的其他组成要素的人均分摊额，比如人均人力资源开发成本、人均人力资源使用成本等，计算方法和人均人力成本额原理相同。

某时期人均人力资源开发成本 = 某时期人力资源开发成本额 ÷ 某时期平均从业人数。

某时期人均人力资源使用成本 = 某时期人力资源使用成本额 ÷ 某时期平均从业人数。

2. 单位时间人力成本额

单位时间人力成本额指的是企业一段时间内全部人力成本平均分配到每个单位时间之后，每个单位时间的人力成本额。这里常用的单位时间可以是小时或者天。单位时间人力成本额可以计算全企业单位时间人力成本额，也可以计算人均单位时间人力成本额。

某时期单位时间人力成本额 = 某时期人力成本总额 ÷ 该时期单位时间的份数。

某时期人均单位时间人力成本额 = 某时期人力成本总额 ÷ 某时期平均从业人数 ÷ 该时期单位时间的份数。

比如，计算某企业某月份每小时人力成本额的计算公式如下。

某月份每小时人力成本额 = 该月份人力成本总额 ÷ 该月份员工平均出勤小时数。

比如，计算某企业某月份人均每小时人力成本额的计算公式如下。

某月份人均每小时人力成本额 = 该月份人力成本总额 ÷ 该月份平均从业人数 ÷ 该月份员工平均出勤小时数。

3. 单位产品人力成本额

单位产品人力成本额指的是企业一段时间内全部人力成本平均分配到每个产品之后，每个产品的人力成本额。

某时期单位产品人力成本额 = 某时期人力成本总额 ÷ 该时期完成的产品件数。

上述公式不仅可以计算产成品的单位产品人力成本额，还可以计算半成品的单位产品人力成本额。

4. 人力成本费用率

人力成本费用率又可以叫人力成本占销售收入（营业收入）的比重。人力成本费用率是衡量人力成本投入和收益水平的指标，也是衡量企业人力成本相对水平高低程度的重要指标。

某时期人力成本费用率＝某时期人力成本 ÷ 某时期销售收入 ×100%。

大多数企业在经营管理中比较关注销售收入（营业收入），有的企业也会关注增加值，这时候也可以用类似逻辑计算人力成本占增加值的比率，这个指标有时候也被称为劳动分配率。

增加值指的是企业在一段时期内从事生产经营活动或者提供劳务的过程新创造出来的价值，是企业必须统计并且上报给政府或者统计部门用来汇总计算国内生产总值（GDP）和国民生产总值（GNP）的基础数据。

人力成本属于企业新创造价值中的组成部分之一，是企业为了取得新创造的价值和利润必须付出的代价，同时也是企业将一部分新创造的价值以直接或间接的方式在员工（人力资源）方面体现的全部支出。

某时期人力成本占增加值的比率＝某时期人力成本总额 ÷ 某时期增加值 ×100%。

5. 人力成本占总成本的比率

人力成本占总成本的比率指的是人力成本在总成本中的占比情况。这个指标能够反映企业在某段时期的经营管理活动结束后，在人力资源方面付出的代价与企业经营管理活动付出的总体代价之间的关系。

某时期人力成本占总成本的比率＝某时期人力成本总额 ÷ 某时期总成本额 ×100%。

注意，人力成本占总成本的比率不应该被单独使用，不能根据其数值高低就直接判断企业人力资源管理水平的高低，也不能根据其数值高低直接作为判断企业人力资源管理质量的依据。

当企业在维持人力成本总额不变的情况下，采取手段使其他的成本有所降低，使企业获得了更多的经济效益，这时候人力成本占总成本的比率会有所上升，可以判断企业在管控其他成本方面的管理水平有所提升，这并不能说明在管控人力成本方面的质量变差。

如果企业对人力成本的管控能力较差，使人力成本不断增加，但是企业其他成本的管控能力同样较差，其他的成本比人力成本增加的额度还大，这时候人力成本占总成本的比率会有所降低，这不能说明企业在管控人力成本方面的质量较好。

6. 人均劳动效率

人均劳动效率指的是平均每个员工（人力资源）创造的销售收入。这个指标能够反映员工为企业创造价值的能力。

某时期人均劳动效率＝某时期的销售收入 ÷ 某时期创造该销售收入的人员数量。

类似的指标还有人均毛利额和人均利润额，计算方法与计算人均劳动效率的逻辑相同。

某时期人均毛利额＝某时期的毛利额 ÷ 某时期创造该毛利额的人员数量。

某时期人均利润额＝某时期的利润额 ÷ 某时期创造该利润额的人员数量。

1.3.2　企业盈亏平衡分析

企业要正常有序的经营，需要具备一定的盈利能力。一般来说，当企业的销售收入或产品销量达到某个点的时候，企业将会盈利；当企业的销售收入或产品销量低于某个点的时候，企业将会亏损。这里的"某个点"，叫盈亏平衡点。企业盈亏平衡点示意如图 1-3 所示。

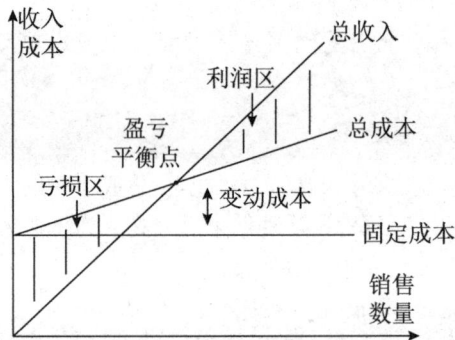

图 1-3　企业盈亏平衡点示意图

企业经营会有一部分固定成本，比如租金、折旧、管理费等，这部分固定成本只要企业经营就会存在。

除了固定成本外，企业还会有部分变动成本，随着企业的持续经营，产品和服务的不断输出，随着总收入的不断增加这部分变动成本也会不断增加。变动成本和固定成本的加和，构成了企业经营的总成本。

一般在正常经营的企业中，随着经营过程中产品销售数量或提供服务的不断增加，总收入的增长速度会大于总成本的增长速度，形成两条斜率不同的直线。这两条直线相交的那一点就是盈亏平衡点。

以盈亏平衡点为界，当销售收入高于盈亏平衡点时，企业将会盈利；反之，企业将会亏损。盈亏平衡点可以用销售收入来表示，也可以用销售量来表示。

盈亏平衡点的销售收入＝固定成本＋变动成本。

1.3.3　人力成本区间测算

根据企业的盈亏平衡点、企业期望适度的盈利能力和企业最低的人力资源保障，企业的人力成本划分一般可以分成 3 条线、4 个区间。

要保证企业的正常运转，企业对人力资源有数量上的最低要求，这时候将会产生企业对人力成本的保底要求，形成人力成本最低线。当人力成本低于人力成本最低线时，企业无法保证正常运转需要的人力资源，这时企业已经不能正常经营。

最低人力成本额＝人均人力成本额 × 企业最低人数。

最低人力成本费用率＝（人均人力成本额 × 企业最低人数）÷ 预期销售收入×100%。

当企业正常经营时，根据企业战略，企业会有预期的目标利润额或目标利润率。

适度人力成本额＝预期销售收入 ×（1 − 目标利润率）− 预期其他成本。

适度人力成本费用率＝适度人力成本额 ÷（适度人力成本额 + 预期其他成本 + 目标利润额）×100%。

当人力成本高于最低水平、低于适度水平时，这时候如果减少人力成本，将会使企业的目标利润增加；当企业的人力成本高于适度水平、低于最高水平时，增加人力成本，将会使企业的目标利润减少。

企业人力成本的最高线，是达到企业的盈亏平衡点。当人力成本高于企业的最高线时，企业将会出现亏损。

最高人力成本额＝盈亏平衡点的销售收入 − 预期其他成本。

最高人力成本费用率＝最高人力成本额 ÷（最高人力成本额 + 预期其他成本）×100%＝人力成本占总成本的比率。

需要注意，这里对人力成本最低线、适度线和最高线的计算适用于一般正常经营和盈利的企业。有的企业本身已经是连续亏损状态，这时候计算的人力成本最高线可能会低于人力成本最低线。在这类企业中，如果为了保证正常经营，应当参考人力成本的最低线标准；如果有进一步的预期和发展，应当参考人力成本的适度线标准。

1.3.4　人力成本优劣判断

在判断人力成本比例的优劣或者人力成本管理和管控质量时，有多种分析维度，常见的有如下三种分析判断方法。

1. 历史状况比较法

历史状况比较法是企业自己和自己的历史状况比较，是企业比较自身的人力成本管控质量有没有提高或倒退。在比较企业人力成本历史状况时，可以用到的企业人力成本历史状况比较样表如表1-2所示。

表1-2 企业人力成本历史状况比较样表

年份	第N－3年	第N－2年	第N－1年	第N年
人均人力成本额				
单位时间人力成本额				
单位产品人力成本额				
人力成本费用率				
人力成本占总成本的比率				
人均劳动效率				

2. 同类行业比较法

同类行业比较法是企业和同行业的其他企业（标杆企业、竞争对手、典型企业等）进行比较，通过比较，判断本企业的人力成本管控质量。在应用同类行业比较法时，可以用到的同类行业人力成本状况比较表如表1-3所示。

表1-3 同类行业人力成本状况比较样表

企业	本企业	A企业	B企业	C企业
人均人力成本额				
单位时间人力成本额				
单位产品人力成本额				
人力成本费用率				
人力成本占总成本的比率				
人均劳动效率				

3. 目标利润法

目标利润法是企业根据目标利润的达标率来判断人力成本的管控质量。这种方法适合企业经营状况比较稳定，市场比较稳定，营业收入不存在大起大落，其他成本相对比较稳定的状况。这时候能否达成目标利润，人力成本的管控质量是决定因素。

目标利润达标率 ＝ 实际利润 ÷ 目标利润 ×100%。

当目标利润达标率大于100%时，说明人力成本管控比较成功；当目标利润达标率小于100%时，说明人力成本管控不成功。

注意，对于一些营业收入存在大起大落情况的企业，或者对于其他成本存在较大改善空间的企业，即使企业对目标利润非常重视，也不适合利用目标利润法判断人力成本的管控质量。

1.4　人力成本管控误区

许多人在管控人力成本时，存在认知上的误区，这些误区可能会影响人力成本的管控效果，最终可能不仅不能实现成本管控的目的，反而会影响企业的正常经营。常见人力成本管控的误区是认为管控人力成本就是管控工资，就是要裁员，或者认为只有人力成本总额减少了才是真正的降低成本。

1.4.1　管控人力成本 ≠ 管控工资

有的企业为了降低人力成本，想尽办法管控员工的工资，具体的表现是有的企业许多年都不给员工涨工资；有的企业工资水平保持在人才市场上的较低水平；有的企业甚至在没有遇到经营困境的时候想通过降低员工工资来提高利润。这类行为都是在管控人力成本方面的错误操作方法。

员工工资只是人力成本当中的一个组成部分。过分的管控工资，会导致企业的工资没有竞争力，这不仅不会有效降低人力成本，反而可能会增加人力成本。过分管控工资至少将会造成如下后果。

1. 将会降低对外部人才的吸引力

在人才越来越难招聘的大背景下，如果企业的岗位工资在市场上没有竞争力，优秀的人才便很难被吸引到企业，企业的招聘难度将会越来越大。由于招聘难度大，企业需要付出更多的招聘成本；由于人才补充不到位，人才较长时间的缺岗将会给企业造成更多的损失。

低水平工资会让企业对人才的选拔失去选择性，有人才愿意来应聘已经很难得了，正常工资水平的岗位选拔人才时要完全符合岗位要求才能上岗，在低水平工资的时候，可能人才符合岗位要求的 50% 就可以上岗了。这类人才上岗后，还会带来培养和培训成本的增加。

2. 将会增加内部人才的离职率

没有竞争力的工资水平同样会加大企业留住人才的难度，造成企业内部人才的流失。资本具有逐利性，哪里的利润更高，资本就会流向哪里。人才同样有逐利性，付出相同的努力，在哪家企业能够为自己创造更多的价值变现，人才就会趋向于到哪家企业工作。

人才离职率的增加将会造成人力资源离职成本的增加，频繁的招聘和离职不仅会带来管理成本的增加，而且会让企业军心不稳，降低全企业员工的士气和工作积极性，降低员工的工作效率，进一步增加人力成本。

3. 将会降低企业人才的竞争力

工资水平和人才的质量是成正比的，比较低的工资水平，大概率招聘来的人才也是低水平的人才。有位著名的企业家曾经说：他过去常常认为1名出色的人才能顶2名平庸的员工，后来他发现其实能顶50名平庸的员工。

这种观点虽然主观，但也充分说明了高效能人才和低效能人才为企业创造的价值是截然不同的这个道理。假如一个月工资5 000元的人才每个月创造的价值是2万元，一个月工资2万元的人才每月创造的价值可能会达到10万元。

4. 将会降低企业人才的行动力

低水平的工资留下来的员工不仅可能能力低，而且可能行动力差。大多数对职业发展没有追求的员工关注重点一般都不在工作上，他们通常缺乏主观能动性、执行力，很难被有效地激发和激励。

如果要在员工工资方面管控人力成本，我们应当关注员工的工资，提高工资的利用效率，而不是一味降低员工的工资水平。少数高薪、高效能人才能够创造的价值和工作的效率可能远高于多数低薪、低效能人才创造的价值和工作的效率。

1.4.2 管控人力成本 ≠ 盲目裁员

有的企业管控人力成本选择的方法是盲目裁员，美其名曰"减员增效"。通常是领导简单地发出一条指令，要求各部门减员增效，或者给各部门强行安排编制，要求人力资源部监督各部门的执行情况。

可是，当人力资源部严格执行领导的减人策略，如果减人造成了企业的业绩下滑，领导问责的时候，大多数部门都会把矛头指向人力资源部，说因为人力资源部要求大幅度缩减工作人员。这个时候领导可能不会支持人力资源部，会一起怪罪人力资源部。

减员和增效之间没有因果关系，企业办事慢、效率低的原因有很多，有时候是因为流程冗余，有时候是因为技术落后，有时候是因为设备陈旧，有时候是因为组织机构设置问题，还有时候是因为企业文化。在搞不清楚原因的情况下减员，不但不会提升效率，反而可能降低效率，降低效益，增加成本。

1. 减员带来的不一定是增效

减员是手段和措施，增效是目的和结果。减员并不一定能带来增效。减员后，企业最终是增效还是减效，要看这两者能不能有机结合，以及企业的管理要求、流程、方法、技术等一些其他因素的支持与配合。

比如，某生产车间岗位员工的工作效率是每小时生产 10 件产品，每天工作 8 小时，每天生产 80 件产品，每月工作 22 天，每月生产 1 760 件商品。这个效率受生产工艺和设备的影响是个相对确定的数字。生产计划要求该车间每月生产 176 000 件商品，那么工人的配置应该是 100 人。

这时候，如果在其他条件不变的情况下，领导说要减员增效，要把 100 人减到 80 人。结果会是效率不会变化，减员之后不仅没有提高效率，反而会完不成生产任务。

2. 增效需要全企业集体参与

减员增效是一项非常系统的工程，这需要全企业上下所有人的联动。在领导层面，要有基本的科学管理理念，不可以随意拍脑袋做决策，不可以"一刀切"；在业务部门层面，要想办法让他们支持和配合企业减员增效的落实；在全体员工层面，要让大家理解企业关于减员增效的目的；在人力资源部层面，要有能够科学测算定岗定编的机制和人才。

要发动企业全员在减员增效方面的主观能动性，还需要一定的奖励支持，比如对合理化建议的奖励、减员之后薪酬的增长、年底奖金的增加、职等或职级的晋升等。

减员，可以减少人力成本的绝对数，却不一定能带来相对的利润增长，盲目执行很可能会因为一系列负面效应带来销售额的下降。

所以企业在裁减员工之前，务必要三思而后行，一定要事先做好必要的调研和准备工作。为了减员的减员增效得到的结果很可能不是增效，而是效率降低，成本增加。为了增效的减员，才能达到减员增效的目的。

1.4.3　管控人力成本 ≠ 员工损失

有的员工认为企业管控人力成本就是想尽办法克扣本该属于员工的权益。这种观点认为员工利益和企业利益之间是一个此消彼长的关系，仿佛企业管控了人力成本，员工就要蒙受某种损失。

实际上，管控人力成本不是劳资双方的一场博弈游戏，而是能够实现企业和员工双赢的管控。经过正确的操作之后，可以让员工在工资不断增长、福利持续增加、工作条件改善的同时，企业的人力成本比率持平或者有所降低。

企业和员工之间是利益共同体的关系，当企业不断获利的时候，员工才会不断获利。企业的发展需要依靠员工的成长来实现，员工的成长要依靠企业这个平台。两者相辅相成，不可分割。有错误认识的员工是没有真正理解企业提高效率、降低成本之后对自己有哪些重要意义。

管控人力成本是企业提高人力资源管理效率的一项管理举措，对企业和员工都有好处。员工养成提高效率、管控成本的思维意识和习惯，能够杜绝各种浪费行为，为企业的降本增效出谋划策，体现责任意识的同时，转化为自身的行动。

当企业盈利能力增加时，人力成本费用在总费用中的比率维持不变，人力成本费用率有所减少，用来给员工发工资、发福利、改善工作条件的资金反而更充裕了，员工价值的变现将会更高。所以说，员工的薪酬从形式上看，是企业发，但本质上，是员工通过创造价值，通过提高效率或管控成本得来的。

员工应该明白，自身的利益和企业的利益是绑定在一起的，自己的收益来自企业的收益。大河有水小河满，大河无水小河干。员工帮助企业管控人力成本，帮助企业提高效率，帮助企业盈利，其实是在为自己创造价值。

1.4.4　管控人力成本≠数字游戏

要改善管理工作，不能靠数字游戏，不能靠纸上谈兵。当发现问题后，解决问题的关键是找到问题的根源，及时采取行动。

在人力成本管控工作方面也是同样的道理。人力成本管控不是人力资源部说这里的成本有问题、那里的成本有问题，成本就能自然减少的。而应当是人力资源管理人员发现人力成本的问题之后，深入到人力成本高的各部门中，与用人部门一起发现问题、分析问题，并与用人部门一起采取措施解决问题。

管控人力成本的行动方案往往就隐藏在企业的组织机构设计之中，隐藏在各类制度流程的建设之中，隐藏在岗位编制的设置之中，隐藏在用工方式的选择之中，隐藏在人力资源管理工作方方面面的细节之中。

所以，作为人力资源管理人员，不要仅把人力成本管控工作当成一件"分析"工作，不要仅把人力成本管控落在纸面上或者落在数字上，而应当把它看成一件"分析＋行动"的工作，作为人力资源管理人员深度参与到人力资源管理和业务工作中。

✐ 前沿认知
管控人力成本是投资的艺术

管控人力成本本质上是一门花钱的艺术，而不是一门节约的艺术；是一个考虑投入与回报关系的价值投资过程，而不是一个斤斤计较的市井买卖过程。如果企业只会用节约的理念来管控人力成本，最后很可能会走上折损员工利益的道路，形成恶性循环；如果企业按照价值投资的理念来管控人力成本，就有可能实现企业和员工的双赢，形成良性循环。

管控人力成本的最终目的不是减少人力成本的"总额"，而是管控人力成本的"比率"。这里的比率主要有两方面的含义：一方面指的是管控人力成本在销售收入中的比率，也就是管控人力成本费用率；另一方面可以指人力成本费用在总费用中的比率。

某时期人力成本费用率＝某时期人力成本÷某时期销售收入×100%。

某时期人力成本占总成本的比率＝某时期人力成本总额÷某时期总成本额×100%。

判断人力成本管控是否成功的标准，并不是看人力成本"总额"是否每年持续降低，而是看人力成本的"比率"是否有减少的趋势。这里的比率，主要包括两方面的含义：一方面指的是人力成本在销售收入中的比率，也就是人力成本费用率；另一方面指的是人力成本费用在总费用中的比率。

要体现这种投入和收益效率的增加，就应当管控人力成本在销售收入中的比率以及人力成本在总成本中的比率。也就是当人力成本在销售收入中的比率以及人力成本在总成本中的比率维持不变或有所降低时，表明企业对人力资源投资收益能力的增加，以及企业经营管理效率的增加。

比如某企业有200名员工，这家企业每年的销售收入是2亿元，当前的人力成本总额是5 000万元。按照投资收益的理念，可以理解为这家企业投入了5 000万元的人力成本，换来了2亿元的销售收入。人力成本和销售收入之间的投资收益比率是1∶4，也就是投入1元的人力成本，可以获得4元的销售收入。

企业要有效地管控人力成本，不应该只聚焦于如何减少每年的5 000万元人力成本总额，而应该聚焦于增加人力成本和销售收入之间的投资收益比率，也就是有没有可能在人力成本投入1元的情况下，获得大于4元的销售收入。

假如当企业投入6 000万元的人力成本时（比原来增加1 000万元），有没有可能产生超过2.4亿元（比原来增加4 000万元）的销售收入？如果可以，那么说明人力成本和销售收入的投资收益比率有所增加，表明人力资源的管理效率有所提升。这时候虽然人力成本的总额是增加的，但企业对人力成本的管控却是成功的。

企业在人力资源管理方面效率的增加同样体现在人均劳动效率的增加上。

某时期人均劳动效率＝某时期的销售收入÷某时期创造该销售收入的人员数量。

要提高人均劳动效率，首先可以增加相同人力资源创造的价值（销售收入），其次可以在创造相同价值的情况下，管控人力资源的数量。

比如上例中的企业，如果保持200名员工总人数不变，企业的人力成本增加到了6 000万元，企业的销售收入变为2.5亿元。

原来企业每年的人均劳动效率 =2（亿）÷200（人）=1（百万元／人）。

现在企业每年的人均劳动效率 =2.5（亿）÷200（人）=1.25（百万元／人）。

现在企业每年的人均劳动效率大于原来企业每年的人均劳动效率，同样表明企业的人力成本总额虽然增加了，但是企业人力资源管理的效率却提高了。

前沿认知
人力成本管控的 6 个步骤

人力成本管控的通用流程可以分成 6 个步骤，按照顺序分别是人力成本预测、人力成本决策、人力成本计划、人力成本核算、人力成本分析和人力成本考核，如图 1-4 所示。

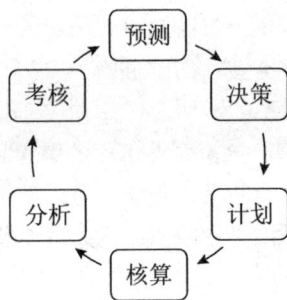

图 1-4　人力成本管控的 6 个步骤

1.人力成本预测

人力成本预测是人力成本管控的基础，是根据企业人力成本统计的历史数据，结合市场调查的情况，研究企业内外部环境因素的变化，对人力成本变化的影响情况，运用专业的方法，科学地估算一定时间内人力成本的目标或变化趋势。如果没有人力成本预测，人力成本管控将变成主观臆断。

2.人力成本决策

人力成本决策是人力成本管控的核心，是按照既定的目标，在充分收集成本信息的基础上，运用科学的方法，划清可控因素与不可控因素，在分析成本和比较结果的基础上，全面分析方案中的约束条件，从多种人力成本方案中选择最佳方案的过程。人力成本决策的最终目标是提高企业的效益。

3.人力成本计划

人力成本计划是绩效考核的重要依据，是在人力成本预算和人力成本决策的基础上，根据"自上而下"和"自下而上"两条路径，在充分调动企业相关部门积极性的基础上，汇编而成的、具有可操作性的人力成本管控计划。一般来说，人力成本计划具有一定的权威性，应当严格贯彻执行，不得随意改动。

4. 人力成本核算

人力成本核算的目的是为人力成本管控的各个环节提供准确的信息，是通过对人力成本的记录、测算、确认等一系列环节，确定人力成本控制的结果。通过人力成本核算的过程，企业能够准确了解人力成本管控的质量。

5. 人力成本分析

人力成本分析是运用人力成本核算过程中提供的信息，通过比较和关联分析，对人力成本目标的完成情况、人力成本计划的实施情况、人力成本责任的落实情况做出评价、得出结论的过程。人力成本分析是找到人力成本目标、计划实施差距的关键因素，能够有效地汲取经验，找到降低人力成本的有效途径。

6. 人力成本考核

人力成本考核是落实人力成本管控的部门责任和岗位责任的过程，是把人力成本的实际完成情况和人力成本承担责任的情况进行对比、考核和评价的过程。通过人力成本考核，企业能够对人力成本管控质量实施赏优罚劣，稳定和提高各责任人的积极性，进一步提高人力成本管控的质量。

第2章

如何在顶层设计层面
管控人力成本

企业通过顶层设计，能够实现各要素的统筹规划，集中有效资源，高效快捷地实现企业目标。组织设计、制度建设和流程建设是企业顶层设计的三大核心领域。通过这三大领域的管控，企业能够提高运转效率，降低人力资源管理成本。

2.1 组织设计层面的人力成本管控

许多管理工作的落实都离不开能够支持该项管理工作的组织机构，人力成本的管控工作同样如此。在管控人力成本的组织设计层面，我们需要明确这些管理工作参与各方的职责，需要明确组织机构及管控模式。

2.1.1 人力成本管控组织体系

对人力成本的管控是企业人力资源管理工作中的重要环节，这项工作应由人力资源部统筹管理和考核，但绝不只是人力资源部一个部门的工作。有的企业总经理把这项工作全部压给了人力资源部，自己想做甩手掌柜，这种情况下人力成本管控工作将很难得到落实。

在企业整体的人力成本管控体系中，一般应当包括预算管理委员会、总经理、各部门管理者、全体员工、人力资源部和财务部，根据他们在人力成本管控中扮演的角色不同，企业人力成本管控的组织体系构成如图2-1所示。

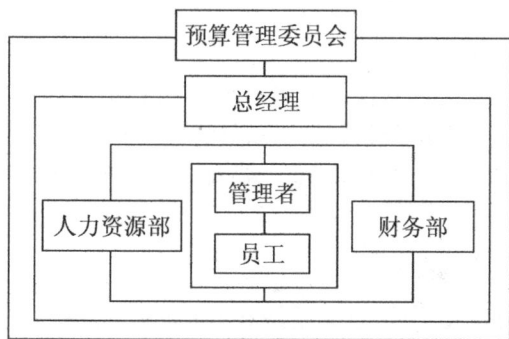

图2-1 企业人力成本管控的组织体系构成

企业的人力成本管控体系可以分成四层，越往内层，越趋近具体执行，越往外层，越趋近顶层管理。

1. 执行层

执行层是人力成本管控的第一层，是管控人力成本的第一道"防线"。这一层由各部门管理者和员工共同组成。如果各部门管理者的人力资源管理到位，员工积极配合，人力成本在这一层就能够管控到位。

2. 执行协同层

人力成本管控的第二层是执行协同层，这是管控人力成本的第二道"防线"。这一层由人力资源部和财务部共同组成。人力资源部和财务部一方面对各部门管理者在人力成本管控方面起到一定的考核和提醒作用，另一方面也是人力成本管控的共同执行部门。

3. 监督管理层

人力成本管控的第三层是监督管理层，这是管控人力成本的第三道"防线"。这一层由总经理或者由总经理和分管人力资源管理的副总经理共同组成。总经理对人力成本的管控进行持续的监督管理。

4. 统筹规划层

人力成本管控的第四层是统筹规划层，这是管控人力成本的最后一道"防线"。这一层由预算管理委员会组成。预算管理委员会对人力成本预算除了统筹规划之外，在人力成本管控的过程中同样具有持续监督和检查的作用。

执行层、执行协同层、监督管理层和统筹规划层，共同组成了人力成本管控的四层组织管理体系，形成人力成本管理的多种预警系统，能够让人力成本管控实现流程化、体系化、规范化，能够保证人力成本管控工作的最终落地。

2.1.2　人力成本管控各方责任

企业要有效管控人力成本，除了人力资源管理部要负责之外，需要企业预算管理委员会的领导，总经理的支持，需要企业各层级管理者的执行，需要企业全体员工的理解，还需要财务部门的辅助。划分清楚企业各方的责任，通过各方的通力配合，才能有效地管控人力成本。企业要做好人力成本管控，要将各方的责任明确如下。

1. 预算管理委员会的责任

预算管理委员会是人力成本预算的最终审批机构，是人力成本的最高管理部门，它在人力成本管控方面的职责包括如下内容。

- 制定人力成本管控的战略方向；
- 把握人力成本预算的制定思路；
- 审批与人力成本相关的制度流程；
- 审批与人力成本管控相关的绩效管理方案；
- 对人力成本预算的修改提出意见。

2. 总经理的责任

管控人力成本的最终目的是为了提高企业人力资源管理的效率，增加企业的效益，提高企业的利润，所以管控人力成本也是总经理的重要岗位职责之一。总经理对人力成本管控工作的态度不能是放任不管，而应当是非常重视。

企业总经理在人力成本管控方面的职责包括以下内容。

- 根据预算管理委员会制定的人力成本管控战略方向制定人力成本管控的顶层指导和设计方案；
- 落实企业的人力成本预算；
- 审核与人力成本的相关管理制度，并提出修改意见；
- 审核与人力成本管控相关的绩效管理方案，并提出修改意见；
- 监督和审查人力成本预算的执行情况。

3. 人力资源部的责任

人力资源部在人力成本管控方面的职责包括以下内容。

- 编制与人力成本管控相关的制度流程，报总经理和预算管理委员会审批；
- 编制与人力成本管控相关的绩效管理方案，报总经理和预算管理委员会审批；
- 监控和考核企业各部门人力成本预算的执行情况；
- 对人力成本管控较好的部门提出绩效或制度方面的奖励建议；
- 对人力成本管控较差的部门提出绩效或制度方面的惩罚建议。

4. 财务部门的责任

财务部门在人力成本管控方面的职责包括以下内容。

- 提供与人力成本相关数据；
- 编制与人力成本相关报表（有的企业在人力资源部）；
- 监督和预警人力成本预算执行情况。

5. 企业各层级管理者的责任

企业各层级管理者在人力成本管控方面的职责包括以下内容。

- 执行企业人力成本管控的整体战略思路；
- 具体实施人力成本管控的制度和流程；
- 日常管理行为中严格践行企业管控人力成本的理念；
- 不断提高部门员工的劳动效率。

6. 全体员工的责任

全体员工在人力成本管控方面的职责包括以下内容。

- 认同并配合企业管控人力成本的行为；

● 积极提升自身的劳动效率。

2.1.3　组织变革与人力成本管控

企业发展离不开组织变革。组织变革是企业根据内外部环境的变化，及时对企业中的各类要素进行调整、改进和革新的过程。企业通过组织变革，可以调整企业的管理理念、工作方式、组织结构、人员配备、组织文化等。

组织变革能够重新整合企业内部的资源，能够最大化地开发和利用人力资源，能够降低人力成本，提高人力资源的效率，能够给企业的发展带来更多机会。组织变革的过程中，企业各管理层不仅要把人力当作"资源"，还要把人力看成"资本"。

然而，很多企业为了管控人力成本实施的各个组织变革项目却是失败的。要保证组织变革的顺利实施，企业应当从资本投入的角度思考和推动组织变革。要做好组织变革，除了在变革前做好调研、计划、评估等工作外，还要通过一些至关重要的辅助手段来推进变革。

1. 运用组织文化

大多数组织变革项目需要有效处理组织层面的许多具体管理事务，例如决策流程、组织机构、绩效管理等。但组织文化是一种默契的行为规范，并不受组织管理层面的太多影响。它是由组织中人的思考方式、共同信仰、行为和感受结合而成的。因此，企业的管理层必须处理文化层面的变革，否则组织变革将会遇到很大的阻碍。

在运用组织文化时，要采取以下方法。

（1）找到组织文化中最引以为豪的内容，并将改变与之连接。

（2）可以借助组织中的"特殊力量"，这种力量一般来自组织中非正式的管理者。这些员工值得信任，工作积极主动，并为组织感到自豪。比如，某具有60年历史的老牌企业要变革，我们可以争取一些德高望重的"元老级"人物的支持和背书。

（3）需要在组织中建立"连贯性"的环境。所谓"连贯性"，是指作为组织中的一员，不论是从管理者的公开讲话、邮件、会议还是标识等，企业上下关于变革的信息是一致的，给组织成员"必须做"的暗示，避免发生任何质疑。比如，总经理要做某项改变，某副总却在某次公开会议中表示了质疑该变革的言辞，这就是"不连贯"。

2. 确保各方参与

理想的变革管理团队需要不同层级的人员参与。其中最重要的是总经理和高层管理团队。最高管理层不仅要理解变革项目，更需要以身作则，带领组织其他成员参与到变革当中。

同样，中层管理者也非常重要，变革的过程要尊重中层管理者的意见，帮助中层管理者承担变革带来的不同职责。一线管理者直接面对基层员工，也是变革中的重要一环。在组织中设立变革的项目咨询顾问，由他们解答各个层级的问题，辅助变革项目的实施，并适时给出专业的建议。

3. 员工关怀

给予员工一些日常的精神或物质关怀，能更好地为员工带来归属感。比如，为员工举办生日会，或是给员工的家人送上生日祝福、为员工提供个性福利等，都能让员工感觉自己受到了重视，从而愿意拥抱变革，产生进取之心。

或者，提供一些雪中送炭的关怀。当员工患病时，如果企业提供一些医疗资源，可以给予员工极大的安心感。当员工感到自己受到重视并且确信企业会为自己提供安全保障时，员工才能充满自信、毫无后顾之忧地接受新的变革与挑战。

4. 创造交流空间

员工更倾向于执行自己参与讨论并认同的决策。企业决策通常是不容置疑、由上到下的，有时难免引发员工的抵触情绪。员工认为自己为企业做了贡献却没有发言权，就可能不理解或不认同变革。这时，可以引导员工参与有关变革的讨论，创造一种方式，让员工可以交流并分享关于变革的一切。员工之间的相互交流和鼓励可以带来更多信心，企业也可以借此收集到一些有用的信息。

5. 信息共享

企业应当通过各种方式使员工了解变革正处于哪个阶段，做出必要的修正，并适时告知员工企业的积极成效。许多变革通常需要较长的时间才能显现出成效，如果员工一直看不到变革成效，则容易丧失信心。适时地告知员工一些变革短期可见的积极成效能让员工更有信心。

2.1.4　技术升级与人力成本管控

在企业中经常会出现类似这样的场景。

领导说："我明年想做个新项目。"

人力资源管理人员说："那看来我得抓紧时间招人了。您看，我该招什么样的人？应该招多少呢？"

到这里，谈话往往就很难进行下去了。很多人力资源管理人员体会不到这其中有什么问题。领导想做事，下属立即执行，有错吗？有错！领导想做事的下一步不一定是想怎么招人。做事和招人之间并不存在因果联系，但对于人力资源管理人员来说，却很容易习惯性地建立这种联系。

绝大多数企业的人力资源管理人员与领导之间都存在类似这样的认知鸿沟。这种认知鸿沟不是来源于教育经历、文化背景、工作经历、年龄代沟这些个人素质能力方面的差异，而是因为双方的立场不一样。他们一个是站在整个企业的立场思考问题，一个是站在工作的立场思考问题。

人力资源管理人员思考问题喜欢"以人为先"，而且管理中的很多理论都支持这一点，比如，质量体系中的"人、机、料、法、环"五大因素排第一的是"人"；企业管理的"人、财、事、物"四大因素排第一的也是"人"；以人为先、以人为本、以人为始，这些词说的也都是类似的道理。

可是，领导却不这么想，领导是以事为先。领导思考逻辑的第一层是我要做什么事，通过这件事我能得到什么；第二层是要做成这件事，我需要些什么资源；第三层是我要去哪里找到这些资源，获得这些资源的难度有多大；第四层是这些资源之间能不能通过转化或替代，降低资源获取的难度和成本；第五层是这些资源中什么是最重要的，我应该怎么管理这些资源，也就是很多人力资源管理人员所在的"以人为先"的那个思考层。

领导与人力资源管理人员之间的思考层次，整整差了4层！这是许多人力资源管理人员跟不上领导思维的原因，也是很多领导对人力资源管理人员不满意的原因。人力资源管理人员太局限于人的问题，看不到全局；太重视对人的管理，看不到组织所在的整个行业和市场；太执迷于研究该怎么"选、训、用、留"，没想过有没有可能"不用人"。

我们应当关注企业资本的投资与收益间的平衡。就好像一谈起战争，很多人第一时间想到的是打胜仗需要什么样的战略或战术，而实际上往往不打仗，才能获得最佳的投资收益。

《孙子兵法》说："百战百胜，非善之善也；不战而屈人之兵，善之善者也。"意思是百战百胜，算不上是最高明的；不通过交战就降服敌人，才是最高明的。《孙子兵法》讲的其实也是投资收益，整部书都在强调：战争是很贵的，能不打仗，就不要打仗。目标是达成某个目的或解决某个问题，而不是一定要去战斗。打不赢就不要打；就算能打得赢，但是打不起，也不要打；打得赢也打得起，还要看看能不能不打仗就解决问题。

运用到人力资源管理中，我们要认识到，在人力成本快速上升的今天，人多了以后管理难度会变大，对人的管理成本也会迅速上升。所以，用人是很贵的，企业能不用人就不要用人。企业的目标是达成某个目的或解决某个问题，而不是一定要用人来达成那个目的或解决那个问题。就算一定要用人，也要看能不能最小化人力成本，最大化投资收益。

有人认为，企业的规模扩大了，用人的数量就应当增加。实际上，随着产业的升级和技术的进步，很多企业都在通过各类技术手段，实现自动化。这种转变，能够让企业用更少的人力资源创造更大的价值。现代企业经营规模的扩大不一定代表人力资源的数量一定需要扩大，相反，有可能在企业的经营业绩、业务规模不断扩大的同时，用人的数量却越来越少。

富士康（Foxconn）是全球最大的代工厂，它的 PC 机、平板电脑、手机的生产总量都是世界第一，员工数量也极为庞大。但富士康的许多工作岗位是无技术含量的重复性动作。对这类技术附加值偏低且枯燥乏味的重复性工作，用机器人来取代人显然是更好的方法。

早在 2011 年，富士康创始人兼董事长郭台铭就向外界透露过要用机器取代人工的计划。到了 2016 年，富士康高管在接受采访时表示，富士康每年可以打造 1 万台机器人，未来它们还将继续利用自己生产的"富士康机器人"（Foxbots）替代工厂员工。

富士康为什么要用机器人？

（1）在工作效率上，一台机器人的效率相当于 3 个以上的工人。工人手工生产的产品会产生大量的次品。而机器人的工作稳定性更好，生产过程产生的损耗额更低。

（2）机器人成本更低，3 个工人 1 年的人力费用在 20 万元左右，而一台富士康工业机器人的成本为 10 万元，一台机器人使用不超过 1 年，成本就能收回来。而且机器人的使用寿命在 3～4 年，上岗后只需要很少的维护费。

（3）工人越来越难招，招工成本逐渐增加，缺工率逐渐上升。年轻人逐渐厌恶枯燥的生产线工作，离职率大幅增加。工人多了管理困难，管理成本也高。机器人则不存在这些问题，它们可以日夜兼程、不休不眠地持续工作。而富士康也不需要再考虑它们心里是怎么想的，它们是否高兴、难过。

（4）机器人对于处理一些时间短、数量大、要求高的订单至关重要。类似苹果这种大客户，定制化的要求非常高，例如，某些微细螺丝的规格，被要求精确到 0.01 毫米，唯有机器可以兼顾这种规模化和精细化的要求。因此，使用机器人也是富士康提高产能和技术含量，能接到大单的必要条件。

除了富士康这类生产制造企业之外，各类行业都在尝试运用新技术。早在 2017 年，京东商城的无人机已开始提供无人配送服务了。

京东商城商业模式的核心价值之一在于它的自有物流体系，但是京东的总人数已经达到 16 万人之多，这些人力资本在京东庞大的物流体系中，消耗着京东大部分的利润，所以京东必须在无人机、无人货车、无人配送、无人仓储等方面进行大量的投入。随着京东的智能配送、智能供应链的逐渐成熟，京东的价值，也许会呈几何级增长。

随着机器人、自动化、人工智能等"无人技术"的日趋完善，以及无人超市、无人餐厅、无人酒店等实体店的陆续出现，那些原本注重人与人服务的第三产业也渐渐可以通过技术的升级有效地降低人力成本。

这里说的通过技术升级取代人力资源绝不是否定人力资源的价值，也不代表机械、人工智能就一定比人类更高级，而是提醒我们要关注技术升级进步这个维度，将这个维度作为企业管控人力成本的方式之一。

2.2 制度建设层面的人力成本管控

制度是共同遵守的行为规范和行动准则，企业要想有效地管控人力成本，同样离不开相关制度的保障。在编制与人力成本相关制度的时候，我们要注意制度的体系化和系统化。

2.2.1 人力成本统计分析制度

人力成本统计分析制度是规定企业要用什么样的方式分析人力成本的制度，是帮助企业针对自身的人力成本状况，通过统计分析，发现问题、查找问题、分析问题和解决问题的相关制度。人力成本统计分析制度的内容可以分成三部分。

1. 比较分析

对人力成本统计分析制度的编制，首先要规定企业对人力成本的比较分析方式。在这个部分，企业要规定对人力成本的历史数据和现状采取何种方法分析，同时要规定人力成本的比较对象和比较周期。

比如，有的企业规定人力成本统计分析要按照月度进行分析，分析比较的对象除了本企业的情况之外，还要分析竞争对手的人力成本结构和本企业的比较。

2. 数据测算

对人力成本统计分析制度的编制，要规定企业的人力成本的数据测算方式。一般来说，应当根据企业经营状况的基础数据对人力成本支出的最高限度和适度水平进行测算，在综合分析的基础上，确定企业人力成本支出的适度水平。

比如，有的企业在进行人力成本测算之后，确定企业人力成本的上限值，以及各部门人力成本的上限值，规定各部门不得超过本部门人力成本的上限值。

3. 定期分析

对人力成本统计分析制度的编制，要规定企业对人力成本的定期分析方式。一般来说，根据企业对人力成本数据的测算分析，可以定期分析人力成本的支出情况，分析成本偏离目标的原因，并研究管控的具体措施。

比如，有的企业每月召开人力成本的专题分析会议，在分析会议上，总经理和各部门一起分析人力成本的完成情况。根据分析会议上提出的问题，现场制订改进的具体措施和行动计划，有效实施改进。

2.2.2 各岗位人力成本责任制度

根据组织层面对人力成本管控各方责任的划分和组织体系设计，应当在制度层面规定各岗位对人力成本控制的责任。

各岗位的人力成本责任制度包括 4 个部分。

1. 模拟核算

第一部分是规定企业在某个时间前要进行模拟核算，测算出整个企业的总成本和总收益情况，并根据人力成本在总成本中的组成情况，确定企业必须管控的人力成本总额。

比如，有的企业规定每年 11 月初，企业的财务部要开始测算第二年的预算。到 11 月底之前，要测算出企业的总成本和总收益预算，并测算出人力成本预算，这时候的人力成本预算就是企业必须管控的人力成本总额。

2. 分解指标

第二部分是规定企业如何将成本总额自上而下层层分解成各项具体的指标；如何将各项人力成本费用的具体指标落实给各分企业、各部门、各岗位（一般是管理岗位）；如何将各岗位应负责的人力成本的具体指标写入岗位说明书；如何确定并定期调整岗位说明书中的人力成本指标。

比如，有的企业规定每年的 12 月中旬之前，会把企业的人力成本总额预算分解到各部门和各管理岗位，并在 12 月底前，与各岗位做一轮沟通后，把指标分解到各岗位。当经营状况发生变化时，经过预算管理委员会的确认，调整相应岗位的人力成本指标预算。

3. 绩效考核

第三部分是规定通过什么样的机制让各岗位了解自己负责的人力成本指标额；通过什么样的方式保证各岗位将人力成本指标达到该岗位负责的标准；人力成本指标是否达成对各岗位有什么样的影响。

比如，有的企业规定将人力成本指标纳入企业的绩效考核，将人力成本岗位责任制度与企业的绩效考核制度相结合，把人力成本指标作为绩效考核指标中的一项重要标准，根据人力成本指标的完成情况实施绩效打分，并实施相应的奖惩。

4. 监控预警

第四部分是规定人力成本各个支出项目的审批权限，不同的管理层级应当具有不同的审批权限；规定由人力资源部／财务部门对各项人力成本支出额以及人力成本费用率和劳动分配指标进行动态监控；规定如果出现超过人力成本费用率和劳动分配率标准的情况要及时预警，包括预警的具体操作；必要时规定具体的监督人（到岗位）。

比如，有的企业规定财务部每月为人力资源部提供人力成本的相关报表，人力资源部和财务部一起分析人力成本的异常情况，对人力成本超过预算的子企业／部门，采取约谈负责人和到子企业／部门走访的形式了解人力成本超预算的原因，提出预警，与子企业／部门一起查找问题，并提出改进建议。

2.2.3 如何编制系统化的制度

制度要发挥作用，绝不仅是"有没有"的问题，而应是"有没有用"的问题。如果是"有没有"的问题，相关的资料只需要到互联网上搜索就能找到很多，复制粘贴之后，稍微改改，企业的制度就全了。但是这样做对企业管理来说几乎是没有用的。

为什么没用呢？因为制度就像种子，要想生根发芽（起作用），需要水、空气、土壤和一段时间的孕育。真正有效的系统化制度不仅要看这个规章制度有多么全面、覆盖的范围有多广或者规定的有多么细致，更要看这一系列的制度能否在企业中真正落地并发挥作用，而那些没有用的制度，往往都只写在纸上、留在嘴上、挂在墙上，是"没有用"的制度。

所以，企业如果要编制系统化的制度，不应当求全、求多，也不要被"系统"这两个字给困住了思维。一大堆没有用的制度，不如一个能够真正落地且有用的制度。所以，企业在编制系统化制度时，要注意以下 4 个问题。

1. 问题导向

企业制定制度时应当有优先级顺序。最先制定的规章制度一般是优先能解决企业问题的制度，而不是通过互联网的搜索引擎能搜索出来的。要先把企业当前最需要解决的问题、最大的痛点问题列出来，再把这些问题通过对应的制度进行规范。

2. 尽量量化

管理实务中，为了界定行为的性质归属，规章制度应尽量进行量化。如果制度中用"数额巨大""金额较高"之类的含糊词语，一旦发生类似情况，这种模糊的形容词是很难解决相关问题的。

3. 做好记录

关于员工日常对制度的遵守与违反情况，人力资源部要做好详细的记录。记录的内容不仅要包括事实和结论，还应包括全部的证据资料。对制度的记录结果，应体现在员工的晋升、降级、培训、福利等方面。

要想让制度真正落地，需要注意奖罚的运用。如果制度的背后没有奖罚，那么规定了也没有用；如果制度的背后没有检查，那么出台了也没人做；如果制度的背后没有记录，那么实施了也没效果。

2.3　流程设计层面的人力成本管控

企业要在流程设计层面管控人力成本，首先需要建立整个价值链，找准并把控住企业的核心能力；其次要在价值链梳理和分解的基础上，强化供应链，提高周转率；最后要实施必要的流程梳理和流程再造，通过流程提高效率，减少冗余的流程，提高企业的运行效率，让企业持续增值。

2.3.1　如何找到企业的价值位

一个企业创造价值的过程是通过一系列工作流程与内外部相互协作完成的。根据战略学家迈克尔·波特（Michael E. Porter）教授的价值链理论，企业内外价值增加的活动分为基本活动和支持性活动，这两类活动构成了企业的价值链。

企业产生价值的基本活动包括生产、销售、进向物流、去向物流、售后服务等直接与产品、服务和消费者相关的活动。支持性活动包括人事、财务、计划、研究与开发、采购等辅助企业运营和管理的活动。

如果把价值链的视野放大，将目光投向商业世界的某个产业，价值链则可以分成三个层级，第一层级的价值链叫行业价值链；第二层级的价值链叫企业价值链；第三层级的价值链叫产品价值链。三层级价值链的关系如图2-2所示。

（1）行业价值链，是整个行业创造价值的过程，它是通过整个行业里不同的分工，不同的企业承担着不同的角色，最终把产品交付到消费者的手里，从而完成交易。

（2）企业价值链，是整个企业创造价值的过程，它是一个企业经过一个个环节，把产品交到下一级消费者的手中，并完成交易的过程。

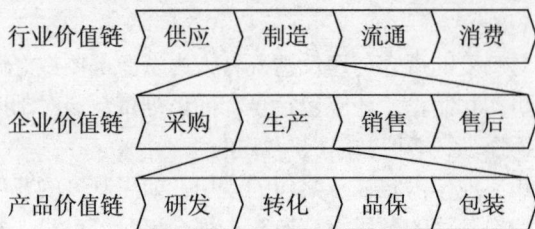

图2-2　三层级价值链的关系

（3）产品价值链，是企业里面生产产品的过程，它是围绕某个产品，一环一环地让产品实现从无到有的过程。产品创造的过程本身，就是一个产生价值的过程。

在清楚了这三层价值链的关系之后，企业便可以找到自身在这三条价值链中所处的位置，清楚了解企业上一级为自己提供的价值，以及下一级为自己提供的价值。企业要找到自身价值链上的"关键环节"或者叫"战略环节"，企业要保持自身的竞争优势，实际上就是要保持价值链某些特定关键环节上的优势。

比如，有的企业优势在于产品研发，有的企业优势在终端渠道资源上，有的企业优势在原材料的进价上，这些优势形成了这些企业的核心竞争力。

找准企业的关键价值位（核心竞争力）之后，如何通过价值位管控人力成本呢？比较高效的做法是将企业的核心人力资源聚焦于企业的关键价值位，关键人力资源围绕在企业的关键价值位，其他人力资源服务于企业的关键价值位。

通过三层价值链找到企业核心价值位的方法是企业从战略高度进行的价值分析。通过这种价值分析，企业可以把主要的资源投入在最能够为企业创造价值的位置，次要的资源围绕和服务于那些能够为企业产生价值的位置，其他的资源如果与企业的关键价值位无关，可以在考虑投入产出的效率之后予以删减。

2.3.2　如何分解企业的价值链

当企业绘制出完整的价值链，找准自身的价值位之后，可以通过对价值链的分解，将价值链转化为不同级的流程，通过对流程的梳理和优化管控人力成本。为了运用流程管控人力成本，企业需要梳理完整的业务体系，包括组织方式、运行系统以及流程层级化的基本架构。

如果企业想要通过信息系统提升人力成本的管控水平，通过人力资源管理效能降低企业的人力成本，就需要通过企业的价值链，分解企业的流程。企业的流程分级如图2-3所示。

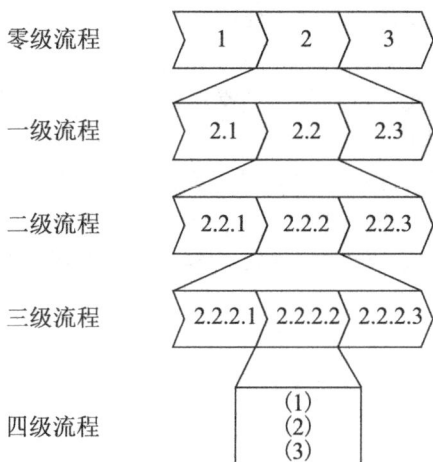

图 2-3 企业的流程分级

1. 零级流程

零级流程就是企业业务层面的核心价值链，是整个企业中的最高级别流程图。在零级流程中，每一个方框代表着一个业务流程的总名称。

2. 一级流程

一级流程是企业业务层面的流程链，是对零级流程模块中某一个方框（某个业务流程）的流程化图示。在一级流程中，每一个方框代表一组子流程。

3. 二级流程

二级流程是更详细的流程图展示。在二级流程中，每个方框代表一组可以有所产出的行动。在这一级流程中，可以观察到相对具体的操作。

4. 三级流程

三级流程是具体的行动图。在三级流程中，每个方框代表一系列组成该流程的具体行动。在这层流程中，可以观察到每个具体的动作。

5. 四级流程

四级流程是完成行动的具体操作步骤。这一级通常只有一个方框，代表着完成动作而进行的一系列步骤的详细信息。

由于对价值链分解为不同级流程的使用者不同以及目的不同，对价值链分解到流程的过程不是级数越多越好、越细越好，应当根据需要有所选择。在进行选择的具体操作时，需要注意以下事项。

（1）如果是为了对业务和管理模型进行阐释或高层次的分析，可以分解到第二级流程。

（2）如果需要涉及具体业务操作流程以及活动的操作流程，可以分解到第三级流程。

（3）如果需要描述每个活动的详细操作动作或程序，使流程可操作，可以分解到第四级或者第五级流程。

流程分解的过程也是一种价值梳理的过程，通过对价值链到流程的分解，企业往往能发现在价值链中的关键环节存在流程不清或者流程冗余的问题。通过这个梳理过程，企业可以进一步明确流程，减少内耗，从而提高人力资源的使用效率，降低成本。

2.3.3 如何提升企业流程价值

在经过对价值链及不同等级流程的分解之后，为了进一步找到流程中的问题，可以绘制流程图。流程图是企业统一的商业语言，是企业工作流程相对规范的表现。

我们通过流程图的描绘，可以为分析业务和工作内容打下基础；通过对流程图的分析，可以对企业的业务和管理做整体的系统性思考，找到业务中的问题；通过对流程图的优化，可以去掉其中不合理、不增值的部分，并增加必需的环节和工作内容。优化后的流程图，可以成为改进实际工作的重要指导。

企业绘制流程图的步骤如图2-4所示。

图2-4 绘制流程图的步骤

第一步是了解环境需求，分析企业战略及内外部环境变化对流程的要求。

第二步是实施流程分解，判断子流程之间的关系，判断子流程间的信息流。

第三步是绘制流程图，描述流程中步骤的定义，定义职责以及流程中的业绩评估指标。

举例

某零售连锁上市企业，对企业流程的梳理如图2-5所示。

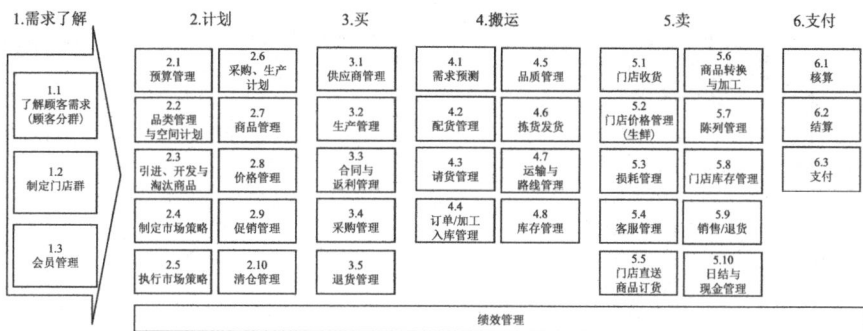

图2-5　某零售连锁上市企业的企业流程

在没有经过流程梳理之前，该企业预算管理的流程大致如图2-6所示。

图2-6　原预算管理流程

　　该企业原有的预算管理流程比较简单粗放，而且没有具体明确的规定。原有的流程是先由总经理及企业的决策层讨论，然后直接由门店执行关于预算的决策。该企业的数据分析部门及门店负责人会定期对预算的执行情况进行回顾，再将回顾后的考评结果返回到总经理。

　　原有的预算管理流程虽然看起来比较清晰，但在实际运行的过程中出现了很多问题。比如原本制订预算规划的过程没有相对明确的流程步骤，实际操作起来就变成了总经理和高层之间开会的时候没有思路和方向，最后的结果是"拍脑袋"。流程的运行没有时间的概念，执行的过程没有明显规律，回顾的过程没有明确步骤，考评的过程没有真正实施奖罚。

　　除了流程不规范之外，该企业在预算管理流程中经常会出现多余的流程。比如，总经理和高层之间制定完预算方案之后，传达到门店的过程中需要经过三个部门的传递。除了数据分析部门和门店负责人回顾预算完成情况之外，营运部、财务部和人力资源部都会找到门店负责人回顾预算完成情况，造成重复管理和资源浪费。

　　后来，该企业对预算管理实施流程梳理之后，细化了流程的具体步骤，得到流程如图2-7所示。

　　梳理后的流程按照规划、执行、回顾和考评的基本操作，增加了详细的流程步骤和操作时间，让流程更加清晰明确，具备可操作性。经过明确之后的流程减少了流程冗余，减少了资源的浪费。

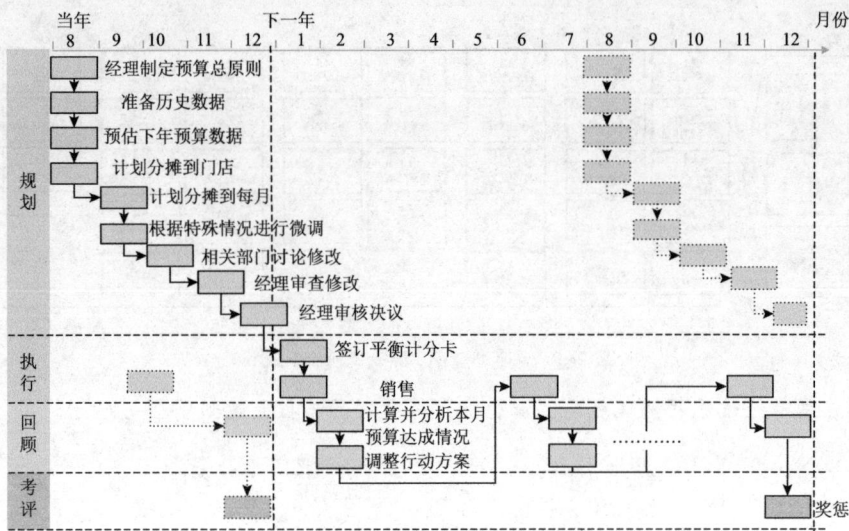

图 2-7　梳理后的预算管理流程

疑难问题
人力成本过高如何查找问题做出调整

当企业在关于人力成本预算的定期评估中发现人力成本超过预算较多时，应当如何操作呢？常见查找问题的思路和操作方法可以来自以下 5 个方面。

1. 聚焦核心价值

人力成本过高的原因有可能是将资源浪费在没有产生价值的事情上，我们应当审视企业是否存在资源没有聚焦核心价值的问题。如果存在，应当聚焦主要价值，减少企业在其他方面付出的成本。

2. 增加产业附加值

人力成本高的原因有可能源于企业所在的产业和产品附加值低。这时候，我们可以和高层管理者一起查找运营层面的问题，调整资产结构和产品结构，利用优良资产和盈利产品增加效益。

3. 合理调配人员

冗余的人力资源、不合理的组织机构、较差的工作状态以及岗位技能水平等都有可能是人力成本高的原因。人力资源管理应当按照组织机构设置岗位要求，按照岗位职责要求竞争择优调配适岗人员，形成精干高效的人员结构，强化对在职人员的培训管理和绩效管理，同时注意可合理利用设备与人力资源的替代关系。

4. 改进投入方式

我们可以进一步分析人力成本高的具体领域，人力成本高有可能是人力成本的投入方式有问题，有可能是当前的人力成本没有主要投入在关键岗位和重点岗位上，而是投入到了一些不关键的岗位，出现高岗低薪和低岗高薪问题，对此应及时做出调整。

5. 调整薪酬结构

薪酬结构的不合理性有可能是造成人力成本高的原因。比如，有可能是员工的固定工资太高，浮动工资太低。我们应当合理把握工资的投入结构，合理确定固定工资和浮动工资比例。在迫不得已的情况下，可以考虑减少固定工资。

第3章
如何在机构岗位层面
管控人力成本

组织机构的设置，岗位的设置及岗位定编，这些都会影响人力成本的使用效率。要想管控人力成本，企业可以围绕核心能力优化组织结构，围绕价值优化岗位设置，围绕成本优化岗位编制数量。

3.1　组织机构优化层面的人力成本管控

常见的组织机构类型包括职能型、事业部型（超事业部型）、矩阵型、多维立体型、模拟分权型、流程型、网络型、阿米巴模式和创客模式。这些组织机构类型在管控人力成本方面各有优缺点和适用性。企业在优化组织机构时，应当根据各组织机构的特点，选择最大化效率和收益、最小化成本和风险的组织机构类型。

通过优化组织机构类型，不仅能解决组织内部的运作方式问题，还能够提升员工的主观能动性。组织机构类型从一定程度上回答了"员工究竟为谁工作"的问题。有一些组织机构类型从模式上会更容易让员工感受到"企业和员工的双赢"或"为自己而工作"。员工很容易感到自己工作越努力，成果越好，自己的能力提升越快、财富积累得越多。

3.1.1　职能型组织机构分析

职能型组织是最简单、最传统的组织类型，被广泛运用于中国绝大多数的中小型企业。这种组织机构是采取自上而下的纵向管理关系，按照职能划分成不同的部门，各部门各司其职、分工协作，最终达成组织目标。

职能型组织机构示意图如图3-1所示。

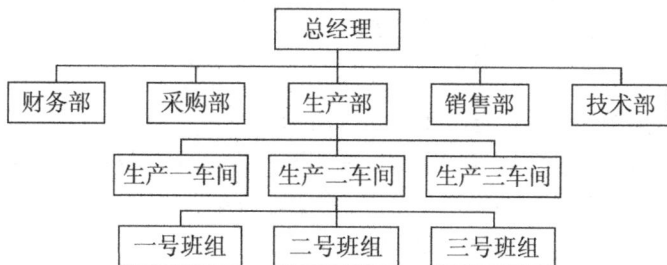

图3-1　职能型组织机构示意图

在管控人力成本方面，职能型组织机构的优点包括如下内容。

（1）组织结构简单、分工比较明确。

（2）权责划分比较清楚，便于部门和岗位开展工作。

（3）自上而下的管理成本相对较低，高低层级之间的管理关系比较直接。

在管控人力成本方面，这种组织机构比较容易在沟通、组织、协调和相互配合方面出问题，具体表现为以下内容。

（1）因为这种组织机构是纵向型的管理关系，各职能部门之间的横向配合容易出现问题。

（2）运行过程中可能会过分强调各部门间的专业分工，忽略相互之间融合统一的关系。

（3）各个职能部门之间的沟通可能会缺乏弹性。

（4）组织达到一定规模后，可能沟通不畅。

3.1.2　事业部型组织机构分析

事业部型或超事业部型组织机构形式曾经在欧美大型企业中被广泛应用，现在在中国的大型制造业中的应用非常广泛，也已经成为比较常见的组织机构形式。这种组织机构形式是在职能型组织机构逻辑的基础上，按照地区、市场、产品或顾客的相近性等属性，分成多个事业部。

事业部型组织机构示意图如图3-2所示。

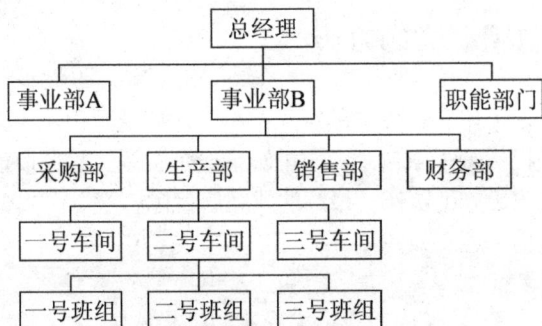

图3-2　事业部型组织机构示意图

超事业部型组织机构示意图如图3-3所示。

各个事业部之间通常是独立经营、独立核算的关系，具有一定的自主权。各事业部的负责人对本事业部的生产、销售、管理、业绩等负责。总经理对事业部下达任务目标或绩效指标，保留对事业部的财务控制权、人事任免权以及与其他职能相关的监督和控制权。

在管控人力成本方面，事业部型或超事业部型组织机构的优点包括如下内容。

（1）企业的灵活性和适应性更强。

（2）权力下放，总部的高层管理者能够从日常管理工作中解放出来。

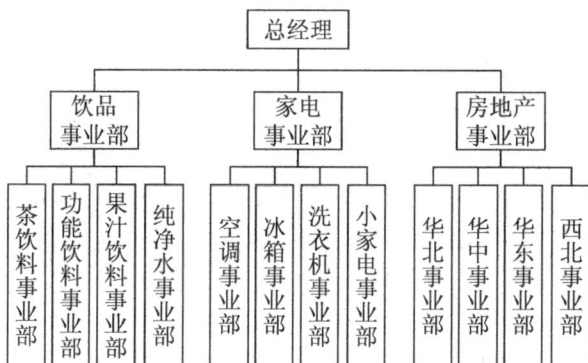

图 3-3 超事业部型组织机构示意图

（3）对权责利的分工相对比较明确。

（4）通常能保证企业得到比较稳定的业绩收入。

（5）因为有了权力的下放，通过各事业部的独立经营，有助于培养整个企业管理团队的储备干部。

其实，事业部型或超事业部型组织机构，也是一种"超职能型"组织机构。在管控人力成本方面，事业部型或超事业部型组织机构的缺点和职能型组织机构非常类似，具体内容如下。

（1）因为管理机构的复杂性，横向与纵向之间沟通与协调工作只会更加复杂。

（2）因为这种组织需要的管理机构比较多，所以管理成本较大。

（3）需求的管理人员比较多，对管理人员的素质要求也比较高。

（4）如果管控不到位的话，有可能会架空总部的领导，使总部对事业部失去控制。

（5）因为一些产品或市场的原因，各事业部之间可能会存在竞争，产生内耗，而且这种内耗有时候因为存在利益的纠葛，上级很难协调。

在这种传统的纵向管理型组织机构里，常常会出现人力成本管控方面的问题。往往组织机构越庞大，管理效率越低，这也许是"层级制"发展到一定程度和规模之后，必然会产生的后果。纵向管理型组织机构常见的问题包括两类。

1. 效率问题

纵向管理型组织机构规模达到一定程度后，由于存在权限、责任归属、做事流程以及制度要求方面的问题，可能会使原本正常的运营缺乏灵活性，使企业的运转缺乏应变能力，进而使管理效率变得非常低。因为上述问题的存在，相应地，管理成本将会非常高。

比如，某个跨国企业某部门的文案上错了一个字，本来只需要简单修改就可以，但因为该跨国企业层级森严、权限明确，任何修改都必须经过再一次的审批流程。

结果文案仅修改一个字，却耗时一周。

2. 目标扭曲

企业有大目标，逐级分解后，就变成了每个部门或每个岗位的小目标，但是这些小目标加起来，却并不一定就能实现大目标。美国经济学家萨缪尔森（Paul A. Samuelson）曾提出过的"合成谬误"（Fallacy of Composition）概念，就是形容这种现象的。微观上对的东西，在宏观上并不总是对的；反之，在宏观上对的东西，在微观上可能是错误的。

比如，企业都希望又好又快地发展，企业在制订发展目标和总目标时，会按照这个原则来制订。但是到了某个具体岗位，岗位上的员工可能会为了个人的短期收益出现寅吃卯粮、恶性竞争、透支未来的情况。

3.1.3 矩阵型组织机构分析

矩阵型组织机构是一种"任务－目标"型的组织机构。这种组织机构在职能型组织机构的基础上，以完成某项具体工作任务或达成某个目标为目的，通过组成临时的工作小组进行运作的组织形式。矩阵型组织机构示意图如图 3-4 所示。

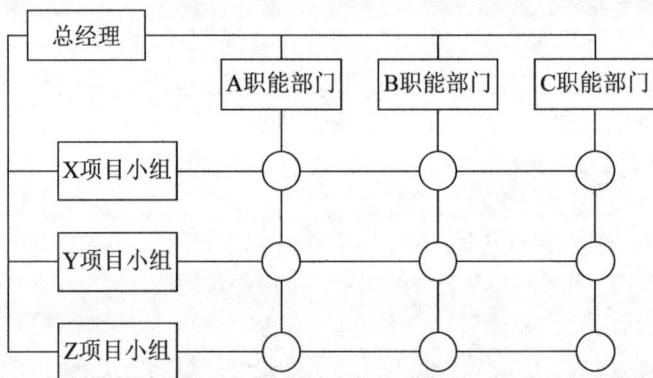

图 3-4　矩阵型组织机构示意图

在矩阵型组织机构中，项目小组往往目的性和适应性比较强，可以根据需要随时成立、随时解散。项目小组形成后，内部的成员受部门负责人和项目小组负责人的双重领导。

矩阵型组织机构在一些管理咨询企业、培训企业、律师事务所或会计师事务所中较常见。因为这些企业（事务所）的业务模式通常是项目制，当企业（事务所）有业务的时候，就会成立项目小组，各个职能部门里面的人员将会分散到项目组中。

有的时候，同一个人可能会横跨多个项目组。当项目结束的时候，项目组解散，项目组里的人则回到各自所在的部门担任原本的角色。

举例

某集团企业整体实行事业部制的组织机构，虽然从产品角度看，该企业分成了很多的业务单元，但因为各产品之间具有平行产品或者上下游产品的关联性，从技术研发角度，整个集团企业所有产品之间都有一定的关联和协同性。

为了保证企业的技术创新，实现技术上的统一管理，该企业在总部设置了统一的技术中心，统一进行对外的技术交流，统一为各业务单元进行技术指导。该集团企业对技术中心的管理和组织机构的设置，就是按照矩阵型组织机构设置的。

归属于技术中心的技术人员平时全部都在各个业务单元的技术研发或者技术改进项目中工作。该企业对技术人员全部按照项目制管理和考核。技术人员的奖金，也全部来自项目奖金。

各项目组成员由项目负责人进行挑选。技术能力越强，团队协作做得越好的人才，项目组的负责人越倾向于选择。技术能力越差，团队协作做得越不好的员工，项目组的负责人越不会选择。能力较差的员工参与的项目少，薪酬就少。如果经过培训和调岗之后能力较差的员工表现没有改善，最终他很可能会主动选择离职，因此这种模式起到了优化团队成员的效果。

对于技术中心的新员工，统一由技术中心的副总经理安排其参与到不同的项目中。新人工作的前2年是学习期，根据情况在不同项目上学习。新人工作满2年后，随其他技术人员一起被挑选进不同的项目。

在管控人力成本方面，矩阵型组织机构的优点如下。

（1）打破了纵向型组织的劣势，能够强化组织中的横向联络，使横向联络与纵向联络相结合。

（2）提高了组织形式的机动性和灵活性。

（3）能够激发团队之间的协作意识，能够提高人力资源的工作效率。

在矩阵型组织机构模式下，对人才的评价机制将会变得更简单。人力资源部不需要再等到年底专门做人才测评或专门做人才盘点，从项目负责人选拔项目组成员时对不同人才的偏好程度，人力资源部就可以快速判断出哪些人才是高效能人才。

对于那些高效能人才，人力资源部可以给他们更多的关注和培养，同时要注意让他们能够体验到多劳多得的价值。对于相对不优秀的人才，人力资源部可以帮助他们搞清楚问题所在，并帮助他们提高能力。

矩阵型的组织机构出现初期，很多人认为这是非常先进的组织机构类型，仿佛能解决很多管理上的问题，但是任何一种组织机构都不是完美的。

在人力成本管控方面，矩阵型组织机构最大的缺点是双重领导很可能会带来员工的无所适从，大部分人习惯于层级制的管理模式，采用矩阵式管理，很多员工会不适应。尤其是对权力比较看重的管理者，可能问题会更明显。

这种组织机构模式可能会让员工之间的项目组合有临时性的感觉，可能会造成项目小组内人员的责任感不强。比如有的项目组成员会觉得虽然暂时在项目组中工作，但是归根结底自己是属于部门的，就会出现"身在曹营心在汉"的情况。

项目小组的负责人可能会出现权力比较小、责任比较大的问题。比如当出现了用人部门需要临时把项目组内部的人员抽走的时候，可能项目小组的负责人只能服从用人部门的要求。

所以，建立矩阵型的组织机构，企业需要有一定的准备。在实施这种组织机构模式之前，要对企业内部的管理者实施一定的培训。必要的时候，可以把这种组织机构模式和绩效管理相结合。

3.1.4 多维立体型组织机构分析

多维立体型组织机构是把事业部型组织机构和矩阵型组织机构有机结合之后的新型组织机构模式。这种组织机构一般运用于规模比较大、产品复杂多样、跨地域较广的超大型企业。

多维立体型组织机构示意图如图 3-5 所示。

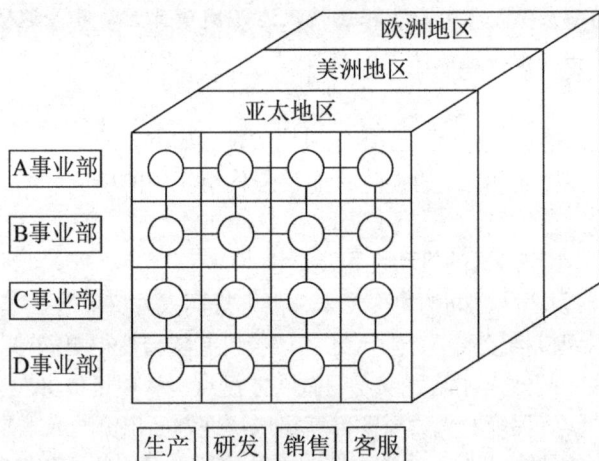

图 3-5 多维立体型组织机构示意图

多维立体型组织机构通常包括三个维度的管理机构：第一个维度是按照部门职能划分的专业参谋机构（指总部的职能部门设置的机构），属于专业成本中心；第二个维度是按产品划分的不同事业部，属于利润中心；第三个维度是按地区划分的管理机构，属于地区利润中心。

在人力成本管控方面，多维立体型组织机构的优点包括如下内容。

（1）能够最大限度地满足顾客的需要。

（2）更加容易从全局性考虑问题，便于企业层面的集体决策。

（3）人力资源能够有效地在组织内灵活共享。

（4）能够适应更加复杂的外部经营环境。

在人力成本管控方面，多维立体型组织机构的缺点包括如下内容。

（1）员工会面临三重的管理关系，容易导致无所适从。

（2）对员工的沟通能力和人际关系能力的要求会比较高。

（3）组织机构比较复杂，管理成本比较高，可能会影响组织内的决策效率。

如果企业的产品相对比较单一，企业的业务范围遍及全球，就比较适合采用这种复杂的多维立体型组织机构；但如果企业的产品线比较宽，产品之间的关联性不大，即使企业的规模已经非常庞大，也不一定适合采取这种组织机构模式。

3.1.5　模拟分权型组织机构分析

模拟分权型组织机构是在职能型组织的基础上，根据各部门的特点以及在管理上的不同要求，把组织划分成类似于事业部的多个单位，将其作为独立的生产经营部门，模拟独立经营、独立核算、自负盈亏。

模拟分权型组织机构示意图如图3-6所示。

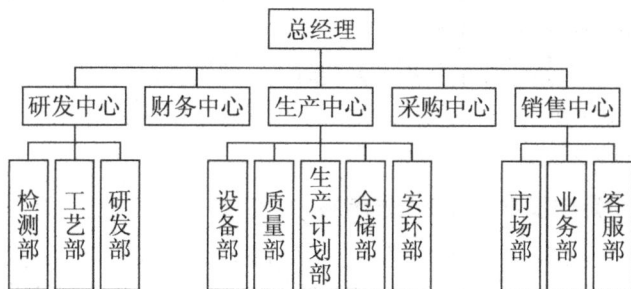

图3-6　模拟分权型组织机构示意图

模拟分权型组织机构内部划分的这些"中心"通常并不是真正意义上的经济实体，而是通过内部财务核算的方式来实现模拟分权。因为使用这种组织机构不会影响最高管理者的权力，同时又能通过定目标、定任务的方式发挥各部门的积极性，所以这种组织机构类型是很多运用传统纵向型组织机构的企业发展到一定规模后常采用的。

这种组织机构模式比较适用于那些已经具备了一定的生产规模性、稳定性或连续性，以及具备一定财务管理能力的企业，是一种统分结合的管理模式，其同时具备职能型和事业部型组织机构的特点。

在人力成本管控方面，模拟分权型组织机构的优点包括如下内容。

（1）适应性更强，可以作为职能型组织机构管理上的补充。

（2）能够激发各部门的积极性，提升组织活力，提高效率。

（3）相比职能型的组织，这种组织机构权责利的划分更清晰，员工的责任感更强。

在人力成本管控方面，模拟分权型组织机构的缺点也比较明显。

1. 组织的横向沟通和交流的难度更大

职能型组织机构的各部门更关注企业的利益，而模拟分权型组织机构的各部门更关注本部门的目标或指标，尤其是当这些指标和年终的奖金挂钩的时候。虽然人们都明白应当以集体利益为重，但是如果涉及了个人利益，大部分人实际上很容易先考虑个人利益。

当企业内部需要多个部门协调完成某项任务的时候，很容易会使部门负责人抱着"自扫门前雪"的态度。各部门只管做好本部门的工作，达成企业给本部门设置的指标，不一定愿意花时间和精力配合其他部门完成目标。所以在这种情况下，企业内部的横向沟通会变得更加困难。

2. 许多职能部门的计划和目标难以量化

比如财务中心、人力资源中心、行政中心，对这类部门没有经济指标上的具体要求，可是如果完全按照成本来考核和管理这类部门，也不科学。如何给这类部门制定指标一直是困扰很多企业的难题。

给业务部门制定指标如果花费1天的时间，给这类部门制定指标可能3天都讨论不出一个满意的结果。而且即使讨论出一个满意的结果，也不一定实用，因为他们的目标本身难以量化。

3. 有时候确定内部价格容易引发矛盾

模拟分权型组织机构因为存在独立结算的概念，所以作为上下游关系的各中心之间的交易需要确定内部价格。在如何确定内部交易价格这个问题上很可能会成为一个企业内部"打不完的官司"。

举例

某企业在推行模拟分权型组织机构时出现过一个问题。原本不存在内部结算的问题时，A、B两个部门之间配合得非常好，两个部门领导之间工作上的沟通协调也很好。后来实行了内部结算，一方成了另一方的"买家"，这两个部门就开始较真了。

A部门是B部门的下游产业。A部门可以从B部门拿货，也可以从市场上拿货。当A部门觉得从B部门拿货不如从市场拿货更好的时候，比如市场上的价格更低、质量更好等，A部门就不想从B部门那里拿货了。

B 部门认为 A 部门的这种判断没有道理，市场上可能有的货确实便宜，但是那种货的质量不好；有的货可能质量很好，但是价格更高。总之，企业的部门之间不会赚自己人的钱。然而因为各部门的绩效考核重点看业务量，也就是根据出货量计算销售额，所以从动机上，B 部门确实有可能将产品的结算价格抬得比外部市场更高。

渐渐地，这家企业关于内部结算价格的问题，让 A、B 两个部门管理者之间产生很深的矛盾，给企业带来很多内耗。原本和谐相处的两个人，现在都认为对方在占自己部门的便宜，最后企业的总经理也无法解决这个矛盾。

3.1.6 流程型组织机构分析

流程型组织机构来源于价值链和企业关键流程的梳理。它是以满足顾客需求为导向，以业务流程为中心。在流程型的组织机构中，并不强调纵向的管理线，而是采取以横向的流程线为主，以部门职能为辅的管理模式，一切重心导向结果和顾客。

流程型组织机构示意图如图 3-7 所示。

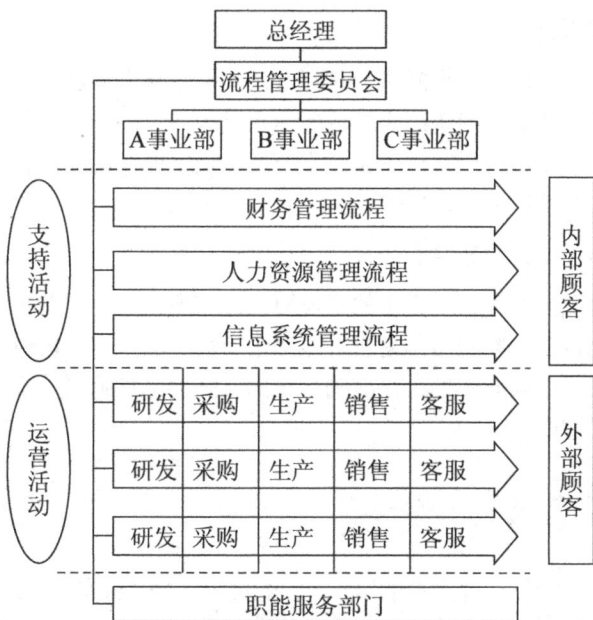

图 3-7 流程型组织机构示意图

流程型组织机构是一种实现组织机构和业务流程之间紧密相关的方式。因为这种组织机构是直接服务于客户，所以一度被视作非常先进的组织模式。

在流程型组织机构中，大家更强调部门之间的相互配合，更强调怎么把工作做好。在这种组织机构中并不特别强调上下级之间应该怎么管理，只要能更好地服务于关键流程，上下级之间的关系并不重要。

在人力成本管控方面，流程型组织机构的优点包括如下内容。

（1）能够实现组织的扁平化管理，高层的信息比较容易传达至基层。

（2）横向的沟通会变得更加顺畅，能够有效地减少部门之间的内耗。

（3）一切努力都是以市场和顾客为导向，能够有效地提高组织运行的效率。

（4）具有更强的适应性和灵活性。

总的来说，流程型组织机构的优点就是能实现全体员工为了服务顾客、为企业创造更高的价值而努力，不需要太多地考虑内部的人际关系，不需要过多地考虑一些和价值无关的事情。

但是流程型组织机构也不是万能的，运用这种组织机构的时候，在人力成本管控方面有一些潜在的缺点。

1. 流程设计复杂

在管理比较复杂的大型企业，要完整地梳理出整个企业的业务流程非常困难。很多流程的设计、确定和修改等各项工作都比较复杂，要梳理出一套完整的流程，通常需要花费大量的时间和精力。

2. 员工接受度低

这种组织机构和传统的纵向型的管理方式差别比较大，员工对这种组织机构的接受程度可能会比较低。传统组织机构的员工是服务于部门、服务于直属领导，但是在流程型组织中要服务于客户、服务于市场，员工很可能会失去直属上级，很多员工一时难以理解这种工作方式的转变。

3. 对员工素质能力要求高

在流程型组织机构中，对员工的素质要求比较高。在流程型组织中，对员工的评价偏向于他能否很好地服务于客户、服务于市场，能否产生价值。所以在很多这类组织中，员工可以采取弹性工作时间。然而，弹性也意味着员工需要具备一定的个人素质和自我管理能力。

3.1.7 网络型组织机构分析

网络型组织机构是一种虚拟的组织，它的关键词是"合作""联合"与"外包"。它是通过互联网、信息技术等手段，把研发、供应、生产、服务等各类企业或个体连接成一个经济联合体。

网络型组织机构示意图如图3-8所示。

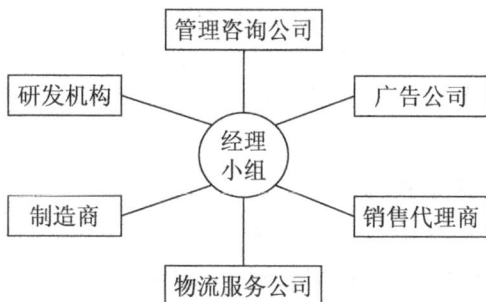

图 3-8　网络型组织机构示意图

如果用直白的语言来形容网络型组织机构的逻辑，是这样的：我围绕自身优势开展业务核心，核心之外的事情交给别人做。类似于专业的人做专业的事，专业的组织做专业的产品或服务。通过与经济联合体内其他企业或个体之间的互动，企业可以专注于某个细分领域，保持自身的核心优势，实现"做强"组织能力而不需要"做大"组织规模。

随着市场环境的变化，"大而全"的企业越来越难以在未来的市场竞争中生存，但"小而美"的企业因为灵活性，却有可能专注于某一个领域长期发展。未来在市场上，最容易生存的企业是聚焦某个领域，在该领域具有核心竞争力的企业，而不是什么都能做的企业。

比如我国浙江、温州的很多小型制造企业，对于某个产品，有的企业专门负责销售，有的企业专门负责组装，还有一群企业专门负责生产这个产品中的小部件。这种生产产品某个小部件的企业，在这个部件上的质量、技术、成本往往比直接生产整个产品的大企业里生产这个小部件的工序更有优势。

在人力成本管控方面，网络型组织机构的优点如下。

（1）能够优化各企业之间的资源配置，实现优势互补。

（2）降低企业的管理成本，提高沟通效率。

（3）有利于激发团队精神，促进员工间的相互合作。

（4）组织的适应性和灵活性更强，变化更迅速。

网络型组织机构同样不是万能的，在人力成本管控方面，网络型组织机构的缺点包括如下内容。

1. 关系比较复杂

在网络型组织机构中，相互协作的机构之间的关系比较复杂，出现问题之后难以协调。企业内部的问题是往往是上下级的问题，而企业之间的协作是两个企业之间的沟通。

2. 有泄露组织核心机密的风险

某个企业虽然可以聚焦自身的核心竞争力，但是如果这个核心竞争力壁垒不高，可能会被上下游产业进入，抢占自身的市场份额。比如有的品牌服装企业只关注品牌建设、产品设计和销售渠道，将生产环节外包给其他企业。如果其品牌、产品和销售渠道很容易被效仿，可能代加工企业会加入效仿队伍，形成自身的品牌和产品，抢占市场。

3. 需要一定技术条件的支持

在网络型的组织机构中，企业之间的协作可能错综复杂。为了保证沟通的及时性，网络型组织机构中相互的协作往往需要一定的技术支持。这里的技术支持包括网络技术和管理能力。比如，有的企业通过管理系统，能够实现从消费者下单、原材料采购、生产制作、物流发货、客户服务于一体的全信息实时共享，保证产品能够第一时间交付。

3.1.8　阿米巴模式组织机构分析

阿米巴模式组织机构是在企业战略规划的指导下，为了达到经营目标和发展需要，将企业划分成可以独立完成业务，并可以进行独立核算的单元体，这种管理模式有利于企业对经营方向的把控。

阿米巴模式组织机构具备以下特点。

1. 自主经营小集体

企业被划分成若干个"自主经营"的小集体，把大企业化小，化整为零，同时具备规模和灵活性。

2. 内部市场化交易

通过内部交易的形式，直接向内部传递市场竞争的压力，以"内部市场化"的运作机制来促进企业在外部市场的竞争。

3. 全员做"领导"

让员工从"被动执行"转变为"主动创造"的经营者，释放企业潜能，能够培养具备领导理念的经营人才。

4. 实现系统分析

阿米巴模式组织机构以独立核算为基础，通过内部的价值核算，能够运用更加科学的业绩管理和评价来相对直接地衡量员工贡献，并实现循环改善。

韩都衣舍运行的阿米巴模式相对比较成功。到2016年，韩都衣舍已经从年销售额300万元增长到超过15亿元，在这背后，组织创新发挥了巨大的作用。通过这种组织模式，韩都衣舍把决策力和领导力从领导身上分散到尽可能多的小组织上。

韩都衣舍将整个企业分割成许多个被称为阿米巴的小型组织，每个小型组织都作为一个独立的利润中心，按照小企业、小商店的方式进行独立经营。这种模式成功的关键在于明确企业发展方向，并把它传递给每位员工。

韩都衣舍以产品小组为核心模式，真正做到了去中心化。据韩都衣舍的创始人赵迎光说，这个模式放大到 500 个、1 000 个小组都没有问题。

韩都衣舍的阿米巴小组示意图如图 3-9 所示。

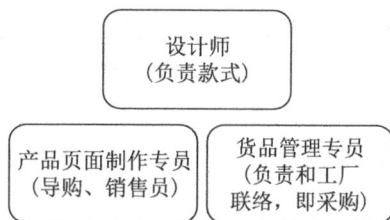

图 3-9　韩都衣舍的阿米巴小组示意图

韩都衣舍中的阿米巴小组，最少只需要三个角色，分别是设计师、产品页面制作专员、货品管理专员。阿米巴小组有明确的权、责、利划分。

1. 责任

韩都衣舍阿米巴小组的责任是确定销售任务指标，包括销售额、毛利率、库存周转等。

2. 权力

韩都衣舍阿米巴小组的权利包括如下内容。

（1）确定款式。

（2）颜色、尺码、库存的深度。

（3）价格，企业有一个最低的价格，但价格不能太低。

（4）参与什么活动。比如说"双十一"，哪些款式参加活动。

（5）打折节奏和深度。

3. 利益

韩都衣舍阿米巴小组的业绩提成一般按"销售额 × 毛利率 × 提成系数"计算。

在管控人力成本方面，阿米巴模式组织机构的优势包括如下内容。

（1）提高员工参与经营的积极性，增强员工的动力，为企业快速培养人才。

（2）小集体能够将"销售额最大化、经费最小化"的经营原则在企业内部彻底贯彻。

（3）企业领导人能时刻掌握企业经营的实际状况，及时做出正确决策，降低企业经营风险。

（4）大企业的规模化经营，变成了各小组的灵活经营，能够让企业保持大企业的规模优势，同时具备小企业的灵活性。

但是阿米巴模式的组织机构同样存在很多问题，在人力成本管控方面，它的缺点包括以下内容。

（1）经营理念和企业文化问题。如果企业全部打散成不同的小组，那么整个企业的经营理念和企业文化很难得到延续，各小组可能更注重市场化经营结果而忽略了对企业文化的传承。

（2）独立核算的难度。和模拟分权型组织机构的问题类似，在阿米巴模式组织机构中，有时候部门之间的核算或者定价是个很难达到多方满意的问题。

（3）权力下放的问题。阿米巴模式组织机构中的小集体并不拥有真正的权力，而是企业赋予的权力，很难把握这种权力下放到什么程度才能既保证小集体的运营，又能防范风险。

3.1.9　创客模式组织机构分析

创客模式组织机构是一种平台式的组织机构。这种模式是需要生产产品、管理员工、面向用户的企业变成一个平台，由直接创造价值，变成打造和维护一个商业的"生态系统"逻辑。

创客模式组织机构运用比较成功的是海尔集团。海尔集团把这种组织机构模式称为互联网时代的管理模式。海尔集团从 1984 年创业到现在，经历过了 5 个发展战略阶段，分别是名牌战略、多元化战略、国际化战略、全球化品牌战略、网络化战略阶段，如图 3-10 所示。

图 3-10　海尔战略发展的 5 个阶段（图片来源：海尔集团官方网站）

海尔每个阶段的战略主题都是随着时代变化而不断变化的，但贯穿海尔发展历程的，都离不开管理创新，重点关注的就是"人"的价值实现，使员工在为用户创造价值的同时实现自身的价值。

海尔从 2005 年提出"人单合一"至今已有十多年，2012 年之后，人单合一双赢模式因破解了互联网时代的管理难题而吸引了世界著名商学院、管理专家争相跟踪研究。在互联网时代，用户与企业的关系正在发生着改变。

（1）企业和用户之间实现了信息零距离，原来企业的大规模制造注定要被大规模定制所代替。

（2）去中心化，每个人都是中心，金字塔式的组织架构变得扁平化。

（3）分布式管理，全球的资源企业都可以为我所用，全球就是企业的研发部和人力资源部。

传统的组织是串联式的，从企划研发、制造、营销、服务一直到最后的用户，企划与用户之间有很多传动轮，但这些传动轮并不知道用户在哪里，这是企业里的中间层。还有一些社会上的中间层，比如供应商、销售商。总而言之，这些中间层拉远了企业和用户之间的距离。

海尔"外去中间商，内去隔热墙"，把架设在企业和用户之间的引发效率迟延和信息失真的传动轮彻底去除，让企业和用户直接连在一块，从传统的串联式流程转型为可实现各方利益最大化的利益共同体。

在这个利益共同体里面，各种资源可以无障碍进入，同时能够实现各方的利益最大化。要建成并联的生态圈，组织结构一定要变。2012 年之后的海尔，逐渐开始没有层级，只有三种人——平台主、小微主、创客，他们都围着用户转。

海尔创客模式组织机构的运作模式如图 3-11 所示。

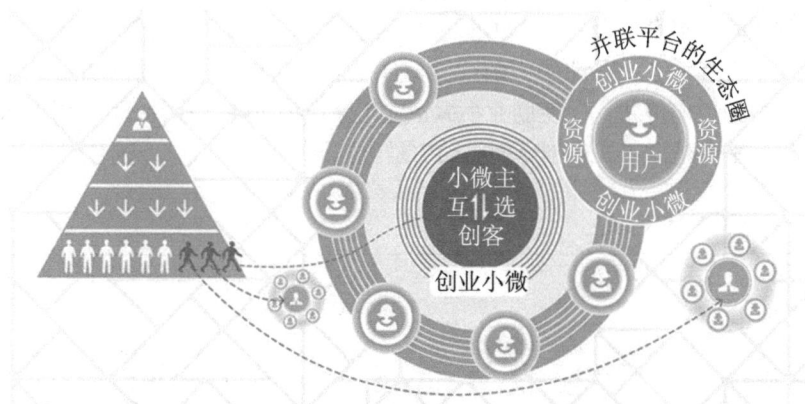

图 3-11　海尔创客模式组织机构的运作模式（图片来源：海尔集团官方网站）

平台主从管控者变为服务者，员工从听从上级指挥到为用户创造价值，必须要变成创业者、创客，这些创客组成小微创业企业，创客和小微主共同创造用户、市场。

小微主不是由企业任命的，而由创客共同选举。创客和小微主间可以互选，如果小微主做了一段时间被小微成员的创客认为不称职，可以筛选出局。这些小微加上社会的资源，就变成了一个生态圈，共同创造不同的市场。这就会形成有很多并联平台的生态圈，对应不同的市场，对应不同的用户。

海尔抓住第三次工业革命的机遇，加快探索实践"人单合一双赢"模式，搭建"人人创客，引爆引领"的创业生态系统，不断推动员工、组织和企业实现转型。

为保障转型的顺利开展，2015年，海尔聚焦两大平台的建设——投资驱动平台和用户付薪平台。海尔投资驱动平台和用户付薪平台的逻辑如图3-12所示。

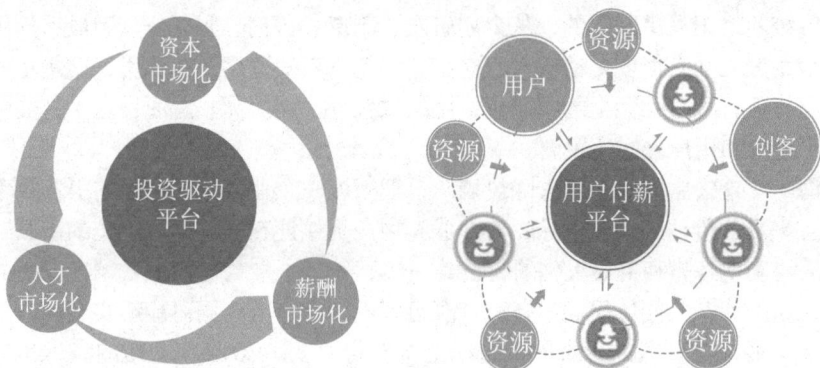

图3-12　海尔投资驱动平台和用户付薪平台的逻辑（图片来源：海尔集团官方网站）

投资驱动平台就是将企业从管控组织颠覆为生生不息的创业生态圈，为创业者在不同创业阶段提供资金支持。实现一切围绕市场，一切围绕价值，实现资本的市场化、人才的市场化、薪酬的市场化。用户付薪平台是指创客的薪酬由用户说了算，从企业付薪到用户付薪，促使创业小微企业不断自演进和迭代升级。投资驱动平台和用户付薪平台是海尔模式创新的驱动力量。

3.2　岗位设置层面的人力成本管控

岗位是组织中最小的基本单位。它属于组织，而非任何组织成员，它承接了组织战略的分解目标，以结果为导向，动态而稳定地存在。企业在设置岗位的时候，不是设置得越复杂越好，而是设置得越精简越好，在能够满足基本工作需求和后备人才培养需求的基础上，原则上不需要设置冗余的岗位。

3.2.1 如何建立岗位体系

岗位体系是人力资源管理体系的基础，它直接与薪酬管理体系、绩效管理体系、职业发展体系等形成关联作用，保证企业能够持续不断地吸引、激励、保留优秀人才，从而降低企业的人力成本。

仅设置出单个的岗位是远远不能满足管理要求的，也不能达到管控人力成本效果。企业需要建立一套完整的岗位管理体系。一套完整的岗位管理体系应包含岗位层级、岗位族群/序列、岗位发展通道、岗位图谱和称谓、岗位管理制度、岗位说明书等内容。

岗位管理体系示意图如图3-13所示。

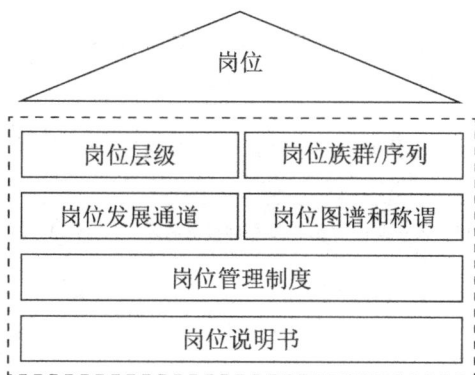

图3-13 岗位管理体系示意图

1. 岗位层级

岗位的层级划分是组织管理的纵向权限分布，是岗位的汇报层级关系，是岗位的相对价值分布。可以通过专业知识、岗位能力、贡献大小、业务领域影响力等角度来测量岗位的价值，划分岗位层级。

2. 岗位族群/序列

岗位族群是由一系列工作内容相近或相似，满足岗位要求的岗位任职者所需知识、技能，领域相同或相近的岗位组成的岗位集合。对岗位族群做进一步细分，可以形成岗位序列和岗位角色。

建立岗位族群/序列体系，一是能够为人力资源调配提供一个新的工具，实现对数量庞大的岗位进行动态管理；二是能够建立多通道的职业发展路径，拓宽员工在企业的发展空间，增强对核心人员的保留与激励；三是可以针对不同岗位族群，制定个性化的人力资源管理配套方案，包括薪酬激励、培训与发展、人员选拔与流动、绩效管理在内的人力资源管理平台。

某企业以价值链为基础，在某族群下的序列划分示意图如图 3-14 所示。

	序列	管理序列	人力资源序列	财务管理序列		行政序列	
辅助活动	角色	高层管理	人力资源	财务	审计	档案管理	行政文秘
	序列	技术序列		科研项目管理	质量控制序列		安环管理
	角色	技术研发	生产工艺	项目管理	质量检测	体系认证	安环管理
	序列	后勤保障序列				信息序列	
	角色	保卫	司机	厨师	宿管	勤杂	信息管理
基本活动	序列	采购序列	生产序列			市场序列	
	角色	物资供应	仓库管理	设备维修	生产实施	生产统计	市场开发维护	售后服务

图 3-14　某企业以价值链为基础在某族群下的序列划分示意图

3. 岗位发展通道

（1）横向职业通道。

采取工作轮换的方式，通过横向的调动，使工作具有多样性，使员工焕发新的活力、迎接新的挑战。虽然没有加薪或晋升，但可以增加员工的新鲜感和价值。如果企业没有足够多高层职位提供给员工，而长期从事同一项工作可能会使人感到枯燥无味，可采用此种模式。

（2）双重职业通道。

分成管理通道和技术通道两条通道，沿着管理通道可以通往职级更高的管理职位；沿着技术通道可以通往更高级的技术职位。在组织中，两个通道在同一等级上的地位和利益是平等的。员工可以自由选择两条通道中的任意一种发展。这种模式可以保证组织既拥有高技能的管理者，同时又拥有高技能的专业技术人员。

（3）多重职业通道。

这种模式是在双重通道的基础上又分成多个通道，为员工提供更多的机会和发展空间。比如有的企业为管理通道上的职工发展到一定层级后，提供带领团队创业或成为合伙人的机会；有的企业为技术通道上的职工发展到一定层级后，提供技术带头人通道或技术管理人员通道。这种模式为员工提供了更多的职业发展选择的机会。

岗位发展通道示意图如图 3-15 所示。

4.岗位图谱和称谓

（1）确定图谱中的称谓。根据岗位族群 / 序列结果和岗位层级确认结果横纵交叉选取图谱中的称谓。

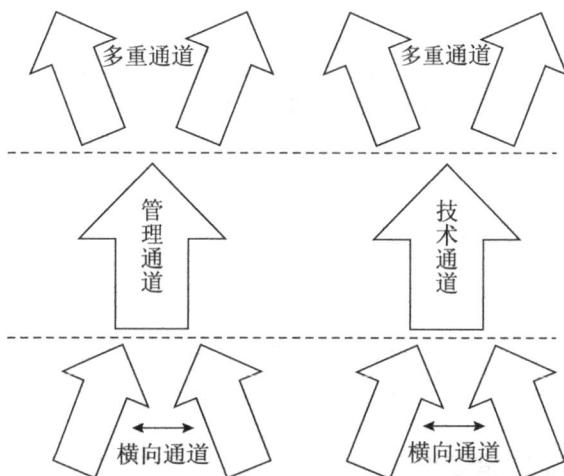

图 3-15　岗位发展通道示意图

（2）确定岗位角色，根据岗位称谓细分工作角色。

某企业岗位图谱和称谓之间的关系如图 3-16 所示。

对应等级	管理通道 岗位称谓	技术通道 岗位称谓
16～18	总监	首席工程师
13～15	高级经理	资深工程师
10～12	经理	高级工程师
7～9	高级主管	中级工程师
4～6	主管	工程师
1～3	专员	助理工程师

图 3-16　某企业岗位图谱和称谓之间的关系

5. 岗位管理制度

完整的岗位管理制度，至少要包括目的、适用范围、原则、定义、支持文件（其他相关的制度或规定）、岗位设置、岗位编制、岗位分类、岗位等级、任职资格、晋升管理（条件、方式、选拔、评定）、降级管理、转岗管理、借调管理、待岗管理、转正管理、离职管理等。

3.2.2 如何实施岗位分析

建立完整的岗位管理体系，离不开岗位分析。岗位分析是指通过观察和研究，掌握岗位的性质、责任、任务、目标、组织内部相互关系等，同时确定从事该岗位人员需要具备的素质、知识、技能、经验。岗位分析的流程相对比较简单，但工作烦琐，需要不断重复，工作量也较大，需要耐心和细心。

岗位分析的流程如图 3-17 所示。

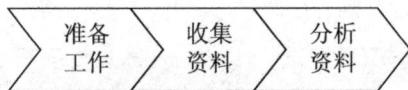

准备工作 ▷ 收集资料 ▷ 分析资料

图 3-17 岗位分析的流程

1. 岗位分析前的准备工作

在进行岗位分析前，需要做好充分的"准备工作"，包括以下内容。

（1）建立岗位分析项目小组。建立岗位分析小组，分配进行分析活动的责任和权限，明确分析活动的流程、方法及安排，以保证分析活动的协调和顺利完成。分析人员应具有一定的经验，同时要保证他们进行活动的独立性。

（2）了解企业战略、组织、流程。岗位分析源于企业战略、业务流程、管理流程及组织设计，最终把实施战略的责任分解落实到员工个人。因此，参与岗位分析的人员需要对它们有很好的理解。

（3）选择被分析部门及岗位。为了保证分析结果，应选择有代表性、典型性的部门及岗位。在进行收集之前，应向与这一工作有关的员工介绍岗位分析的意义、目的及过程，以及希望他们提供怎样的配合。

（4）选择信息来源。可能的信息来源包括组织设计、业务流程说明书、管理流程等书面文件；岗位任职者、管理监督者、内外部客户、岗位分析人员等的反馈；外部成熟企业或者咨询机构提供的岗位分析汇编、职业名称辞典等资料可作为参考。在收集整理信息时应注意以下问题。

- 不同来源的信息差别；
- 应从不同角度收集，不要事先抱有偏见；

● 应结合企业实际，不可照抄照搬。

"收集资料"是岗位分析工作中最重要的一环。需要收集的资料包括岗位名称、工作内容、工作职责、工作环境、任职资格等。判断收集的资料是否齐全，可以根据是否保证能够回答下列问题进行判断。

● 岗位的名称、职级、职等是什么？
● 该岗位向哪个岗位汇报，哪个岗位向该岗位汇报？
● 岗位存在的基本目的是什么？存在的意义和价值是什么？
● 为达到这一目的，该岗位的主要职责是什么？为什么？
● 什么是该岗位独有的职责？（该问题使分析者能够从更宏观的角度看待该岗位）
● 什么是该岗位最关键的职责和其负责的核心领域？（该问题能帮分析者搞清楚企业对该岗位的核心定位是什么）
● 该岗位任职者需要负责并被考核的具体工作成果是什么？
● 该岗位的工作如何与组织的其他工作协调？
● 怎样把工作分配给该岗位员工，如何检查和审批工作？
● 该岗位有怎样的决策权？
● 该岗位是否需要出差？在工作时间和工作环境方面是否有特殊的要求？
● 要获得所期望的工作成果，该岗位任职人员需要有什么行为、技能、知识和经验？（该问题能帮分析者找出能胜任该岗位的人员所必需的能力和个人素质）

2. 常见分析岗位资料的方法

（1）工作实践法。工作实践法是指岗位分析人员实际从事该项工作，在工作过程中掌握有关工作的第一手资料的方法。采用这种方法可以了解工作的实际任务以及在体力、环境、社会方面的要求。这种方法适用于短期内可以掌握的工作，但是对那些需要进行大量训练才能掌握或有危险的工作，不适宜采用此法。

（2）观察法。观察法是通过对特定对象的观察，把有关工作各部分的内容、原因、方法、程序、目的等信息记录下来，最后把获得的职务信息归纳整理为文字资料的方法。这种方法取得的信息比较广泛、客观、正确，但要求观察者有足够的实际操作经验且使用结构性问题清单。这种方法不适于循环周期长的工作和主要为脑力的工作。

（3）问卷法。问卷法是通过结构化问卷来收集并整理信息的方法，具体包括问卷调查法、核对法。该类方法要求企业有较好的人力资源管理基础。问卷调查法即根据职务分析的目的、内容等编写结构性问卷调查表，由岗位任职者填写后回收整理，提取出岗位信息；核对法是根据事先拟定的工作清单对实际工作活动的情况进行核对，从而获得有关工作信息的方法。岗位分析调查问卷如表 3-1 所示。

表3-1　岗位分析调查问卷

填表日期				
工作部门			职务名称	

一、岗位概述

1.该岗位存在的目的是什么？

2.该岗位输出的主要成果是什么？

二、职责内容

1.什么是该岗位的职责？

2.什么是该岗位最关键的职责？

3.还有哪些突发的临时性工作？

工作项目	处理方式及程序	所占每日工作时数

三、职责程度

1.工作复杂性

2.由谁监督

3.对工作结果的负责程度（对自己、部门或整个企业负责）

4.与人接触程度（企业内部、外部）

四、环境是否特殊：噪声、辐射、污染、异味？

五、需要什么行为、素质、知识、经验？

填表人签字		所属部门		直接上级签字	

3.2.3　如何编写岗位说明书

根据岗位分析的结果，我们应当形成标准化的岗位管理文件——岗位说明书。编写岗位说明书的流程如图 3-18 所示。

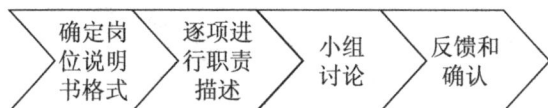

图 3-18　岗位说明书的编写流程

1. 岗位说明书的格式

岗位说明书的格式因企业发展阶段不同、需求不同、岗位分析的目的不同等，可繁可简。标准岗位说明书模板如表 3-2 所示。

表 3-2　标准岗位说明书模板

岗位编码：		岗位名称：		所属单位：	
所属部门：		直接上级：		直接下级：	
下属人数：		文件原件：		文件附件：	
岗位设置目的					
工作关系：					
内部关系联系的内容					
外部关系联系的内容					
工作权限					
1.					
2.					

续表

3.	

工作职责	
职责1	
主要任务	1. 2.
职责2	
主要任务	1. 2.
职责3	
主要任务	1. 2.

工作时间、地点与环境	
工作时间	
工作地点	
工作设备	
工作环境	
关键业绩指标	
任职要求	教育背景：
	从业经验：
	知识结构：
	工作能力：
	个性特征：

本岗位说明书有效期限：_____年___月___日至_____年___月___日

编制人员：		审核人员：		批准人员：	
编制日期：		审核日期：		批准日期：	

2. 职责描述

岗位设置目的栏需用简练而准确的语言来描述本岗位在单位及部门中存在的目的和作用。编写前，需要考虑以下内容。

（1）该岗位实现了企业及部门的哪些目的和作用？

（2）如果该岗位不存在，则会对企业或部门造成哪些影响？

（3）格式为工作依据＋工作内容＋工作成果。

注意：岗位设置目的陈述不包括如何完成结果的过程。

在编写职责描述时，需注意以下要点。

● 其代表了岗位的主要产出；

● 描述了工作的成果而非过程；

● 每一说明描述了单独的、不同的最终结果；

● 不是广义的、含糊的说明；

● 每一个说明都是没有时限的，如果岗位没有改变，职责就不会改变；

● 该工作所负有的职责以及工作所要求的最终结果；

● 是岗位长期及经常性的工作，而不是短期或临时性工作；

● 按照岗位职责的重要性顺序填写，重要的职责填写在前面；

● 每条职责描述不超过 50 字。

除非是特别重要的职责，每项职责占用的时间一般大于完成所有职责占用时间的 5%。未被逐条详细描述的其他职责所占用的时间一般不超过该岗位完成所有职责工作时间的 10%。紧密相关的（如用于完成一项任务的几个步骤）或类似的职责可以归为一条职责进行描述，除此之外，尽量避免把几个职责合并在一个小标题下进行概要描述。

一份好的岗位说明书包含了准确描述"需要做什么"的以动词开头的语句。可用"起草""审核""执行""指导"等具体动词的，尽量避免用"负责"等笼统词语。

> 举例

"每季度起草报告。"

"倾听客户的买卖指令。"

"比较部门实际费用与预算费用的差别。"

用动词描述岗位的具体职责时，避免只使用"管理""监控"等词语，要描述出管理监督的具体事项。职责描述语句通常包含有谓语、宾语及目的描述。职责描述语句包含内容举例如表 3-3 所示。

表3-3 职责描述语句包含内容举例

谓语	宾语	目的描述
收集	财务数据	审核各部门提出的预算费用需求
执行	财务预算	支持企业下年度财务规划
统计	客户数据	向企业管理层汇报老客户的流失率
清洁	机器设备	保证机器能够正常操作
驾驶	员工班车	保证工作日接送员工上、下班

3. 小组讨论

岗位说明书的起草人在初步起草岗位说明书后，应经过岗位分析项目小组讨论确定。在讨论过程中如果有不明确的问题，还可以向相关人员进一步了解情况。小组讨论的意义在于：小组各成员对同一岗位有不同视角，他们的意见可保证该岗位说明书内容更加确切、完整，文字表达更加准确。

4. 编写岗位说明书

经岗位分析小组讨论确定后的岗位说明书可返回岗位现任职人员或其直接上级，征求反馈意见并进行必要的修改。岗位说明书最终由人力资源部负责人审核批准，并进行编号，成为正式的岗位说明书文件。

3.2.4 岗位申请审批流程

在企业统一为各部门设置完岗位后，如果没有特殊情况，一般不得随意变化。为防止各部门随意申请岗位，我们应当设置审批权限。当各部门有新增岗位需求时，由各部门发起岗位申请审批，按照企业的权限设计和审批流程逐级审批。

新岗位申请会用到新增岗位申请表模板如表3-4所示。

表3-4 新增岗位申请表模板

申请部门		申请日期	
申请新增岗位名称		申请新增岗位人数	
申请新增岗位原因			
申请新增岗位职责			
申请新增岗位要求			
部门负责人意见			

人力资源部意见	
分管副总经理意见	
总经理意见	

为有效地管控人力成本，对新增的岗位需求，人力资源部要充分调研岗位增加的必要性，测算岗位增加后的人力成本，测算人力成本的投入和收益的对比关系，为决策层提供决策的依据。

人力资源部汇总各部门的岗位需求、岗位职责及岗位要求后，形成岗位需求汇总表，新增岗位汇总表模板如表3-5所示。

表3-5　新增岗位汇总表模板

序号	企业	部门	岗位	专业要求	学历要求	人数	岗位要求	其他要求	需求原因
1									
2									
3									

3.3　岗位编制层面的人力成本管控

企业在确认岗位类别之后，要对岗位实施定编。岗位定编是采取一定的程序和科学的方法，对确定的岗位进行各类人员的数量及素质配备。为了有效地管控人力成本，岗位定编要根据组织的业务方向和规模，在一定的时间内和一定的技术条件下，本着精简机构、节约用人、提高工作效率的原则，规定各类人员必须配备的数量，进行合理定编。

3.3.1　如何根据企业预算进行岗位定编

应用预算管控进行定编是财务管控型企业中最常使用的定编方法，它通过人力成本预算的金额或比率管控在岗人数，而不对某一部门或某类岗位的具体人数做硬性规定。部门负责人对本部门的业务目标、岗位设置和员工人数负责，在获得批准的预算范围内，自行决定各岗位的具体人数。由于企业的资源是有限的，且与产出密切相关，因此，预算管控对企业各部门人数的扩展有着严格的约束。

举例

某集团企业给A子企业设定明年的销售预算额为10亿元，预算人事费用率为10%，A子企业平均每人每年的人力成本（非工资）为8万元，该子企业应配置多少人？计算过程如下。

A企业定编人数 $=10 \times 10^8 \times 10\% \div (8 \times 10^4)=1\,250$（人）。

其中："$10 \times 10^8 \times 10\%$"是明年的预算人力成本额。

若组织战略调整或市场环境发生较大变化，预算相应发生了重大变化，则定编人数也应进行相应调整。假如市场形势较好，A子企业明年的销售预算额调整为12亿元，则按照预算管控定编法，该子企业的定编人数算法如下。

A子企业定编人数 $=12 \times 10^8 \times 10\% \div (8 \times 10^4)=1\,500$（人）。

其中："$12 \times 10^8 \times 10\%$"是明年的预算人力成本额。

3.3.2 如何根据劳动效率进行岗位定编

应用劳动效率进行定编的方法是根据生产任务和员工劳动效率以及出勤率等因素来计算岗位人数的方法，或者说是根据工作量和劳动定额来计算员工数量的方法。因此，凡是实行劳动定额的人员，特别是以手工操作为主的岗位，都适合用这种方法。

劳动效率定编法的公式如下。

定编人数 = 计划期生产任务总量 ÷（员工劳动效率 × 出勤率）。

举例

某企业明年计划生产的产品总任务量是100万件，工人平均的生产效率为每天生产10件（或劳动产量定额），工人的年平均出勤率为90%，该企业工人的定编人数应是多少？计算过程如下。

工人定编人数 $=1 \times 10^6 \div [10 \times (365-2 \times 52-11) \times 90\%]=445$（人）（向上取整）。

其中：

"1×10^6"是计划期内生产任务总量；

"10"是员工每天的劳动效率；

"365"是一年的天数；

"2×52"是每周六和周日两天的公休天数；

"11"是每年国家法定节假日的天数；

"90%"是出勤率。

劳动定额的基本形式有产量定额和时间定额两种。如果采用时间定额，则计算公式如下。

定编人数 = 生产任务 × 时间定额 ÷ （工作时间 × 出勤率）。

以上例来说，如单位产品的时间定额为 1 小时，则计算过程如下。

工人定编人数 $=1\times10^6\times1\div[8\times（365-2\times52-11）\times90\%]=556$（人）（向上取整）。

其中：

"1×10^6"是计划期内生产任务总量；

"1"是每件产品需要的小时数；

"8"是每名工人每天工作的小时数；

"365"是一年的天数；

"2×52"是每周六和周日两天的公休天数；

"11"是每年国家法定节假日的天数；

"90%"是出勤率。

3.3.3　如何根据业务数据进行岗位定编

应用业务数据进行定编的方法是根据企业业务数据变化来确定员工人数的方法，通常适用于员工人数与业务数据关联性较大的岗位。这里的业务数据包括销售收入、销售量、利润额、市场占有率等。

一般是根据企业的历史数据和战略目标，确定企业在未来一定时期内的岗位人数：根据企业的历史业务数据及企业发展目标，确定企业短期、中期、长期的员工编制；根据企业的历史数据，将员工数据与业务数据进行回归分析，得到回归分析方程；根据企业短期、中期、长期业务发展目标数据，确定人员编制。

举例

某企业销售某品牌笔记本电脑，去年每月的平均销售额为 1 亿元，预计明年销量将增长 20%。通过回归分析，每月销售额与销售人员数量的回归分析方程得数为 4.286×10^{-6}。该企业需要的销售人员定编数量应是多少？计算过程如下。

明年销售人员定编数量 = 明年全国月平均销售额 × 回归分析方程得数 $=1\times10^8\times1.2\times4.286\times10^{-6}=515$（人）（向上取整）。

业务数据分析定编法中用到的回归分析方法是建立在对未来预测的基础上的。要保证计算结果的准确性，首先要保证预测的准确性，其次要加强数据管理，保留真实的历史数据，便于用统计的方法建立回归分析方程。

除了基本的业务数据外，还可以应用业务流程中的数据进行定编。运用业务流程中的数据进行定编的方法是根据岗位的工作量，确定各岗位每名员工单位时间的工作量。比如，单位时间的产量、单位时间处理的业务等。

举例

某部门每天全部的工作流程一共分5个步骤，每个步骤需要的工作量（换算成数值）以及平均每名员工每小时能完成的工作量见表3-6，假设员工出勤率为80%，该部门应配备多少名员工？

表3-6 某部门流程与工作量案例

流程环节	1	2	3	4	5
每天需要的工作量	72	64	160	40	80
每名员工每小时工作量	3	4	5	5	1

计算过程如下。

该部门定编人数 =[72÷（3×8）+64÷（4×8）+160÷（5×8）+40÷（5×8）+80÷（1×8）]÷80%=25（人）。

3.3.4 如何根据行业对标进行岗位定编

行业中管理比较成熟的标杆企业有时候可以作为岗位定编的重要依据。通过持续与标杆企业的数据进行对比，我们能够获取到重要的参照信息。

应用行业对标企业的情况进行定编的方法是用某一特定行业的企业中某类岗位人数与另一类岗位人数的比例来确定岗位人数的方法。在企业中，由于专业化分工和协作的要求，某一类人员与另一类人员之间总是存在一定的比例关系，并且两者相互影响。该方法比较适合人力资源管理、行政管理、后勤管理等各种辅助支持类岗位的定编。

行业对标比例法的计算公式如下。

某类岗位定编人数 = 另一类岗位人员总数 × 行业内对标企业定编比例。

举例

某连锁服务业现有一线服务人员1万人，在该行业的其他对标企业中，人力资源管理人员与企业一线服务人员之间的比例一般为1∶100，该企业应配置多少名人力资源管理人员？计算过程如下。

该企业人力资源管理人员人数 =1×10^4×1÷100=100（人）。

疑难问题
如何保留岗位编制的弹性

我们在设置岗位编制的时候，要注意保留弹性。因为有出勤率、人才培养、突发状况、环境变化等一系列特殊情况，岗位编制不应该是一个冰冷死板的数字，而应该是一个具备一定弹性的数字区间。

某企业明年要上线某个新项目，需要针对该项目计算工作岗位的编制并制订招聘计划。假如该项目明年计划生产的产品总任务量是 100 万件，现有工人生产这种产品的平均生产效率是每天生产 10 件，现有工人的年平均出勤率为 90%。按照劳动效率定编法，计算定编人数 $=1 \times 10^6 \div [10 \times (365 - 2 \times 52 - 11) \times 90\%] \approx 445$（人）。

那么，我们是否应当把该部门的定编人数刚好设置成 445 人，多一个人都不允许，少一个人都必须马上招呢？有实战经验的人力资源管理人员应当了解，这样做肯定是不行的。因为实务中还要考虑其他很多因素和变量。

我们应当通过科学的方法计算定编人数，但同时也要考虑到理论与实践的差异、现实的变化以及测算本身的误差，按照公式计算出来的结果可作为参考，而不是精确的结论或唯一的依据。

拿上述新项目举例，假如该项目对企业来说很重要，我们的首要任务就是要保证项目能够顺利启动。为了避免影响项目进程，考虑各种因素后，我们在实际招聘的过程中可以把人员编制增加 10% 或稍高，如共招聘 500 人，按照 500 人的定编目标实施招聘。

假如该项目还没有最终得到企业高层的确认，有很多不确定的因素，可是如果等到项目最终确认后再启动招聘工作，可能招聘难度较大，短期内招聘不到足量的员工。平衡招聘难度和项目无法启动的风险后，人力资源管理人员可以先取一部分作为招聘依据（如 50%），等项目确认之后，再继续实施剩余人员的招聘。

同样的道理，如果企业当前的主要任务是管控人力成本，尽量压缩编制，那么岗位编制数量上的弹性区间可以设置相对小一些；如果企业没有人力成本的压力，主要精力放在业务的扩张上，那么岗位编制数量上的弹性区间可以设置得相对大一些。

实战案例
持续缩减岗位编制案例

通过员工技能的不断增加、企业流程的不断完善、工作方法的不断更新及一些技术手段的不断升级，同一个岗位的编制有可能得到持续的缩减和控制。这种对岗位编制的缩减和控制不是以企业的业绩减少为代价，而是直接代表着劳动效率的提高。

某连锁零售企业拥有几百家直营连锁线下门店，各门店的经营流程完全相同，经营面积在 2 500 ~ 3 500 平方米，门店的选址及其他状况也都存在一定的相似性。该企业对每个门店员工总人数的岗位编制是按照劳动效率定编法和预算定编法两种方法的计算结果取低值确定的。

为了激励各门店能够进一步缩减和控制岗位编制，减少用人，该企业每月会对已经连续经营 1 年以上的门店做总人数的分析，分析如表 3-7 所示。

表 3-7　连续经营 1 年以上门店人数分析

年销售额（万元）	劳动效率			人力成本费用率			总人数		
	标杆值	平均值	预警值	标杆值	平均值	预警值	标杆值	平均值	预警值
5 000 及以上									
4 000 ~ 5 000 以下									
3 000 ~ 4 000 以下									
2 000 ~ 3 000 以下									
2 000 以下									

该企业对门店岗位总人数的分析是通过对当月该门店的销售额以及前 11 个月的销售额加和之后，形成"年销售额"。因为门店的经营、顾客群体等的不同，造成各门店之间年销售额存在差异。将所有门店从年销售额 2 000 万元以下到年销售额 5 000 万元及以上，分成 5 类。

分析的指标主要有劳动效率、人力成本费用率和总人数 3 类，分析的数值包括标杆值、平均值和预警值 3 类。标杆值、平均值和预警值分别是按照劳动效率、人力成本费用率和总人数中的数值由优秀到差排列之后，换算成百分位值的数据。

标杆值是 75 分位值的数据，平均值是 50 分位值的数据，预警值是 25 分位值的数据。

当某店的某个数据比标杆值更优秀时，说明该店在该数据上比 75% 的其他门店更优秀，代表该店在该数据上的表现为"优秀"。

当某店的某个数据比平均值优秀，但是比标杆值差时，说明该店在该数据上比 50% 的门店优秀，但是比 50% 的门店差，代表该店在该数据上的表现为"良好"。

当某店的某个数据比预警值优秀，但是比平均值差时，说明该店在该数据上比25%的门店优秀，但是比50%的门店差，代表该店在该数据上的表现为"注意"。

当某店的某个数据比预警值还差时，说明该店在该数据上比75%的其他门店差，代表该店在该数据上的表现为"较差"。

这里使用了比标杆值、平均值、预警值"优秀"或"差"的表述而没用"高"或"低"，其原因是有的数值越小代表越优秀，有的数值则越大代表越优秀。比如劳动效率的数值越大代表越优秀，人力成本费用率和总人数的数值越小代表越优秀。

在人力成本管控方面，该企业为了缩减和控制岗位编制，通过每月比较各门店之间的这三类数值，尤其是总人数的情况，判断出同类门店中，哪些店的表现是"较差"和"注意"，哪些店是"良好"和"优秀"。

对评价结果为"优秀"的门店，人力资源部会联合营运部查找这类门店在岗位编制管控、缩减人力资源数量方面优秀的具体原因，把其中可借鉴、可复制的方法记录总结后，形成标准在全企业推广。对评价结果是"较差"和"注意"的门店，人力资源部将会联合营运部进行重点关注和持续跟踪。

通过这种方式，把企业内所有门店置于相互比较、经验交流的环境中。在缩减和控制岗位编制方面，形成一种"比、帮、赶、超"的氛围。该企业把这种比较与进步的过程也纳入绩效评价系统。

通过这种方式，该企业的门店在用人效率方面持续进步，劳动效率越来越高。

☑ 实战案例
通过业务数据降低人力成本

通过对业务数据进行分析，能帮助企业降低人力成本。

某公司不同的仓库中，仓库管理员的数量不同。有的仓库面积大，当前在岗人数却比较少；有的仓库面积小，当前在岗人数却比较多。仓库管理员的人员数量与仓库面积的关联度不大，与仓库的工作量有关。

那么，仓库管理员的配置数量与哪些数据有关呢？我的团队调研后发现，该公司所有仓库根据需要分别存放着不同种类的物资，不同仓库存放的物资种类不同，每天物资出入库的频次不同。每次物资出入库时，仓库管理员都应当执行标准化的流程。

经过我们对仓库管理员工作流程的观察调研，发现仓库管理员的工作量主要与物资出入库的频次以及每次出入库物资的品类数量有关，与工作量最相关的两个数据，分别是平均每人每天的出入库单数和平均每人每天的出入库品类数。

我们对该公司所有仓库管理员岗位做的岗位工作量分析如表3-8所示。

表3-8 仓库管理员岗位工作量分析

仓库	现有库管人数	月度出入库单数总和	平均每人每天出入库单数（按月22天算）	平均每人每小时出入库单数（每天8小时）	出入库品类数	平均每人每天出入库品类数	平均每人每小时出入库品类数	现存量（分管品类数）
A	2	674	15	1.9	1 035	24	2.9	63
B	2	1 513	34	4.3	2 883	66	8.2	340
C	2	507	12	1.4	1 095	25	3.1	590
D	2	562	13	1.6	2 423	55	6.9	502
E	2	32	0.7	0.1	114	3	0.3	88
F	1	194	9	1.1	2 262	103	12.9	—
G	3	698	11	1.3	1 791	27	3.4	2 435
H	1	303	14	1.7	863	39	4.9	174
I	1	278	13	1.6	650	30	3.7	216
J	2	365	8	1.0	5 007	114	14.2	565
K	2	788	18	2.2	1 591	36	4.5	2 058
L	1	46	2	0.3	157	7	0.9	17
M	1	26	1	0.1	50	2	0.3	24

经过观察测算，该公司仓库管理员岗位平均每人每天出入库单数是12（单）；平均每人每天出入库品类数是41（种）。平均每人每小时出库单数和平均每人每小时出入库品类数作为工作量的参考值。

我们虽然不能据此直接给出该公司仓库管理员的岗位编制测算依据，却可以判断出哪些仓库管理员的工作量明显比较少。当平均每人每天出入库单数和平均每人每天出入库品类数2个数据的值都同时低于平均值时，说明这个仓库的工作量是比较低的。这2个值同时越低，说明对应的工作量越少。

根据仓库管理员岗位工作量分析表中的数据，可以看出 E 仓库、G 仓库、L 仓库、M 仓库的平均每人每天出入库单数和平均每人每天出入库品类数明显偏低，说明这些仓库管理员的工作量偏少。

F 仓库和 J 仓库虽然平均每人每天出入库单数、比较低，但平均每人每天出入库品类数比较高，所以不能直接判断 F 仓库和 J 仓库的工作量少。

平均每人每天出入库单数和平均每人每天出入库品类数之间是否存在一定的相关性呢？

这个问题可以用 Excel 软件分析，分析步骤如下。

1. 打开 Excel 软件，将平均每人每天出入库单数和平均每人每天出入库品类数两组数据粘贴到 AB 两列中，如图 3-19 所示。

2. 在一个空白处（比如 C2 处）输入公式：=CORREL(A2:A14,B2:B14)，函数括号里的内容就是这两列数据，如图 3-20 所示。

A	B
平均每人每天出入库单数（按月22天算）	平均每人每天出入库品类数
15	24
34	66
12	25
13	55
1	3
9	103
11	27
14	39
13	30
8	114
18	36
2	7
1	2

图 3-19

C2　=CORREL(A2:A14,B2:B14)

	A	B	C	D	E
1	平均每人每天出入库单数（按月22天算）	平均每人每天出入库品类数			
2	15	24	0.326716		
3	34	66			
4	12	25			
5	13	55			
6	1	3			
7	9	103			
8	11	27			
9	14	39			
10	13	30			
11	8	114			
12	18	36			
13	2	7			
14	1	2			

图 3-20

3. CORREL 函数是比较数据相关性的函数，得到的数值越接近 1，代表数据之间的相关性越大；数据越接近 0，代表相关性越小，或者叫不相关。偶尔也会有计算得到负数的情况，代表具有负相关性。这时候数值越接近 -1，代表负相关性越强；数值越接近 0，代表负相关性越弱。

从平均每人每天出入库单数和平均每人每天出入库品类数的 CORREL 函数值 0.326 716 来看，这两个数值之间的相关性较低。

第4章

如何在灵活用工层面
管控人力成本

随着人力成本的不断提高，市场环境的不断变化，如果企业仅采用普通全日制一种用工方式将越来越缺乏灵活性，非全日制用工、劳务用工、产业外包、学生实习、平台用工、委托代理、承包以及不同工时制度等更多的灵活用工形式成为管控人力成本的有效方式。

4.1 非全日制用工

非全日制用工是相对于全日制用工的一种用工形式。全日制用工指的是用人单位与员工签订正式的劳动合同，与员工建立正式劳动关系的用工方式。非全日制用工是指以小时计酬为主，劳动者在同一用人单位一般平均每日工作时间不超过 4 小时，每周工作时间累计不超过 24 小时的用工形式。实务中，我们常把采取非全日制用工方式的职工称为"小时工"。

4.1.1 如何运用非全日制用工

非全日制用工是灵活就业的一种重要形式。近年来，我国非全日制用工形式呈现迅速发展的趋势，特别是在餐饮、超市、社区服务等行业，用人单位使用非全日制用工的形式越来越多。

对用人单位来说，非全日制用工比全日制用工有以下好处。

1. 人力成本更低

正式员工需要足额缴纳社会保险、住房公积金以及其他各类法定的福利或津贴。为了激发正式员工的积极性，企业通常还需要有丰富的福利、奖金、员工活动等各类人力成本的支出。非全日制用工的人力成本支出相对比较单一，是一种能直接有效降低人力成本的用工形式。

2. 用工方式灵活

非全日制用工不需要每天按照全日制用工朝九晚五地出勤，企业可以把对非全日制用工的成本全部"花在刀刃上"，也就是把非全日制用工的劳动力集中用在每天最需要他们的时间段。这对于一些季节性用工、时段性用工的企业非常合适。

3. 任务明确的情况下，工作效率更高

很多人很难在 8 小时之内保持全身心的工作投入，人们会因为长时间从事相同劳动而产生倦怠感。但如果人们每天工作 4 小时以内，相对来说，注意力更高。而且，通过明确工作任务，人们在短时间内的工作效率可能会更高。

如果是专业技术性较强、需要较长的培养和训练时间、保密性要求较高、具备一定管理和决策要求、需要培养储备干部等的岗位，适合使用全日制的用工方式；如果是简单重复性劳动、短时间或季节性人力需要、危险性较低、不需要长时间训练等的基础岗位，可以选择非全日制用工的方式。

但是非全日制用工也不是随便就可以用的，企业在使用非全日制用工方式的时候需要注意如下事项。

（1）招聘时注意小时工的背景。小时工的招聘条件可以参照全日制员工，并在全日制用工的基础上适度放宽。重要岗位一定要了解小时工的背景，不能为了节省人力成本而降低招聘的门槛，随意招人。

（2）必须先办理上岗手续，经过入职培训后再上岗。对小时工的入职管理同样应参照全日制员工，入职前务必做好相关的培训工作，不能因为急于用人而忽略办理入职手续和入职培训的环节。

根据《中华人民共和国劳动合同法》（2012年12月28日修正）第69条的规定，非全日制用工双方当事人可以订立口头协议。该条还规定，从事非全日制用工的劳动者可以与一个或者一个以上用人单位订立劳动合同；但是，后订立的劳动合同不得影响先订立的劳动合同的履行。

（3）小时工不得安排试用期。根据《中华人民共和国劳动合同法》（2012年12月28日修正）第70条的规定，非全日制用工双方当事人不得约定试用期。

（4）注意小时工的用工安全。小时工如果发生工伤，企业不能认为自己没有责任，所以企业要注意小时工的安全教育，注意小时工生产操作的安全。

从事非全日制工作的劳动者应当参加基本养老保险，原则上参照个体工商户的参保办法执行。对于已参加过基本养老保险和建立个人账户的人员，前后缴费年限合并计算，跨统筹地区转移的，应办理基本养老保险关系和个人账户的转移、接续手续。符合退休条件时，国家按规定计发基本养老金。

从事非全日制工作的劳动者可以以个人身份参加基本医疗保险，并按照待遇水平与缴费水平相挂钩的原则，享受相应的基本医疗保险待遇。

用人单位应当按照国家有关规定为建立劳动关系的非全日制劳动者缴纳工伤保险费。从事非全日制工作的劳动者发生工伤，依法享受工伤保险待遇；被鉴定为伤残5~10级的，经劳动者与用人单位协商一致，可以一次性结算伤残待遇及有关费用。

（5）注意员工管理。企业如果要将小时工交给普通员工管理，应当对普通员工实施培训，培养普通员工的管理能力；或者将小时工交给部门管理者直接管理。给小时工安排工作的时候，企业要注意正式员工的工作量。一般来说，应当在正式员工工作量充足的情况下，再启用小时工。

（6）注意建立小时工的稳定性和忠诚度。和正式员工相比，小时工的随意性更高，离职成本更低，小时工的稳定性相比于正式员工可能会差一些。所以企业需要做好小时工的维稳工作，关心小时工的工作状态和情绪。

根据《中华人民共和国劳动合同法》（2012年12月28日修正）第71条的规定，非全日制用工双方当事人任何一方都可以随时通知对方终止用工。终止用工，用人单位无须向劳动者支付经济补偿。

（7）对小时工的工作安排要定时定量。对小时工的管理和对正式员工的管理有所不同，小时工因为工作时间更短、更灵活，所以企业在安排小时工工作的时候应当尽量采取量化的数据，确定工作时间、工作任务、工作目标。这样一方面便于管理，另一方面便于评价小时工的工作质量。

（8）发放工资的时间与正式工不同。根据《中华人民共和国劳动合同法》（2012年12月28日修正）第72条的规定，非全日制用工小时计酬标准不得低于用人单位所在地人民政府规定的最低小时工资标准；非全日制用工劳动报酬结算支付周期最长不得超过15日。

4.1.2 非全日制用工协议模板

非全日制员工与用人单位之间可以通过口头协议建立劳动关系，双方可以不签订《劳动合同书》。但为规范双方的劳动关系，建议用人单位与非全日制职工之间签订《非全日制用工协议》，格式模板如下。

非全日制用工协议

甲方：_____

乙方：_____

　　身份证号码：_____

　　现居住地址：_____

甲方招用乙方以非全日制用工形式用工，根据有关规定，经双方平等协商，订立本协议如下：

一、协议期限

本协议期限自_____年____月____日至_____年____月____日止。

二、工作时间

乙方在甲方平均每日工作时间不超过4小时，具体工作时间由甲方安排。

三、工作内容

甲方根据工作需要，安排乙方在_____部门_____岗位（工种）工作，具体内容为_____，乙方应完成该岗位（工种）所承担的工作内容。

四、工作报酬

1. 甲、乙双方协商确定乙方小时工资报酬为每小时____元，甲方以货币形式按时足额支付，乙方同意发薪日期由甲方按其规定执行。

2. 乙方不享受任何有薪假期。

五、保险及福利

1. 乙方在从事非全日制就业期间社会保险费用由乙方自行承担，与甲方无关。

2. 甲方为乙方购买人身损害商业保险。如乙方因工作原因受伤，由此产生的一切费用，由保险企业按赔付标准支付。

六、双方职责

1. 协议期间，甲方有权根据工作需要调整乙方的工作岗位及工作时间。

2. 乙方在为甲方工作期间，应遵守国家法律法规，遵守甲方制定的规章制度，自觉维护甲方的利益。

3. 乙方上岗后，如因乙方个人原因不履行本协议给甲方造成损失的，甲方可以从乙方的工资报酬中扣除。

4. 乙方应按时上下班，不得擅自迟到、旷工，请假需提前一天以书面形式向甲方申请，以便甲方安排其他人员顶班。如因乙方无故旷工给甲方造成损失，甲方有权扣减乙方报酬。

5. 乙方对因工作关系获悉的甲方商业秘密及内部资料应负有保密责任，不得对外泄露、散播，如因乙方泄露甲方的商业秘密或内部资料给甲方造成损失，一经查实除解除本协议外，甲方可直接扣减乙方报酬并有权追索不足部分。

七、协议的变更、解除、终止和续订

1. 甲、乙双方当事人可以随时通知对方终止用工。终止用工时，甲方不向乙方支付经济补偿。

2. 因工作需要或特殊情况，甲方可提前终止本协议。

3. 乙方有下列行为时，甲方有权随时辞退乙方且不承担任何补偿责任。

（1）违反国家法律法规。

（2）违反甲方的规章制度或损害甲方的利益。

（3）不服从甲方工作安排或擅自离岗、离职或频繁请假。

八、其他

1. 本协议一式贰份，甲、乙双方各执一份，经甲、乙双方签字、盖章后生效。

2. 本协议未尽事宜，由甲、乙双方协商解决，协商不成的，由甲方所在地法院管辖。

甲方(公章)：_____   乙方：_____

签订日期：_____年___月___日   签订日期：_____年___月___日

4.2　劳务派遣

劳务派遣是劳务派遣企业与用工单位之间签订服务合同，由劳务派遣企业派遣劳动者到用人单位，用人单位支付服务费，劳动派遣企业支付劳动报酬的一种用工形式。企业合理运用劳务派遣，可以有效降低人力成本。

4.2.1　如何运用劳务派遣

劳务派遣又叫人力（资源）派遣、人才租赁、劳动派遣、劳动力租赁、雇员租赁，是指由劳务派遣企业与被派遣劳动者订立劳动合同，把劳动者派向其他接受劳务派遣用工形式的单位（用工单位），再由用工单位向派遣机构支付服务费用的用工形式。通俗地说，就是用工单位实际用人，劳务派遣企业管人。

企业运用劳务派遣的用工方式，同样可以有效降低人力成本，体现在如下方面。

1. 降低直接成本支出

被派遣人员的社保和公积金由劳务派遣企业负责发放。劳务派遣企业通常具备专业化的薪酬设计方案，既能保障劳动者的权益，也能够降低企业社保和公积金费用的总开支。另外，劳务派遣企业开具的服务费发票一定程度上可以减少用工单位的所得税负担。

2. 降低管理成本支出

由劳务派遣企业负责劳动力的招聘、培训、录用以及后续的一系列劳动事务管理和服务，可以使用工单位人力资源部的人员得到更合理的配置，减少管理成本。因为被派遣的劳动者与劳务派遣企业之间是劳动关系，劳务派遣企业通常拥有专业的人事管理经验和能力，发生劳动争议时，劳务派遣企业可以更好地解决劳动纠纷，节省用工单位的时间和成本。

3. 快速满足临时用工需求

用工单位有时候会有临时性的大量用工需求，如果采用传统自身人力资源部招聘满足的模式，一来很难在短时间内满足用人需求；二来一旦临时性工作完成，将不可避免地出现人员剩余。如果因此选择辞退员工，面临的将是劳动纠纷，还要支付被辞退者的经济赔偿金。而劳务派遣方式使用工单位的用工更加灵活，能够有效解决这个问题。

4. 激励正式员工的工作积极性

劳务派遣企业以用工单位满意为宗旨，所以对被派遣人员的选拔和要求可能会比较严格。根据岗位需求，劳务派遣企业会尽可能选派更合适的人员。在用工单位内部，被派遣人员与正式员工在无形之间会形成一定的对比和竞争，使正式员工存有危机感，在一定程度上，能够激发正式员工的工作积极性。

4.2.2 劳务派遣协议模板

企业在运用劳务派遣企业实施劳务派遣时，为规范双方的权利义务关系，需要和劳务派遣企业签订《劳务派遣协议书》，格式模板如下。

劳务派遣协议书

甲方：＿＿＿＿＿＿＿＿＿＿＿＿＿＿＿＿＿＿＿（用工单位）

乙方：＿＿＿＿＿＿＿＿＿＿＿＿＿＿＿＿＿＿＿（派遣单位）

根据《中华人民共和国劳动法》《中华人民共和国劳动合同法》等有关法律、法规的规定，本着平等互利的原则，双方经友好协商，就甲方劳务派遣事宜，双方达成本协议。

第一章　总则

第一条　适用

双方有关劳务派遣事宜，适用本协议。

第二条　适用法律

本协议，以及与本协议有关的一切事宜，一律适用国家、地区相关法律、法规。

第三条　附件

双方基于本协议确认的派遣岗位、人员数量、派遣期限、劳动报酬、社会保险数额等明细作为本协议附件。因员工辞职、甲方调整派遣员工等原因，甲、乙双方应每月对该附件进行重新确认。

第二章　权利和义务

第四条　乙方的权利与义务

1. 为保证甲、乙双方用工的合法性，乙方应告知员工在签订劳动合同前到甲方指定的医院办理体检，费用由甲方承担。

2. 乙方应独立招聘、面试派遣员工，且保证按照法律法规就劳动报酬、工作内容、劳动保护和劳动条件、加班费、员工守则和规章制度签订劳动合同并履行，同时应将劳动合同副本交给甲方存档。

3. 乙方应独立地为派遣员工办理入职、调动、离职、挂档、失业手续，依法为派遣员工办理社保、公积金的缴纳（社保及公积金需在甲方所在地缴纳，比例按照甲方所在地的相关规定执行），按时向派遣员工支付工资及加班费，为派遣员工提供其他法定福利待遇，办理人事手续以及出具与档案内容有关的证明材料。

4. 为甲方提供人事政策咨询和人才基本素质测评。

5. 为甲方和派遣员工办理专业技术职务资格确定和资格考评、晋升的申报。

6. 本协议期满后如甲方拟不再续签或因乙方原因导致协议提前终止，乙方应按照法律规定解决与员工的劳动关系问题。

7. 乙方接到员工辞职申请后，应在三个工作日内以书面形式通知甲方，及时招募人员以保证甲方的正常用工需求，乙方未及时通知的应对甲方的损失承担赔偿责任。

8. 派遣员工发生工伤和非因工死亡的，乙方应根据国家规定妥善处理，负责办理工伤的申报、认定、药费报销、劳动能力认定、赔偿等手续。在发生工伤事故后，社保机构的工伤认定申请及相关手续由乙方办理，根据本协议适用法律规定，员工离职时应由用工单位支付的费用由甲方承担，但在乙方办理工伤认定及相关手续不及时期间的工伤保险待遇等费用应由乙方自行承担。

9. 派遣员工发生生病、住院治疗、需进行医疗报销的，乙方应根据国家规定进行处理，负责医疗处理、药费报销等手续。根据本协议适用法律规定由用工单位承担的相关费用由甲方承担。

10. 乙方负责劳动争议的处理以及后续手续的办理和服务，包括支付法律规定的经济补偿金。

11. 优秀派遣员工经甲方考核评价符合转移甲方条件的，乙方应配合甲方进行派遣员工的转移，涉及费用补偿的由甲、乙双方协商确定。

第五条　甲方的权利与义务

1. 有权依据本协议的约定决定员工的派遣期。

2. 有权针对乙方派遣的员工确定试用期（试用期包含在派遣期内），试用期两个月，期限与本协议时间一致。

3. 有权根据人力资源和社会保障部《劳务派遣暂行规定》及本单位生产经营情况提前一个月通知乙方，要求乙方调整（减少）派遣员工数量，并无须支付经济补偿金。

4. 有权在员工派遣期届满时要求乙方结束该员工的派遣期并不支付经济补偿金。

5. 有权将试用期内不符合录用条件的员工退回乙方并不支付经济补偿金。

6. 有权在乙方发生克扣员工工资、拒绝甲方合理要求、不配合甲方经营、进行商业贿赂等严重违反正常经营行为时解除与乙方的合作关系。

7. 有权在员工严重违反甲方劳动纪律和规章制度时将其退回乙方并不支付经济

补偿金，同时要求乙方承担连带赔偿责任。

8. 有权在员工严重失职、营私舞弊等对甲方造成重大损害(1 000元以上)的情况下，将其退回乙方并不支付经济补偿金，同时要求乙方承担连带赔偿责任。

9. 有权在员工被依法追究刑事责任时将其退回乙方并不支付经济补偿金。

10. 有权在员工未经甲方同意，同时与甲、乙双方以外的其他用人单位建立劳动关系时，将其退回乙方并不支付经济补偿金。

11. 有权在员工违反本协议或甲方其他规定时将其退回乙方。

12. 有权要求乙方根据甲方生产情况申报特殊工时制并由乙方与员工协商实行特殊工时制。

13. 有权要求乙方在员工提出辞职后3日内补充人员。

14. 有权根据甲方的员工守则和规章制度对违反规定的员工给予相应处理。

15. 应按照本协议第三章的规定向乙方支付相应费用。

16. 为保护派遣员工合法权利，甲方应保证以下事宜。

（1）为员工提供符合中国政府有关劳动保护规定的工作场所和工作条件。

（2）按月向乙方支付员工的工资和加班费，并根据实际情况和企业规定进行调整。

（3）按国家规定向乙方支付乙方应为员工缴纳的社会保险金（包括养老、失业、工伤、医疗、生育）及住房公积金。

（4）按甲、乙双方事先约定的标准为员工提供交通费和补贴。

第六条　双方共同享有的权利和履行的义务

1. 本协议以及与之相关的一切文件，包括但不限于协议的草稿、附件、报价、往来传真信函等，均为双方之商业秘密，双方均不得以任何形式向第三方泄露，否则应承担相应之违约责任和经济责任。

2. 双方有权对另一方违反本协议的行为进行交涉并提出整改意见和要求，违约方有义务赔偿因此给对方造成的一切损失。

3. 双方有权要求另一方根据中华人民共和国新制定的法律、法规、规章执行并变更本协议的相应条款；另一方应当执行。

4. 双方应根据另一方的需要，拟定相应的法律、法规、规章。

5. 甲方或乙方搬迁办公地址，均应提前15天通知对方。如因未及时通知而造成对方损失的，搬迁方应承担相应之经济赔偿责任。

第三章　费用及结算

第七条　费用确定

1. 甲方应于每月10日前，根据派遣员工人数，向乙方发出《保险基金费用结算通知》。乙方应根据《保险基金费用结算通知》中确认的金额，在每月10日前为派遣员工缴纳法定的社保和公积金等。

2. 甲方应负责向乙方支付以下费用。

（1）派遣费：每月按_____元／人标准向乙方支付服务费，派遣人员人数以结算周期最后一日（每月 30 日）为基准。

（2）派遣员工的社保、公积金的费用。

（3）税金：按照派遣费的_____％支付税点。

甲方应在每月_____日向乙方支付当月上述费用，除此之外，甲方无进一步向乙方付款的义务。

3. 派遣费、派遣员工的工资结算周期为上月_____日至当月_____日。甲方应在每月_____日前将本月的工资、福利费等支付乙方并由乙方向派遣员工进行支付。

4. 乙方应在每月_____日前向甲方提供第七条第二项所述金额的发票。因乙方开具发票不合格或延迟导致的付款迟延，甲方不承担违约责任。

5. 以上所有费用均以人民币结算。

6. 双方应根据相关规定，自每年_____月_____日起相应地调整社会保险费用；并根据需要随时进行其他必须的调整。前述调整，不应影响聘用期限。

第八条　服务费的支付

1. 甲方支付费用的信息确认：

账户名称：_____

账户号码：_____

开户银行：_____

财务电话：_____

2. 乙方接收费用的信息确认：

账户名称：_____

账户号码：_____

开户银行：_____

财务电话：_____

第四章　违约责任

第九条　本协议的任何一方违反本协议的约定，都应承担由此给对方造成的经济损失。

第十条　违约后的协议解除

任何一方违反本协议的约定超过 30 天仍未改正的，另一方有权书面通知对方解除本协议，本协议自书面通知到达对方之日起即行解除。

第五章　附则

第十一条　本协议仅限于乙方为甲方提供劳务派遣服务。

第十二条　本协议的未尽事宜

本协议在履行过程中如发现有未尽事宜，应按照国家的法律、法规另行订立补充约定。

第十三条　争议的解决

双方在履行本协议过程中发生的任何争议，均应由双方友好协商解决；协商不成的，由用工关系发生地人民法院解决。

第十四条　协议的生效

本协议有效期为_____年___月___日至_____年___月___日。

第十五条　协议的变更

协议期内，任何一方要变更本协议，需提前 30 日以书面形式通知对方；另一方收到通知后 30 天内，双方应就变更条款达成一致；如逾期双方仍不能达成一致，本协议原条款应继续有效，双方必须继续履行。

第十六条　协议的终止

任何一方需终止本协议，应提前 30 日书面通知另一方，否则应支付违约金。

第十七条　附件的解除和终止

本协议一旦解除或终止，本协议的附件也随之解除和终止。

第十八条　本协议一式贰份，双方各持一份。

甲方（章）　　　　　　　　　　乙方（章）
法定代表人：　　　　　　　　　法定代表人：
联系电话：　　　　　　　　　　联系电话：
联系地址：　　　　　　　　　　联系地址：
日期：　　　　　　　　　　　　日期：

4.3　劳务外包

劳务外包是一种能够有效节省人力资源管理成本的管理模式。通过劳务外包，管理者可以把管理人力资源的时间和精力用在更有价值的市场上，从而实现企业聚焦核心价值，不断增强核心竞争力的策略。

4.3.1　如何运用劳务外包

常见的劳务外包类别有生产外包和岗位外包两种。

生产外包也叫制造外包，是将企业自身的某部分生产环节委托给外部优秀的专业化资源，达到降低成本、分散风险、提高效率、增强竞争力的目的。企业生产外包的环节一般是非核心业务或者相对来说附加值比较低的业务。生产外包按照外包的规模，可以分成全生产外包和半生产外包。

当前，制造行业正在发生复杂的变化，为了解决企业面临的问题、改善和提升运营效益，越来越多的企业开始选择生产外包的运营模式。这种合作模式的转化本质上是基于战略层面做好深度资源整合的考量。

很多人认为生产外包会带来企业成本的增加，实际上只要选择和管理得当，生产外包能够有效地降低生产成本。专业的生产外包服务商能够带来的优势包括如下内容。

1. 人员管理成本更低

专业的生产外包服务商能够通过更专业的机制管理员工，工作流程、管理考核、员工招聘选拔、员工培养开发都能按照非常专业的方式操作实施。专业生产外包服务商的管理能够有效杜绝管理粗放的现象，最小化生产成本，最大化生产效率。

2. 人员专业且用工灵活

专业的生产外包服务商通常具备充足的相关专业技术人力资源，而且这些人力资源通常具备一定的弹性。当企业业务量增加的时候，专业的生产外包服务商能够及时地补充人力资源；当企业业务量减少的时候，专业的生产外包服务商能够把多余的人力资源调配到其他项目上，实现人力资源的充分利用。这既能够节约人力成本，又能够保证员工收入。

3. 产品交付有品质保障

生产外包的交付物通常是达到某个条件的产品或服务，由于长期聚焦某个领域的专业性，专业的生产外包服务商通常具备更高的产品质量保障，和自主运营相比，相对比较容易在规定时间内保质保量地完成产品交付。

举例

某企业本着"解决问题、降低成本"的运营原则，对某个经常出现问题的产品工段实施外包。经过综合比较，该企业选择了一家在该产品领域具备10年生产经验的生产外包服务商。该企业对该工段外包前后在效率、品质、成本、交付期、安全、士气6个方面的生产运营情况比较如表4-1所示。

表4-1　某企业外包前后生产运营情况比较

序号	对比项目	外包前	外包后	效果	目标设定
1	效率	紧张完成	提前完成	效率提高	人均产能提高
2	品质	偶尔不良	未产生不良	品质能保证	品质提高
3	成本	30人	23人	人员减少	综合成本降低
4	交付期	未延期	按期完成	生产交付及时	零生产延期
5	安全	未发生安全事故	未发生安全事故	安全保证	零安全事故
6	士气	松散	凝聚	团队凝聚力加强	高效团队

除生产外包之外，岗位外包也是一种非常重要的劳务外包形式。

岗位外包指的是用工单位将某类岗位的人力资源管理工作全部外包给第三方的人力资源机构，用工单位只负责用工。该岗位上的外包员工虽然工作的地点在用工单位，也需要受用工单位管理，但是与用工单位之间不存在直接的劳动关系，而是和第三方的人力资源机构存在劳动关系。

岗位外包能满足企业弹性用工的需求，解决企业对于流动性比较大、管理难度比较大、专业性比较强或者大量临时性、项目性人员的用工需求。比如保安岗位、保洁岗位、装卸岗位、客服岗位等。

岗位外包简化了企业的用工程序、减少了人员的管理成本、降低了用工风险，使企业从烦琐的人员招聘、培训、人员管理等工作中解脱出来，减轻了人力资源部的管理压力。

4.3.2　劳务外包协议模板

企业找到合适的劳务外包企业之后，要与该劳务外包企业签订《劳务外包协议书》，格式模板如下。

劳务外包协议书

发包方：（以下简称甲方）＿＿＿＿＿＿＿＿＿＿＿＿＿＿＿＿＿＿

承包方：（以下简称乙方）＿＿＿＿＿＿＿＿＿＿＿＿＿＿＿＿＿＿

甲、乙双方本着诚信及互利互惠的原则，就甲方将部分工作岗位的工作任务外包给乙方进行劳务服务外包项目达成如下协议内容。

一、协议标的定义

甲方将其_____外包给乙方。

乙方需要_____。

甲方按双方约定的结算方式付给乙方相应的承包服务费。

二．协议的期限

1. 本协议期限为____年，自_____年____月____日起至_____年____月____日止。本协议期满日1个月前，双方另行商议，以书面形式确定本协议的终止或变更。

2. 协议有效期内，服务费用按照乙方实际提供服务的工作量据实计算。

三、人员配置及管理

1. 乙方根据甲方的生产需要配备管理人员及相应的操作人员，甲方协助乙方进行人员的管理及培训；

2. 甲方应指定相关部门的人员作为项目的协调专员。

四、甲方的权利义务

1. 甲方应明确乙方从事劳务服务外包的工作岗位、工作任务和工作要求，然后由乙方工作人员自行负责其指定工作岗位的工作任务。

2. 甲方应负责生产所需要的原材料的准时供应及其质量的保证。

3. 甲方应为乙方员工提供符合劳动保护条例规定的工作场所和各项安全生产条件。对于首次上岗的乙方员工，甲方将相关培训资料和要求发给乙方，由乙方对其进行安全和操作规程方面的培训。甲方应尊重乙方员工的民族习惯和宗教信仰，不因民族和性别不同歧视乙方员工。

4. 甲方有权抽查复检经过乙方认定体检合格的乙方人员，对于复检不合格的乙方员工，甲方有权要求乙方及时更换，同时乙方必须保证出勤人数，不影响甲方的生产；甲方有权抽查乙方员工的劳动合同、身份证明等，乙方及其员工应配合甲方的抽查。

5. 乙方员工有下列行为的，甲方有权要求乙方立即更换员工。

（1）乙方员工严重违反甲方规章制度、岗位职责和劳动纪律的。

（2）乙方员工违反操作规程，造成所负责的工作不能正常运行，或不能保证工作质量，给甲方造成损失的。

（3）乙方员工不能提供真实有效的健康证明、身份证明的，或提供虚假的健康证明、身份证明的。

（4）乙方员工在工作中谩骂他人或斗殴或以肢体、拳脚相加的。

上述行为一经发现，甲方有权要求乙方更换员工，同时乙方必须保证出勤人数，不影响甲方的正常生产工作的进展；对于乙方支付员工的工资低于当地政府工资标准的，甲方有权要求其立即改正。

6. 甲方应按照本协议约定的标准和支付方式及时支付乙方劳务费用。

7. 甲方应对知悉的乙方有关信息、数据和资料（包括但不仅限于技术、财务、销售方面的信息、数据和资料）及其他信息负有严格保密的责任。

8. 甲方应根据工作需要，保证向乙方开展承包业务所需的工作场地的环境和消防安全，以及所需的劳保用品。

9. 甲方应根据实际情况，适当为乙方员工提供食宿等生活上的帮助。

五、乙方的权利义务

1. 乙方应保证具有履行本协议的法定资质，提供甲方有关生产、营业执照等资质证明的原件及复印件。

2. 乙方应保证严格遵守有关的法律法规，特别是有关员工劳动保障或福利政策，同时承诺遵守甲方的包括安全生产、劳动卫生等各项指导原则。

3. 乙方应根据甲方工作需求，选派符合甲方要求的乙方员工到甲方指定的工作地点工作。

4. 乙方应为派到甲方的员工办理合法的劳动用工手续，与其建立劳动关系并签订劳动合同，乙方应向甲方提供员工的其他有关证明的原件或复印件（包括但不限于履历表、学历证、身份证等）的复印件，并保证其资料的真实有效性。同时乙方应承诺合法合规用工。

5. 除经甲方特殊的同意情况外，乙方员工必须符合以下条件。

（1）身体健康，精神状态良好，并具有合格有效的健康证。

（2）具有初中或以上学历，能有效和清楚地进行口头和书面表达。

（3）未患有消化道传染病（包括病原携带者），以及其他有碍食品卫生的疾病。

（4）未患有职业病鉴定委员会鉴定的职业病。

6. 教育乙方员工遵守中国法律法规和甲方的工作规章制度。

7. 乙方在本协议的执行期内应保守甲方的各项商业秘密，不得将有关资料泄露给任何第三方。乙方应教育员工保守甲方的各项商业秘密，如因乙方员工的原因（经甲方允许事宜除外）导致甲方有关的商业秘密泄露，乙方应承担相应的法律责任。

8. 乙方应根据当地政府的有关规定，按月支付其员工的工资，为其员工按规定缴纳社会保险及支付其他国家规定的相关费用，乙方支付员工的工资不得低于当地最低工资标准。

9. 乙方应遵照甲方的制度进行生产管理，并且处理员工与劳动、人事相关的事宜，包括考勤制度的建立、员工离职和违纪处理等。

10. 乙方应教导其员工严格按照甲方的工作描述、生产操作规程等质量标准进行工作。意外产生的工伤、经济补偿、劳动争议等均由乙方承担。

11. 因乙方员工所造成甲方外包工作岗位的空缺，乙方应自接到通知后2个工作日内补齐。

12. 乙方人员在工作期间发生工伤的，乙方应按照法律法规规定的相关程序操作。若发生可归责于甲方的原因导致的工伤，保险不能理赔的部分由双方协商解决。（因可归责于甲方的原因导致的乙方员工的工伤包括但不限于：甲方人员工作中操作不慎致使乙方员工发生工伤、甲方设备发生泄漏、甲方场地发生安全事故等情形。）

六、费用的结算及支付

1. 甲方按照_____标准和_____方式为乙方结算费用。本费用包含_____（具体结算参见合作双方月度所传递的费用结算清单及明细）。

如实际情况与甲方提供的数据有一定的差异时（非乙方原因），或国家法律和政府相关规定与合同签订当时发生变化时（如工资标准、社保基数或比例、执行政策、员工福利待遇发生显著变化的等），双方应协商重新调整结算价格和其他相关事项。

2. 乙方管理人员应及时与甲方相关管理部门确认员工的工作表现。

3. 甲乙双方同意上月1日至上月31日为劳务费的正常结算周期，乙方向甲方开具相应金额的劳务发票，甲方于每月15日前按时付给乙方上月度劳务服务费用。

4. 正常情况下，乙方应保证按甲方的计划完成工作。

5. 如甲方发现乙方所完成产品未能满足甲方质量规范，乙方应采取有效措施及时更正。

七、违约责任

1. 如乙方提供虚假资质证明材料，不具备履行本协议的合法资质，甲方有权立即终止本协议，给甲方造成损失的，乙方应承担赔偿责任。

2. 如乙方未按本协议约定期限提交乙方派往甲方工作的员工的有关证明材料，又无正当理由，甲方有权单方终止本协议，给甲方造成损失的，由乙方予以赔偿。

3. 如乙方未按本协议规定与员工签订劳动合同，或拖欠员工工资，或支付员工的工资低于当地最低工资标准，甲方可责令其限期改正；乙方逾期未改的，甲方有权单方终止本协议，给甲方造成损失的，由乙方予以赔偿。

4. 甲方无故未按期支付乙方本协议项下的劳务服务费用超过10个工作日的，乙方有权终止本协议；给乙方造成损失的，由甲方赔偿损失。

5. 乙方违反中国有关法律法规和本协议的其他规定的，甲方有权终止本协议的履行；给甲方造成损失的，由乙方赔偿损失。

八、争议及未尽事宜

1. 关于本协议的任何争议，甲、乙双方应协商解决，不能解决的，任何一方均有权向有管辖权的法院起诉。

2. 本协议未尽事宜或与国家有关法律、法规、规定相悖的，均按国家有关法律、法规、规定执行。

3. 任何一方就对方针对本协议项下任何条款的违约行为的自动弃权或重复性弃权不应被视为是对下一次针对同一条款的违约行为，或针对其他条款的违约行为的弃权。

4. 如因不可抗力，致使本协议不能履行，甲乙双方均有权提前终止本协议。

5. 甲、乙双方除因书面协商一致外，任何一方均不得将本协议中的权利和义务转让给其他第三方。

6. 本协议在履行过程中，如甲、乙双方所在地区劳动力价格及用工成本进行大幅度调整，甲、乙双方应本着友好平等协商的原则，积极予以解决。

本协议一式贰份，甲、乙双方各执一份，具有同等法律效力，自双方授权代表人签字／盖章之日起生效。

甲方代表：　　　　　　　　　　乙方代表：

甲方（签章）：　　　　　　　　乙方（签章）：

联系电话：　　　　　　　　　　联系电话：

联系地址：　　　　　　　　　　联系地址：

日期：　　　　　　　　　　　　日期：

4.4 学生实习

在校学生有接触社会的实习需求，企业可以通过这种需求，通过使用一定比例的实习生，满足企业的用人需求。用好在校实习生，不仅可以降低企业的直接用工成本，还可以减少企业部分正式岗位的获取成本和开发成本。

4.4.1 如何运用学生实习

用好实习学生在降低人力成本方面的优势包括如下内容。

（1）实习学生的直接用工成本更低。

（2）在某些岗位上用好实习生，能够缓解这些岗位的招聘压力，有助于企业更好地完成岗位补充计划。

（3）通过对实习学生工作状态的评价，有助于企业未来招聘这部分实习学生做正式员工的时候，减少人才选拔的时间，提高人才选拔的精准度。

（4）有助于企业有针对性地进行人才培养，减少新入职人员的适应过程。

（5）有助于实习学生进一步了解企业，解决因招聘候选人工作不适带来的离职成本。

企业要获取实习学生，常见的方式有两种：一种是直接面向社会招聘，这种方式虽然可以获取实习生，但是并不能保证招聘满足率；另一种是学校和企业之间的校企合作，这种方式不仅能够提高招聘满足率，减少招聘成本，而且还可以有目的、有计划地安排学生实习，和企业的人力资源规划相匹配。

校企合作的方式可以多种多样，比如企业可以在学生大一的时候成立培养班，在学生大三时到企业实习。校企合作的核心原则是让企业在学生正式就业前，就与学生建立广泛深入的联系。实施校企合作，可以分成如下6步。

1. 和学校洽谈具体的合作形式

校企合作的形式多种多样，针对不同的目的可以有项目的、人才的、研发的多种形式。人力资源部可以根据企业和洽谈学校的实际情况，根据具体的目的，选择一个或者多个洽谈的项目或方向。

2. 形成一套完整、可操作、可实施的行动方案

在企业和学校洽谈之后，人力资源部要形成一个具体的行动方案，明确企业在人、财、物方面需要做哪些准备，校企合作对企业的好处是什么，运行过程中可能出现什么问题，如果出现了这些问题，企业要采取什么措施，要把这些内容在行动方案中体现出来。

3. 根据行动方案做硬件上的筹备

有的校企合作需要企业具备一些硬件设施、设备，比如宿舍、被褥或者某些特殊的仪器设备等。因为硬件的筹备工作需要花费一些时间，人力资源部要提前准备。

4. 对企业内部相关人员和外部学生实施培训

对企业内部相关人员的培训包括校企合作对企业的目的、意义，运行过程中的注意事项以及如何对待实习学生。对实习学生的培训一般包括基本的职业教育课以及实习岗位的基本应知应会。

5. 检查评估

即使人力资源部把之前的工作都做足了，在实际操作的时候，也难免会有一些内部相关人员不重视，所以人力资源部在整个校企合作的过程中还要持续实施检查和评估。在检查的时候，人力资源部要多了解实习学生的感受和意见。必要的时候，人力资源部也可以定期组织针对实习学生的交流座谈会。

6. 反馈改进

对于接受学生实习的部门，人力资源部要针对这些部门在接受学生实习方面的工作提出一定的反馈和改进意见。针对改进意见，人力资源部也可以进一步改进未来校企合作的方案。

总之，我们在实施校企合作方案的时候，要在开始前充分做好规划和准备，在实施过程中不断跟踪实习学生近况，之后要及时地评估、改进。

企业在接受学生实习时需注意以下事项。

（1）虽然不需要为实习学生缴纳社会保险和住房公积金，但一定要为实习学

生购买商业保险。

（2）对实习学生必须先培训、后上岗，保证岗前的安全和操作教育。

（3）必须为学生提供足量的劳动防护用品和措施。

（4）应给学生分配帮带师傅，并培训帮带师傅的帮带技巧。

（5）不应让学生承担能力要求较高的复杂工作。

（6）不应让学生承担危险性较高的工作。

4.4.2 学生实习协议模板

企业接受在校学生实习，需要与在校学生签订实习协议，格式模板如下。

实习协议

甲方：＿＿＿＿＿＿＿＿＿

乙方：＿＿＿＿＿＿ 性别：＿＿＿ 年龄：＿＿＿ 电话：＿＿＿＿＿＿

身份证号码：＿＿＿＿＿＿＿＿＿ 现住址：＿＿＿＿＿＿＿＿＿＿＿＿＿

根据中华人民共和国有关法律之规定，甲乙双方经平等协商，自愿签订本协议，共同遵守本协议所列条款。

一、实习期限

第一条　实习期为＿＿＿＿年＿＿月＿＿日起至＿＿＿＿年＿＿月＿＿日止。

二、实习内容

第二条　甲方接收乙方在甲方下属子企业、关联或控股企业进行学业或毕业实习，以便乙方拓展、实践本专业知识。

第三条　乙方在实习期间应服从甲方实习的工作安排，认真完成指定的任务。乙方在实习期间，应该虚心学习，发扬艰苦奋斗、吃苦耐劳的精神。乙方同意根据双方协商，在＿＿＿＿＿＿岗位进行实习。

三、实习期间的工作保护和工作条件

第四条　甲方为乙方在实习期间提供必要的劳动条件和劳动工具，建立健全生产工艺流程，制定操作规程、工作规范和劳动安全卫生制度及其标准。

四、实习期间的工作津贴

第五条　甲方以＿＿＿元／日的标准支付乙方实习津贴，于每月＿＿＿日前统一结算。

五、实习期间的保障待遇

第六条　乙方在实习期间，因工作造成身体损害时，享有同甲方临时雇用劳务人员的同等待遇。若因非工作原因造成自身损害，应视具体情形由乙方承担相应责任。

第七条　乙方应清楚知悉本人作为在校学生接受所在学校管理，不具有国家法定劳动者身份，与甲方不存在事实劳动关系，不享有与甲方企业职工在报酬、保险、工伤等方面的同等待遇。

六、实习期间的劳动纪律

第八条　乙方在实习期间应遵守甲方依法规定的规章制度；严格遵守有关劳动安全卫生和生产工艺的法律规定、操作规程和工作规范；爱护甲方的财产，遵守职业道德；积极参加甲方组织的培训，提高思想觉悟和职业技能。

七、协议的变更、解除

第九条　订立本协议所依据的客观情况发生重大变化，致使本协议无法履行的，经甲乙双方协商同意，可以变更本协议的相关内容。

第十条　经甲乙双方协商一致，本协议可以解除。

八、本协议争议处理

第十一条　因履行本协议而发生的争议，当事人双方应本着平等、互利的精神进行协商解决，协商不成由甲方所在地人民法院管辖。

第十二条　本协议一式贰份，甲乙双方各执一份。

甲方（公章）：_____　　　乙方：_____

签订日期：_____年___月___日　　　签订日期：_____年___月___日

4.5　劳务用工、委托代理、承包经营

劳务用工、委托代理和承包经营都是能把组织和员工之间关系由劳动关系转变为民事关系的方式，这三种方式同样能够有效降低人力成本。经过组织变化、产业转型和业务调整，企业可以把与员工之间原有的劳动关系，合法、合规、合理地转化为劳务用工关系、委托代理关系或承包经营关系。

4.5.1　如何运用劳务用工

企业对于个别的、特定的任务需求或者临时性的、一次性的任务需求，通过劳务用工的方式与劳动者建立劳务关系，能够有效降低人力成本。劳务用工在降低企业人力成本方面的优势类似于非全日制用工。相比正式的全日制劳动关系用工方式，劳务用工具备人力成本更低、用工方式灵活以及任务明确、工作效率更高的特点。

劳务用工，指的是用人单位和劳动者之间通过建立劳务关系，完成用人单位某些临时或特殊任务的方式。劳务用工的核心是劳务关系。劳务关系和劳动关系在形式上有着本质的区别，两者对应着两种截然不同的法律关系。

劳动关系，是指劳动者与用人单位依法签订劳动合同而在劳动者与用人单位之间产生的法律关系。劳动者接受用人单位的管理，从事用人单位安排的工作，成为用人单位的成员，从用人单位领取劳动报酬并享受劳动相关法律法规的保护。

劳务关系，是指劳动者与用工者根据口头或书面约定，由劳动者向用工者提供一次性的或者是特定的劳动服务，用工者依约向劳动者支付劳务报酬的一种有偿服务的法律关系。劳务关系是由两个或两个以上的平等主体，通过劳务合同建立的一种民事权利义务关系。该合同可以是书面形式，也可以是口头形式或其他形式。

劳务关系可以是两个自然人之间建立的关系，也可以是用人单位和自然人之间建立的关系；劳动关系必须一方是用人单位，另一方是自然人。

劳务关系双方是平等的民事主体关系。劳务关系中的双方在劳务关系运行的过程中不存在行为上的约束，只是一方提供某种服务结果，另一方购买这个服务结果；劳动关系的双方是隶属关系，劳动者不仅要提供一定的结果，还要在工作期间服从用人单位的管理和支配。

劳务关系适用的法律是《中华人民共和国民法典》这类民事法律法规；劳动关系适用的法律是《中华人民共和国劳动法》和《中华人民共和国劳动合同法》等相关劳动法律法规。

劳务关系对应的劳务合同可以是双方平等协商之后的条款，主要约定内容包括工作内容、达到结果和劳务报酬；劳动关系对应的劳动合同大多是法定条款，比劳务合同更加全面，内容的可调节性小于劳务合同。

当劳务关系双方产生争议的时候，一般直接通过法院的诉讼解决，如果双方约定了产生争议之后的仲裁条款，也可以通过仲裁解决；劳动关系的双方产生劳动争议后，应通过劳动争议的相关流程，先实施调解、再进行仲裁，仲裁无法解决的才能通过法院诉讼解决。

企业与劳动者建立劳务关系时需注意：企业不能以劳务关系代替实际的劳动关系，以逃避责任；为了达成工作结果，企业同样有必要为劳务关系的劳动者提供劳动保障用品并进行必要的培训。

4.5.2　如何运用委托代理

委托代理关系指的是因代理人实施某些代理行为从而发生的法律关系。在委托代理关系中，代理人利用和被代理人之间的关系，依法取得授权或由被代理人授权后，具有一定的权利，例如要求支付费用或者取得某种报酬的权利；代理人收取报酬或费用的基础是实施了代理行为。

在委托代理关系中，代理人和被代理人之间签订的是代理合同，一般被代理人会允许代理人以被代理人的名义行使某种权力；而在劳动关系当中，劳动者与用人单位之间签订的是劳动合同，在劳动关系中劳动者是否有权代表用人单位行使权力要根据劳动者的岗位和职权确定。

和劳务关系类似，委托代理关系不是一种劳动关系，不适用《中华人民共和国劳动法》和《中华人民共和国劳动合同法》等相关劳动法律法规，适用的是《中华人民共和国民法典》这类民事法律法规。

关于委托代理，《中华人民共和国民法典》（2021年1月1日施行）有如下规定。

第七章 代理

第一节 一般规定

第一百六十一条 民事主体可以通过代理人实施民事法律行为。

依照法律规定、当事人约定或者民事法律行为的性质，应当由本人亲自实施的民事法律行为，不得代理。

第一百六十二条 代理人在代理权限内，以被代理人名义实施的民事法律行为，对被代理人发生效力。

第一百六十三条 代理包括委托代理和法定代理。

委托代理人按照被代理人的委托行使代理权。法定代理人依照法律的规定行使代理权。

第一百六十四条 代理人不履行或者不完全履行职责，造成被代理人损害的，应当承担民事责任。

代理人和相对人恶意串通，损害被代理人合法权益的，代理人和相对人应当承担连带责任。

第二节 委托代理

第一百六十五条 委托代理授权采用书面形式的，授权委托书应当载明代理人的姓名或者名称、代理事项、权限和期限，并由被代理人签名或者盖章。

第一百六十六条 数人为同一代理事项的代理人的，应当共同行使代理权，但是当事人另有约定的除外。

第一百六十七条 代理人知道或者应当知道代理事项违法仍然实施代理行为，或者被代理人知道或者应当知道代理人的代理行为违法未作反对表示的，被代理人和代理人应当承担连带责任。

第一百六十八条 代理人不得以被代理人的名义与自己实施民事法律行为，但是被代理人同意或者追认的除外。

代理人不得以被代理人的名义与自己同时代理的其他人实施民事法律行为，但是被代理的双方同意或者追认的除外。

第一百六十九条　代理人需要转委托第三人代理的，应当取得被代理人的同意或者追认。

转委托代理经被代理人同意或者追认的，被代理人可以就代理事务直接指示转委托的第三人，代理人仅就第三人的选任以及对第三人的指示承担责任。

转委托代理未经被代理人同意或者追认的，代理人应当对转委托的第三人的行为承担责任；但是，在紧急情况下代理人为了维护被代理人的利益需要转委托第三人代理的除外。

第一百七十条　执行法人或者非法人组织工作任务的人员，就其职权范围内的事项，以法人或者非法人组织的名义实施的民事法律行为，对法人或者非法人组织发生效力。

法人或者非法人组织对执行其工作任务的人员职权范围的限制，不得对抗善意相对人。

第一百七十一条　行为人没有代理权、超越代理权或者代理权终止后，仍然实施代理行为，未经被代理人追认的，对被代理人不发生效力。

相对人可以催告被代理人自收到通知之日起三十日内予以追认。被代理人未作表示的，视为拒绝追认。行为人实施的行为被追认前，善意相对人有撤销的权利。撤销应当以通知的方式作出。

行为人实施的行为未被追认的，善意相对人有权请求行为人履行债务或者就其受到的损害请求行为人赔偿。但是，赔偿的范围不得超过被代理人追认时相对人所能获得的利益。

相对人知道或者应当知道行为人无权代理的，相对人和行为人按照各自的过错承担责任。

第一百七十二条　行为人没有代理权、超越代理权或者代理权终止后，仍然实施代理行为，相对人有理由相信行为人有代理权的，代理行为有效。

第三节　代理终止

第一百七十三条　有下列情形之一的，委托代理终止：

（一）代理期限届满或者代理事务完成；

（二）被代理人取消委托或者代理人辞去委托；

（三）代理人丧失民事行为能力；

（四）代理人或者被代理人死亡；

（五）作为代理人或者被代理人的法人、非法人组织终止。

第一百七十四条　被代理人死亡后，有下列情形之一的，委托代理人实施的代理行为有效：

（一）代理人不知道且不应当知道被代理人死亡；

（二）被代理人的继承人予以承认；

（三）授权中明确代理权在代理事务完成时终止；

（四）被代理人死亡前已经实施，为了被代理人的继承人的利益继续代理。

作为被代理人的法人、非法人组织终止的，参照适用前款规定。

第一百七十五条　有下列情形之一的，法定代理终止：

（一）被代理人取得或者恢复完全民事行为能力；

（二）代理人丧失民事行为能力；

（三）代理人或者被代理人死亡；

（四）法律规定的其他情形。

在委托代理关系中，委托双方的地位是平等的，不存在管理和被管理的关系。而劳动合同中的用人单位和劳动者之间具有明确的权利义务关系。劳动关系和委托代理关系需要承担的法律责任也是不同的。

在劳动关系中，劳动者在履行劳动时不管是对自身造成损害（工伤），还是对第三人造成损害（职务侵权），用人单位都要无条件承担责任，不享有任何抗辩事由。劳动者的行为属于职务行为的，首先由用人单位承担责任，其次再追究个人责任。

但代理人在履行委托代理合同时，对自身造成损害，或者对第三人造成损害，其行为必须在被代理人的授权范围内，或者是因为不可归责于自身的原因造成的，被代理人才要承担赔偿责任，而且在承担赔偿责任之后，被代理人有权利向代理人追偿。

委托合同是以委托处理事务为标的的合同，其核心内容就是由委托人和受托人事先商量约定，由受托人有偿或无偿代理委托人处理事务，委托人与代理人无须存在身份上的隶属关系。

企业如要合法、合规、合理地将现有员工的劳动关系转为委托代理关系，建议咨询专业的律师机构或人力资源管理咨询机构。

4.5.3　如何运用承包经营

组织和个人之间的承包关系有两种。

一种是从属于劳动关系的承包关系，这种关系指的是由劳动合同规定工资报酬、集体福利、工作时间以及劳动纪律等内容，承包合同则只对劳动合同未予规定的定额指标、奖金分配等内容进行规定，这种承包关系本质上属于劳动关系。

另一种是从属于民事关系的承包关系，这种关系是指个人被赋予经营者的资格，这时候劳动关系已经转化为一种劳务关系。区别这两种关系的关键在于员工在其中是作为经营者还是劳动力的提供者。

通过组织机构调整，将原本具备劳动关系的员工转变为从属于民事关系的承包关系，是降低人力成本的一种有效方式。在这种承包关系中，适用《中华人民共和国民法典》这类民事法律法规，而不适用《中华人民共和国劳动法》和《中华人民共和国劳动合同法》等相关劳动法律法规。

在民事关系的承包关系中，承包方享有经营管理的自主权，需要按照企业承包合同的规定完成所承包的生产经营任务。发包方负责检查监督承包方的生产经营活动，但不直接参与承包方的日常工作。发包方的主要义务是按合同规定维护承包方的合法权益，在其职责范围内协调解决承包方在生产经营中的困难。

在民事关系的承包关系中，承包人只受承包协议中权利义务约束，在日常生产经营中拥有独立的决策权和自主用工权。承包人负责提供工作成果，对于经营过程和招用员工，只要不违反承包协议的约定，发包人无权过问，双方处于平等的民事主体地位。

需要谨慎注意承包关系，如果民事关系中的承包关系成立，需要承包人能够独立承担民事责任，有时候还需要承包人具备一定的资质，否则作为承包人的员工将有可能与发包人之间产生劳动关系。

企业要合法、合规、合理地让现有员工的劳动关系转为民事关系的承包关系，建议咨询专业的律师机构或人力资源管理咨询机构。

4.5.4　劳务用工合同模板

劳务关系的本质是一种民事权利义务关系。劳务关系可以口头约定也可以签订书面合同。为规范用工，建议用人单位与劳动者在确立劳务关系时，采取书面合同的方式，签订《劳务合同书》，其格式模板如下。

劳务合同书

甲　　方：＿＿＿＿＿＿＿＿

乙　　方：＿＿＿＿＿＿＿＿　　身份证号码：＿＿＿＿＿＿＿＿＿＿＿＿＿＿＿

联系地址：＿＿＿＿＿＿＿＿＿＿＿＿＿＿＿＿＿＿＿＿＿＿＿＿＿＿＿

电　　话：＿＿＿＿＿＿＿＿　　手机号码：＿＿＿＿＿＿＿＿＿＿＿＿＿＿

甲、乙双方根据有关规定，经平等协商一致，自愿签订本合同，共同遵守本合同所列条款。

第一条　本合同期限为＿＿＿年。

本合同于＿＿＿＿＿年＿＿＿月＿＿＿日生效，至＿＿＿＿＿年＿＿＿月＿＿＿日终止。

第二条　乙方承担的劳务内容、要求为：

乙方根据甲方的工作要求和安排，担任＿＿＿＿＿＿＿＿＿职务，并保证按照甲方要求按时保质完成工作任务。

乙方同意甲方根据工作需要调整乙方的具体劳务内容和岗位。

第三条　乙方应参加甲方为乙方提供劳务安排的培训、学习，并按照甲方要求的时间和地点提供劳务。

乙方提供劳务期间，应当遵守甲方的各项规章制度、严格遵守甲方的业务操作规程和工作规范，爱护甲方财产。乙方出现任何违反甲方规章制度的行为，甲方均有权随时解除本合同。

第四条　乙方根据乙方目前的健康状况，能够依据本合同第二条、第三条约定的内容、要求、方式为甲方提供劳务，乙方也愿意承担所约定劳务。

第五条　乙方负有保守甲方商业秘密的义务。

第六条　甲方按月为乙方结算报酬，标准为：

甲方以不低于＿＿＿元／月支付乙方报酬，每月＿＿＿日为发薪日。

第七条　发生下列情形之一，本合同自行终止。

（一）本合同期满的；

（二）乙方服务的项目合同终止或提前终止的；

（三）双方就解除本合同协商一致的；

（四）乙方由于健康原因不能继续履行本合同义务的；

（五）因本合同签署时依据的客观情况发生重大变化，致使本合同无法履行的。

第八条　甲、乙任何一方单方面解除本合同的，需提前30日书面通知另一方。

第九条　本合同终止、解除前，乙方应在7日内将有关工作向甲方移交完毕，并附书面说明，如给甲方造成损失应予赔偿。

第十条　甲、乙双方约定，由甲方为乙方购买意外伤害保险，乙方在为甲方提供劳务过程中发生意外伤害产生的费用由保险机构进行赔付，甲方不再支付其他费用。

第十一条　乙方同意发生疾病时医疗费用自理，医疗期内甲方不支付劳务费。

第十二条　依据本合同第七条、第八条的约定终止或解除本合同的，双方互不支付违约金。

第十三条　因本合同引起的或与本合同有关的任何争议，双方应协商解决，如协商不成，交由甲方所在地法院解决。

第十四条　本合同中甲、乙双方的联系地址为双方唯一固定的通信地址，若在履行本合同中双方有任何争议，甚至涉及诉讼时，该地址为双方的法定地址。若其中一方通信地址发生变化，应立即书面通知另一方，否则，造成双方联系障碍，由有过错的一方负责。

第十五条　本合同一式贰份，甲乙双方各执一份。

甲方（公章）：＿＿＿＿＿＿＿＿＿　　乙方：＿＿＿＿＿＿＿＿＿

签订日期：＿＿＿＿年＿＿月＿＿日　　签订日期：＿＿＿＿年＿＿月＿＿日

4.6　工时制度

工时制度分为三种，即标准工时制、综合工时制和不定时工时制。企业根据自身经营的特点，选择适合自身特点的工时制度，能够有效降低人力成本。

4.6.1　标准工时制

标准工时制是我国最普遍的工时制度，如果企业不进行申请，则默认实行的就是标准工时制。

《中华人民共和国劳动法》（2018年12月29日修订）有关标准工时有以下规定。

第三十六条　国家实行劳动者每日工作时间不超过八小时、平均每周工作时间不超过四十四小时的工时制度。

第三十七条　对实行计件工作的劳动者，用人单位应当根据本法第三十六条规定的工时制度合理确定其劳动定额和计件报酬标准。

第三十八条　用人单位应当保证劳动者每周至少休息一日。

第三十九条　企业因生产特点不能实行本法第三十六条、第三十八条规定的，经劳动行政部门批准，可以实行其他工作和休息办法。

第四十一条　用人单位由于生产经营需要，经与工会和劳动者协商后可以延长工作时间，一般每日不得超过一小时；因特殊原因需要延长工作时间的，在保障劳动者身体健康的条件下延长工作时间每日不得超过三小时，但是每月不得超过三十六小时。

劳动部根据《国务院关于职工工作时间的规定》（1995年3月25日修正）制定的实施办法（劳部发〔1995〕143号）有以下规定。

第三条　职工每日工作8小时、每周工作40小时。实行这一工时制度，应保证完成生产和工作任务，不减少职工的收入。

在标准工作时间制下，劳动者每天工作的最长工时为8小时，每周最长工时为40小时。除此之外，标准工时制还有以下几点要求。

（1）用人单位应保证劳动者每周至少休息1日。

（2）因生产经营需要，经与工会和劳动者协商，一般每天延长工作时间不得超过1小时。

（3）特殊原因每天延长工作时间不得超过3小时。

（4）每月延长工作时间不得超过36小时。

显然，根据标准工时制的规定，工作时间比较固定，且对延长工作时间有明确严格的限制条件。

4.6.2　综合工时制

综合工时制，即综合计算工时工作制，是以标准工时为计算基础，在一定时期范围内，综合计算工作时间的工时制度。这类工时制度不再以天为单位计算工作时间，可以以月、季、年为单位计算，所得平均日或平均周的工作时间应当与标准工时制的时间相同。

劳动部《关于企业实行不定时工作制和综合计算工时工作制的审批办法》（劳部发〔1994〕503号）第5条的规定如下。

第五条　企业对符合下列条件之一的职工，可实行综合计算工时工作制，即分别以周、月、季、年等为周期，综合计算工作时间，但其平均日工作时间和平均周工作时间应与法定标准工作时间基本相同。

（一）交通、铁路、邮电、水运、航空、渔业等行业中因工作性质特殊，需连续作业的职工；

（二）地质及资源勘探、建筑、制盐、制糖、旅游等受季节和自然条件限制的行业的部分职工；

（三）其他适合实行综合计算工时工作制的职工。

实行综合工时制的企业，无论劳动者单日的工作时间为多少，只要在一个综合工时计算周期内的总工作时长不超过以标准工时制计算的应当工作的总时间数，就不视为加班。如果超过该时间，则应视为延长工作时间，平均每月同样不得超过36小时。

4.6.3　不定时工时制

标准工时制和综合工时制都属于定时工时制，它们都是根据工作时间来衡量劳动者的劳动量。不定时工时制，即不定时工作制，是一种直接确定劳动者工作量的工时制度。因生产特点、工作特殊需要或职责范围的特点，无法按照标准工作时间计算工时的企业，可以申请不定时工时制。

劳动部《关于企业实行不定时工作制和综合计算工时工作制的审批办法》（劳部发〔1994〕503号）第4条的规定如下。

第四条　企业对符合下列条件之一的职工，可以实行不定时工作制。

（一）企业中的高级管理人员、外勤人员、推销人员、部分值班人员和其他因工作无法按标准工作时间衡量的职工；

（二）企业中的长途运输人员、出租汽车司机和铁路、港口、仓库的部分装卸人员以及因工作性质特殊，需机动作业的职工；

（三）其他因生产特点、工作特殊需要或职责范围的关系，适合实行不定时工作制的职工。

实行不定时工时制的企业，不再受《中华人民共和国劳动法》（2009年8月27日修正）第41条规定的日延长工作时间标准和月延长工作时间标准的限制。但用人单位应采取适当的休息方式，确保职工的休息休假权利和生产、工作任务的完成。实行不定时工时制的企业，除法定节假日工作外，其他时间工作均不算加班。

4.6.4　如何认定特殊工时

综合工时制和不定时工时制都属于特殊工时制，企业如果实行这两种工时制度，需要到有关政府部门申请，并履行相关的审批手续。申请和审批方式以各省、自治区、直辖市人民政府劳动行政部门的规定为准。未经申请和审批，一旦出现劳动争议，企业主张自己采用的是综合工时制就没有法律依据，劳动者有权要求按照标准工时制主张加班工资。

需要注意劳动部《关于企业实行不定时工作制和综合计算工时工作制的审批办法》（劳部发〔1994〕503号）第6条的规定。

第六条　对于实行不定时工作制和综合计算工时工作制等其他工作和休息办法的职工，企业应根据《中华人民共和国劳动法》第一章、第四章有关规定，在保障职工身体健康并充分听取职工意见的基础上，采用集中工作、集中休息、轮休调休、弹性工作时间等适当方式，确保职工的休息休假权利和生产、工作任务的完成。

疑难问题
如何选择外部人力资源服务企业

用人单位进行劳务派遣或劳务外包时，要选择外部的人力资源服务企业。在选择外部的人力资源企业时，要注意以下内容。

1. 看资质

囤里有粮，心里不慌。正规的人力资源企业具备营业执照、人力资源服务许可证、劳务派遣经营许可证以及通过专业权威的人力资源从业相关认证。用人单位应选择具备这些资质的人力资源企业。

2. 看实力

不怕不识货，就怕货比货。用人单位要衡量人力资源企业的综合实力。由于进入门槛不高，市场上的人力资源企业非常多，但是实力强、声誉好、规模大、行业经验丰富的企业并不多，用人单位在选择人力资源企业时应在综合比较之后再做选择。

3. 看领域

很多人力资源企业是聚焦在某一个特定领域的，这类企业往往在特定领域拥有比综合性的人力资源企业更好的专业能力和管理能力。当用人单位考虑在该领域寻找人力资源企业合作时，应当选择这种专业性强的人力资源企业。

4. 看经验

姜是老的辣，酒是陈的香。成立时间越长、经营时间越久、服务客户越多的人力资源企业，经营管理经验往往越丰富。所以用人单位在选择人力资源企业的时候，要关注它们的成立时间、连续经营时间和服务顾客的数量。

5. 问客户

耳听为虚，眼见为实。在考察了资质、实力、领域和经验之后，正式合作之前，用人单位可以对人力资源企业的服务客户进行实地考察，询问该企业服务客户的真实感受、综合评价和认可情况，获取该人力资源企业的口碑。

随着互联网行业的快速发展，出现了许多新型人力资源企业，这些人力资源企业为企业提供了信息化、系统化的平台。用人单位为员工办理入职、离职以及在职的所有手续，计算缴纳工资福利等都可以通过在平台上直接操作实现，还可以通过各种复杂的系统制作完成用人单位内部人员的测评、网上培训，并生成各种大数据，企业人力资源部的工作效率可大大提高。

6. 看背景

如今互联网平台的同质化现象比较严重。在选择平台前，除了看系统是否适合用人单位自身情况之外，一定要清楚系统开发企业的实力背景以及背后的投资者。互联网平台开发投资较大，如果没有雄厚的资金支撑，将难以持续。

7. 看专业

新型的人力资源企业有一半以上是基于互联网和信息技术的研发而兴起的，很多企业虽然对于系统开发、网络编程非常在行，但对人力资源管理专业并不了解。

这时候用人单位在关注这类企业信息技术专业性的同时，还要注意人力资源管理方面的专业性。

🔗 前沿认知
如何通过平台用工降低人力成本

随着互联网技术的发展，互联网平台用工正成为新时代的新的用工模式，它和传统的用工模式有着本质区别，具有一定程度上能降低人力成本的优势。

互联网平台用工是"平台型"的互联网企业采取的用工方式。在平台型互联网企业的经营模式中，企业连接着用户和劳动者，企业本身只是起到交易平台的作用，并不直接参与到劳动者与用户需求中。

很多创业不久的互联网平台型企业为了降低人力成本，往往会选择这种用工模式。因为在这种用工模式之下，平台和劳动者之间并不具有劳动关系。在互联网"平台＋个人"的新型用工模式下，劳动者又被称为"网约工"，他们通过平台与客户建立联系并提供劳动服务，从而获得劳动报酬。

互联网平台型的用工模式充分发挥了闲置人力资源和生产资料的使用价值，既给人们的生活带来了便利，又有助于丰富产业形态、促进产业升级，还可以通过科技创新和理念更新带来创新、创业的热潮。

互联网平台用工具有以下特点。

1. 任务的承包性

类似于承包关系，对于互联网平台上用户发布的任务或需求，当劳动者接受之后，可以通过自身的生产资料、劳动条件、拥有资源或工作能力来完成任务，不需要互联网平台或与其他从业者的合作。

2. 任务的自主性

平台上的工作任务面向所有的劳动者，平台并不要求劳动者必须完成。同时，劳动者也具有决定是否工作的权利，具有工作时间和工作形式上的自主性，劳动者不受平台的人事调配。

3. 收入的逆向性

互联网平台与劳动者的收入在分配上区别于传统的方式，有的平台具备一定的逆向特征，也就是劳动者的收入可能不是平台给付，平台的收入反而是从劳动者的劳动中取得。具体表现为劳动者提供服务并获取报酬后，通过向平台支付、平台自提或平台划扣预付款等形式与平台分享收益。

互联网平台用工的类型可以分为以下3类。

1. 指派业务型

指派业务型指的是用户将需求信息发布到互联网平台，或互联网平台向用户收集需求信息后，由平台分发指派给特定的劳动者，由该劳动者根据被指派的任务选择是否提供服务。

2. 竞争业务型

竞争业务型指的是用户将需求信息发布到互联网平台或互联网平台向用户收集需求信息后，平台将所有信息共享，平台上的所有劳动者可以根据时间先后、距离远近等条件进行相互竞争（俗称抢单），由竞争优胜者为用户提供服务。

3. 混合业务型

混合业务型指的是互联网平台上既有指派业务，也有竞争业务。有的平台规则是劳动者可以先选择完成指派任务，再选择是否参与竞争业务；有的平台规则是劳动者可以自由选择两种业务。

互联网平台用工劳动者获得报酬的方式可以分成两类。

1. 平台支付型

平台支付型指的是劳动者在为用户提供服务之后，用户将服务费支付给互联网平台，平台按照和劳动者的约定比例，将报酬以某种规则支付给劳动者。

2. 用户支付型

用户支付型指的是劳动者在提供服务之后，用户将费用直接支付给劳动者，劳动者需要主动向平台支付一定比例的费用；或者用户将费用付给劳动者时，平台从每笔结算中扣除一定比例的费用。

企业在运用这种新型用工模式的时候，要注意遵守法律规定，理顺平台和劳动者之间的关系，避免产生纠纷。平台型用工的纠纷，主要集中在平台和劳动之间劳动关系的认定上。对于劳动关系的认定，目前主要用到的是劳动和社会保障部于2005年发布的《关于确立劳动关系有关事项的通知》（劳社部发〔2005〕12号）第1条的规定。

一、用人单位招用劳动者未订立书面劳动合同，但同时具备下列情形的，劳动关系成立。

（一）用人单位和劳动者符合法律、法规规定的主体资格；

（二）用人单位依法制定的各项劳动规章制度适用于劳动者，劳动者受用人单位的劳动管理，从事用人单位安排的有报酬的劳动；

（三）劳动者提供的劳动是用人单位业务的组成部分。

　　针对互联网平台的用工纠纷，在未签订书面合同的情况下，法院一般会重点考虑劳动者与用人单位之间的从属关系是否足够紧密，包括劳动者是否在固定时间、地点工作；用人单位对劳动者是否进行考勤、培训、安排具体工作；用人单位是否每月在固定时间对劳动者发放工资；是否有标志性的工作证或工作服等。综合这几个因素，基本可以确认双方是否存在劳动关系。

　　2018年4月10日，北京市朝阳区人民法院发布《互联网平台用工劳动争议审判白皮书》。从案件数量来看，判决结案的105件相关案件中，确认互联网平台与从业者直接建立劳动关系的案件为39件，占比37.1%；认定双方未建立劳动关系的案件为58件，占比55.2%；认定双方建立劳务派遣关系的案件为8件，占比7.6%。

　　一般来说，平台指派业务和平台支付报酬的用工可能会体现更多的人身依附特征，双方更有可能建立劳动关系；而从业者通过竞争获得业务和用户支付报酬的用工中，从业者的自主性更强，对于平台的依附性较弱，双方更有可能建立劳动关系以外的合作关系。

第5章
如何在招聘选拔层面
管控人力成本

通过降低招聘成本，提高选拔效率，保证招聘结果和招聘质量，从而实现企业"让对的人上车"的理念。通过对招聘选拔中各环节的管理和控制，企业能够有效管控人力资源获取成本。

5.1 招聘选拔前的人力成本管控

招聘选拔人才之前，对人力成本管控的工作重点主要在招聘前的预防环节，可以重点从雇主品牌建设、招聘预算控制、招聘审批权限、招聘渠道优化4个方面管控成本。

5.1.1 雇主品牌建设

雇主品牌是企业作为雇主在人力资源市场中的形象。雇主品牌代表着求职者对雇主的一种信任、一种想象和一种预期。

雇主品牌和商业品牌类似，当人们买商品的时候，即使某种商品的价格比较贵，但如果这种商品是某知名品牌，人们可能还是会购买。雇主品牌也能让一些在人才市场上没有优势的岗位被求职者欣然接受，并乐在其中。

但是雇主品牌和商业品牌也有不同，雇主品牌针对的是雇员，包括在职员工和外部人才；而商业品牌针对的是消费者。有很多商业品牌做得成功的企业，提供的产品或服务普遍被消费者认可，但是它们在人才市场上的口碑却非常差。

好的雇主品牌自带拉力，能够不断把优秀人才吸引到企业，形成良性循环；不好的雇主品牌就好像有一股无形的推力，把优秀的人才往外推，形成恶性循环。

根据领英企业（LinkedIn）发布的《2017年中国人才招聘趋势报告》中的数据，91%的中国企业的人力资源部负责人认可雇主品牌对招聘优秀人才有显著的影响，但是只有25%的雇主拥有全面的雇主品牌战略。

5.1.2 招聘预算编制

企业要注意对招聘预算的管控。在开展招聘工作之前，要按照企业的战略规划和人力资源规划进行招聘预算，并对招聘预算实施控制。

各部门每年在根据企业发展战略和年度经营目标编制本部门年度计划的同时，应制定本部门年度的人员需求预测，填写人力需求计划表，人力资源部负责收集、审核各部门的人员需求计划。

1.年度人力需求预测

人力资源部根据各部门上报的人力需求，综合考虑企业战略、组织机构调整、部门编制、员工内部流动、员工流失、竞争对手的人才政策等因素，对各部门人员需求预测进行综合平衡，做好年度人员需求预测，确定各部门人员编制，上报集团总经理审批。

2.招聘指标确定

年度人力需求计划审批通过后，人力资源部应确定各部门招聘指标，并通知各部门，将经总经理、人力资源部负责人批准后的人员需求计划留在人力资源部备案，作为招聘的依据。

3.临时人力需求更新

临时人力需求，指的是除年度人力需求预测之外，部门因人员离职或临时业务需求需要招聘的人才。当发生临时人力资源需求时，由各部门填写临时人员需求申请表，相关领导审批通过后，人力资源人员进行信息整理，开始招聘。

对于招聘预算费用的审批，可以使用招聘预算费用审批表，如表5-1所示。

表5-1　招聘预算费用审批表

所需岗位类别	空缺岗位数量	拟采取的招聘方式	预算招聘费用
A 岗位			
B 岗位			
C 岗位			
部门负责人意见			
人力资源部意见			
分管副总意见			
总经理意见			

5.1.3　招聘审批权限

规定招聘审批权限，能够有效防止乱招聘现象，管控招聘成本。对招聘审批权限的规定，应当形成招聘审批权限表，如表5-2所示。

表5-2　招聘审批权限表

审批分类		用人部门经理	用人部门负责人	人力资源部	分管副总经理	总经理
岗位编制内	员工级	发起	审核	核准	审批	报备
	主管级	发起	审核	核准	审批	报备
	经理级以上	—	发起	核准	审核	审批
岗位编制外	员工级	—	发起	核准	审批	报备
	主管级	—	发起	核准	审核	审批
	经理级以上	—	发起	核准	审核	审批

　　招聘审批权限表中的发起指的是相关人员提出招聘需求；审核指的是相关人员对招聘需求进行审查、提出意见或建议、否定招聘需求的权力；核准指的是相关人员验证招聘需求的必要性、提出意见或建议、否定招聘需求的权力；审批指的是相关人员就招聘需求做出最终决定的权力；报备指的是相关人员得到招聘需求审批信息的权力。

5.1.4　招聘渠道优化

　　招聘渠道的种类很多，招聘渠道的选择决定了招聘的效率和招聘的成功率。比如，不是所有的人才招聘都需要通过外部的招聘，对于管理较成熟的企业，当内部有岗位空缺时，可以优先考虑用内部竞聘、轮岗、调岗、晋升等方式从内部人才中选拔，从而形成一个内部人才市场。这样既可以促进内部人才的流动，又是人才培养与开发的有效方式。但操作时需要注意内部岗位调整后的工作交接问题，防止这种调整影响企业的正常运营。

　　另外，对于一些难以招聘的岗位，我们可以对内部员工采取"以工带工"的方式，鼓励员工通过朋友圈或其他形式传播企业的招聘信息，以吸引外部人才。这种方式的优点是成本低，能够充分发挥人际关系的作用。这种方式招来的人才一般稳定性较高，平时如果在工作生活上遇到什么问题，还可以向推荐人倾诉，推荐人一般也会帮忙。

　　人才招聘的渠道一般有网络招聘、校园招聘、社会招聘、猎头招聘、内部招聘、传媒招聘、派遣招聘、政府协助招聘8大类。不同招聘渠道的精细分类、招聘形式、适用范围、优劣势分析如表5-3所示。

表5-3　各种招聘渠道优劣势分析

招聘渠道	分类	招聘形式	适用范围	优势	劣势
网络招聘	外部网站	专业的人才招聘网站，当地招聘网站，各类招聘自媒体	各类人才均适用	成本较低，适用面广，局限性小，选择空间大	投简历者随意性大，无效简历较多，针对性较差，面试成功率较低
	内部网站	企业的官方网站，企业公众号，企业微博		成本低，一般对企业已了解，针对性强，方便筛选，成功率高	投简历者一般较少，需迅速补充人才时选择此种渠道往往不能满足
校园招聘	校企合作	学校和企业实施项目合作，联合培养，企业接受学生实习	储备人才一线岗位管培生	有针对性地培养，用工成本低，几乎无需担心离职	学生经验少，需培训
	应届生招聘	校园宣讲会，校园招聘会，校园公益讲座		招聘成本适中，可以宣传企业形象，候选人思维活跃，具备一定的创新能力和学习能力	应届毕业生稳定性较差，学生普遍缺乏社会经验，可能难以适应企业文化
社会招聘	社会招聘会	参加城市招聘会或社区招聘	中基层岗位	招聘成本较低，人员类型多样，选择余地大，初筛空间大，能够及时沟通，方便集中面试、入职和培训	招来的人才层次不齐，求职人员的选择余地大，有一定的区域局限性
	偏远地区招聘	到经济欠发达的偏远地区招聘	一般适用于一线操作人员或者文化程度要求低的岗位	短期内能够招聘到大量的劳动力	招聘成本较高，可能会难以管理，可能集体抱团离职
猎头招聘		与猎头企业合作，由猎头顾问推荐人才	中高端人才，特殊岗位人才	针对性强，吻合度高，能够迅速找到需要的人才	招聘费用高，外来高端人才不容易被引进

113

招聘渠道	分类	招聘形式	适用范围	优势	劣势
内部招聘	以工代工	内部员工介绍合适的人选来企业工作	各类岗位或人才均适用	成本低，能够充分发挥人际关系的作用，一般稳定性较高，有问题可以向推荐人咨询	如果员工推荐来的人不适合企业可能会引起推荐人的不满，有拉帮结派的风险，管理不当可能引起抱团集体辞职
	内部人才补充	内部竞聘、轮岗、调岗、晋升、返聘等	各类岗位或人才均适用	促进内部人才流动，促进人才培养与开发	补充人员可能经验不足需提前培训，内部岗位调整后的工作交接问题
传媒招聘		报纸广告，公交车广告，电视广告	一般为中基层岗位	受众较多，注意度高，反馈迅速，有利于扩大企业的知名度	成本较高，时效性较差，有一定的区域局限性
派遣招聘		利用劳务企业做劳务派遣或者委托招工	一般适用于一线操作人员或者文化程度要求低的岗位	招聘成本低，便于管理，降低用工风险，减少劳动争议	人员流动性大，劳务工不容易融入本企业文化
政府协助		利用当地政府、工会、残联等帮助宣传和吸纳劳动力	一般适用于一线操作人员	利用资源，扩大影响力，具备良好的社会效应	招聘效果一般，有一定的局限性

由于不同的招聘渠道有不同的优劣势和适用性，我们应当本着招聘效率最高、招聘成本最低的原则，对不同类型的岗位，优先采取不同类型的招聘渠道实施招聘，形成按照岗位类别的招聘渠道选择表，如表5-4所示。

表5-4　按照岗位类别的招聘渠道选择表

岗位类别	网络招聘	校园招聘	社会招聘	猎头招聘	内部招聘	传媒招聘	派遣招聘	政府协助
A类岗位	首选	次选	三选	—	—			
B类岗位	—	首选	次选	—	三选			
C类岗位	三选	—	首选	—	—		次选	
D类岗位	三选	—	—	首选	次选			

按照岗位类别的招聘渠道选择表实际上是对招聘渠道优先级顺序的排序。表中的首选、次选和三选的含义分别是当招聘某类型岗位的时候，优先选择、第二选择和第三选择的招聘渠道，也可以替换成优先级排序。

按照岗位类别的招聘渠道选择表对不同企业、不同类型的岗位有不同的招聘渠道优先级的选择顺序。制作、更新并持续运用该表，我们在员工招聘时的效率将会大大提高。

5.2　招聘选拔中的人力成本管控

在招聘选拔的实施过程中，管控招聘成本的工作重点主要是通过提高招聘过程各操作环节的实施效率，增加招聘工作的成果，可以通过快速精准筛选简历、提高面试赴约率、高效实施背景调查以及科学实施薪酬谈判来实现。

5.2.1　如何快速精准筛选简历

如果企业收到的简历太多了，筛选需要的时间太长怎么办？这种情况一般会发生在一些基层的通用岗位，或者在校园招聘时。

在这种情况下，我们要掌握快速浏览和抓取关键信息的能力。一般来说，我们可以先用 5 秒的时间迅速浏览候选人的个人基本信息和岗位之间的匹配程度。假如企业招聘岗位的年龄要求是 35 岁以下。因为简历太多，需要选择的内容太多，凡是 35 岁以上的人，我们可以不予考虑。

如果个人的基本信息和岗位比较匹配，那么可以再用 5 秒快速浏览部门、岗位、经历、职责等这些信息和企业要招聘的岗位是否匹配。

在这 5 秒的时间内，需要浏览的信息比较多，为了便于快速掌握关键的信息，可以运用"关键词搜索"的小技巧。

根据企业招聘的岗位，我们可以根据这个岗位的具体情况，提前设计一些关键词，这些关键词应当是人力资源管理人员招聘该岗位时需要重点关注的。在我们快速浏览简历时，要快速抓取这些关键词。当候选人的简历中有这些关键词时，我们可以快速挑出来。

运用关键词法筛选简历，不仅在简历多的时候有作用，对于专业技术岗位简历的筛选也非常有效。

案例

我曾经服务过一家碳纤维生产制造企业。每年校招季，仅技术岗位的招聘就能收到 3 000 多份简历，更不用说财务、人力资源这样的通用岗位。而我们每年在校园招聘中需招聘的技术人才只有30人左右。也就是说，企业收到的简历数和录用数的比例是100：1。

此时企业的招聘专员在筛选简历时，脑中会有几个关键词，比如对于技术岗位的招聘，碳纤维、高分子复合材料、环氧树脂等就是这一类岗位的关键词。

因为一般人力资源管理人员本身也不懂技术，把校招中收到的应聘技术人才的简历交给技术部门筛选也不现实。所以在向技术部门学习和沟通了以后，便确定了招聘企业技术岗位的 N 个关键词。只要发现简历中有这 N 个关键词，就可以快速把简历筛选出来。

之所以是 N 个关键词，是因为随着企业的技术发展，随着岗位需求的变化，即使是招聘同一类岗位，这些关键词也是根据需要，随时更新和变化的。

5.2.2　如何提高面试赴约率

心理学认为，人们厌恶自己为之付出了努力，却得不到的东西。也就是说，当人们为了某件事付出了努力，就希望这件事情达到自己预期的结果。付出的努力越多，这种期望就越强烈。

在面试过程中，我们期望候选人能来参加面试，一方面是为了考察候选人的能力，另一方面也是这种原理的一种应用。候选人只要参加了某企业的面试，那么他选择这家企业的可能性就会比没有参加面试的企业大很多。这是提高候选人面试赴约率的原因之一。

有人认为，已经了解了某位候选人的基本情况，或者可能之前在其他的场合见过候选人，或者本身是认识的，就不需要候选人到现场参加面试，这种观点是不正确的。适当地让候选人为了面试付出一些努力，他最后选择企业、并且珍惜这份工作的可能性都会增大。

提高候选人面试赴约率的另一个原因，是减少企业的招聘管理成本。比如，有人安排面试，约了15位候选人来面试，本来预计要拿出一上午的两个半小时来集中面试；同时，约好了用人部门的几位总监和经理，让用人部门提前安排好了手头的工作；还特别组成了一个7人的面试小组，结果最后实际来参加面试的只到了1位候选人，搞得用人部门很生气。整个过程造成的管理成本损失有多大？

候选人面试爽约的情况经常发生，招聘中这种"约而不见"已经不是什么新鲜的话题，这类情形每天都在不同的企业上演。作为人力资源管理人员，除了感慨"诚信危机"之外，大多数情况下都表现得很无奈。

遇到这类情况，我们可以去挑候选人的毛病，可以在办公室里对着同事发牢骚。但是这么做除了宣泄情绪之外，不会对企业产生任何价值，也不会让这种情况得到改善。要解决这个问题，最佳的办法是我们从自身的角度出发去找原因、想办法。

别人的想法，我们说了不算，但是我们自己的行为和努力，却是可以掌控的。针对候选人面试赴约率低的问题，我们要审视问题的原因，找出有哪些自己原本能做却没有做到的事情，然后采取有针对性的方法来改善相关行为。

为此，人力资源管理人员要做好以下工作。

1. 招聘信息包装

候选人在得到电话通知后，一般会查看自己的简历投递记录，也会查看我们企业关于这个岗位的具体介绍，好的招聘宣传信息，会增加应聘者面试赴约率。这里的招聘信息包括但不限于企业简介、招聘职位描述、薪酬待遇、个性福利等。

2. 其他企业的招聘信息

我们在电话面试或者电话沟通之前，要先了解相关岗位或相关行业企业的招聘情况，要了解同类型的岗位、其他企业的招聘信息，了解它们的薪酬水平、它们的优势，从而在比较后得出我们企业的优势在哪儿。

3. 仔细查看候选人简历

为了下一步的面试，我们要再仔细查看候选人的简历，并且详细地标出需要企业进一步了解或者确认的关键信息。这些关键的信息，可以作为电话面试时重点问的问题，也可以作为现场或者视频面试时的话题点。

4. 提前设计说话技巧

我们要提前设计一些说话技巧，以备自己在和候选人交流的时候可以使用。这些说话技巧根据企业的特点，随着经验的积累，可以慢慢总结成一套标准的说话技巧。我们可以把这些说话技巧打印在一张纸上，每次电话邀约或者电话面试的时候，把这张纸放在面前提醒自己。

人力资源管理人员在电话邀约的时候应当特别注意以下事项。

1. 注意礼貌

我们在给候选人打电话时，要先和对方打招呼，询问对方现在打电话是否合适，而不要想当然地自说自话。

2. 介绍企业

因为现在很多候选人在找工作的时候是海投简历，我们要向对方介绍自己的企业，把企业的优势做简单的描述，同时可以简单介绍岗位的内容。这样做可以唤起候选人的记忆、获得他的信任，而且还能提升他的注意力。

3. 适度认同

我们既然邀请候选人面试，说明他在学历、工作经历等方面是适合企业相关岗位需求的。这时候，我们可以适当地表达出候选人与岗位的匹配程度及对他的认同。这里的认同并不需要夸张，这么做也可以收获对方的心理认同。

4. 时间选择

邀请对候选人的面试时间，应提供 1 ~ 2 个或者更多的时间段供对方选择。在确定了面试的具体时间后，与对方进行重复确认，和候选人达成某种心理契约。

5.2.3 如何高效实施背景调查

一说起背景调查，很多人第一时间想到的是像影视作品里面的侦探调查；有人觉得背景调查应该比较复杂、麻烦；还有人觉得背景调查需要找专业的企业来做，自己做得不专业。其实背景调查既可以简单（低成本）地做，也可以复杂（高成本）地做。

在做背景调查之前，企业要事先收集一些关键信息。一是候选人之前的工作单位的名称和联系方式，最好是原工作单位人力资源部或者行政部门的电话号码，二是留至少 1 个证明人的姓名、联系方式以及和他之间的关系，如果是比较重要的岗位，为了保险起见，也可以有 2 ~ 3 个证明人。

另外，为了准确地获取到背景调查的信息，有三个节省管理成本方面的注意事项。

1. 证明人的选择顺序

证明人的身份有时候决定了背景调查工作的顺利性。如果我们本身是做招聘的，我们联系的证明人恰好是对方企业做招聘的人力资源管理人员。因为对方很可能也需要到别的企业做背景调查，所以他们会对打电话来做背景调查的人产生一种同理心，就算不会全力配合，大部分人也会表示理解和支持。这时候，背景调查的成功率就会提高。

在做背景调查之前，如果可以选择证明人的话，我们一定要先找相对来说可能会配合我们的人打电话。

比如招聘某岗位的候选人给我们留的证明人有三个，这三个人分别属于三个部门，A 是财务部的、B 是销售部的、C 是客服部的，那么在这种情况下，我们可以考虑先给谁打电话，后给谁打电话呢？

一般来说，财务部的人每天与钱和数字打交道，在为人处世上相对会比较谨慎；销售部的人成天忙着跑业务，销售业绩压力很大，有点时间还要用来发展客户，一般没时间处理这类事；客服部的人，就是为客户解答疑难问题的，他们的职业天性决定了愿意解答别人的问题，相对可能比较容易配合。

当然，这种分析没有固定套路，也没有对错，毕竟具体到人身上，变数太大了，可能我们恰好碰到一个非常开朗，非常愿意和别人交朋友的财务人员；或者恰好碰到一个小心翼翼的客服人员。也可能三个人都联系完之后，没有一个人愿意配合。这时候怎么办呢？可以通过增加证明人的基数，来增大背景调查的成功概率。

2. 利用社交网络

背景调查不一定要搞得很复杂，也不一定要花钱来做，只要找对了人，可能只需要几个电话，我们就能获得想要的关键信息了。这里的找对人和前面提到的找证明人不一样，这里是利用社交网络和人际关系，找朋友或者朋友的朋友来做背景调查。

根据"六度关系理论"，世界上任何两个人之间的关系中间不会超过6个人。也就是说，只要我们用心找，我们和联合国秘书长之间的距离都不会超过6个人。所以，不要觉得候选人简历上写的那些企业离我们太遥远。

我有个做社群的朋友，他的社群里全是同一个城市的人力资源管理人员。他的人际关系广到在同一个城市随便说一个企业名，他就能找到这个企业的人力资源从业者。当我需要做背景调查的时候，只要是候选人曾经的工作背景是在这个城市的，就给这位朋友打电话，一般不出半天，这个候选人的背景调查信息就都有了。

所以我们做背景调查的时候不需要太局限于某种形式。背景调查没有所谓的专业形式或者不专业的形式，只要合法合规，能够达到了解候选人真实情况的目的，我们可以充分运用身边的各类资源来达到目标，同时还能够最小化管理成本。

3. 给证明人一些实惠

在做背景调查的时候，证明人有"事不关己，高高挂起"的心态是人之常情；证明人不配合的情况也非常常见。这时候可以给参与背景调查的证明人一些小实惠。

这种方法最简单，也最直接，就好像某个企业邀请我们参加一项问卷调查，我们参加了之后企业会赠送我们小礼物。实际上，这种方法也是一些专业的背景调查企业会用的。

对于一些比较重要的岗位，为了保证背景调查结果的质量，用这种方法看似增加了一点背景调查的成本，却可以让背景调查进展得非常顺利。小实惠可以是某个小礼物，这个小礼物本身并不需要贵重，实用就可以，比如笔筒、小音箱、耳机、多肉植物等。

5.2.4　如何科学实施薪酬谈判

我们在和候选人谈薪酬时，薪酬谈高了，领导不高兴，自己郁闷；薪酬谈低了，候选人不愿来，给招聘工作带来很大的难度。怎样和候选人谈薪酬，才能既不让候选人被企业逼退，企业付出的薪资又不会超出候选人能力水平许多呢？

1. 搞清楚薪酬的上下限

有人在进行薪酬谈判的时候，以为薪酬谈判是价格谈得越低越好；甚至有人把薪酬谈判做成了市井砍价，不管候选人说多少，都先砍一半，再一点一点往上调。

这种做法不仅会让候选人觉得企业不大气，还会让候选人觉得企业没有标准、没有规范，不够正规。可能候选人本来会考虑，因为有这样的过程就选择不考虑了。

在实施薪酬谈判之前，我们一定要明确薪酬谈判的最终目标。薪酬谈判的最终目标绝对不是把候选人期望的薪酬压到最低，而是为企业找到最适合的人才，并且给他一个双方都能够认可的薪酬。

我们首先要明确招聘的岗位对于企业的价值是什么，企业愿意为这个岗位付出的最高薪酬是多少，或者企业能够提供的薪酬范围是多少；也就是说，先明确这个岗位的薪酬标准，明确岗位薪酬的上下限。

这里薪酬标准的上下限应该根据薪酬政策来判断，既要考虑薪酬的外部竞争性，又要考虑薪酬的内部公平性。有了这样明确的薪酬标准之后，即使候选人期望的薪酬水平低于这个薪酬标准，我们也应该执行企业的标准，而不要为了节省费用执行候选人期望的标准。

即使候选人是市场上能力最强的人，当期望的薪酬高于企业的最高标准时，如果不是特殊需要，我们也可以不选择他，免得满足他的薪酬要求上岗之后，引起内部其他员工的不满，影响其他员工的工作情绪。当然，这里说的期望薪酬高于企业薪酬标准就考虑不选择是通用做法，不同情况可以具体判断。

当我们有了岗位薪酬的上下限之后，就能避免和候选人之间就薪酬问题陷入不切实际的讨论；也能避免我们和候选人讨论了一番，结果企业最后不同意，或者候选人最后不满意，造成双方的徒劳无功。

2. 不要亮出薪酬的底牌

在商务谈判中，先把自己的底牌露给别人的一方往往不占优势。薪酬谈判也是同样的道理，我们要想办法先看对方的底牌。在我们说企业薪酬的数字之前，最好先让对方说出他的数字。

比如，有的朋友在面试的时候，会和候选人这么说："在我们企业，这个岗位薪酬是每月6 000 ~ 10 000元，你期望的薪酬是多少呢？"然后，对方回答说："每月8 000元。"他的这个每月8 000元到底是他原本的期望还是他知道了企业这个岗位薪酬范围之后说的数字，不得而知。

如果我们招聘的岗位有比较大的弹性空间，那么我们在做薪酬谈判的时候就不要先亮出自己的底牌。这样做一方面可以保留谈判的空间，另一方面当我们遇到比较优秀的候选人时，我们可以有比较大的上浮空间。

3. 运用整体薪酬的概念

薪酬，可以拆分成薪和酬两部分。薪，指的是薪水，包括工资、津贴、奖金、分红、福利等一切可以用财务数据量化的个人物质层面的回报；酬，指的是报酬，包括非货币化的福利、组织的认可、更有兴趣的工作、学习的机会、发展的机会等，是一种更加着眼于个人精神层面的酬劳。

在我们和候选人谈薪酬的时候，不要忽略薪酬的整体概念。人力资源管理人员一定要有这方面的意识，也就是企业能够提供的薪酬是能量化的和不能量化的整体薪酬，而不仅是工资和奖金层面的金钱数字。

比如，有个候选人应聘一个岗位，他期望的年薪是 30 万元。这家企业这个岗位的基本年薪标准最高是 20 万元。该候选人各方面都适合这个岗位，我们想要录用他，但是又不能给他期望的年薪，这时候我们可以这么说。

你的期望和我们企业的薪酬是基本符合的，企业这个岗位基本年薪的最高标准是 20 万元，我们可以给你按照这个最高标准。我知道这和你一开始的预期不太相同，不过请你也不必担心。企业除了基本的年薪之外，还有一部分绩效年薪，根据这个岗位不同的绩效表现，一般在 5 万～ 20 万元不等。

企业的三餐都是免费的，是照着每人每天 50 元的标准提供的工作餐。每人每月还有 500 元的交通补助、1 000 元的住房补助和 200 元的通信补助。

对于工作满 3 年的员工，企业会提供许多个性化的福利。比如你可以有更加弹性的工作时间，可以在家办公。如果你有小孩需要照看，企业有合作的幼儿园、小学、初中的补习班，这些都是免费为员工开放的。

企业每年会有定期的体检，体检的标准是每人每年 2 000 元，而且可以带一名家属。企业每年还会给员工提供 1 万元的学习基金。除了带薪年休假之外，企业还给员工每年 7 天的带薪学习假。这个每年的学习基金和带薪学习假都是可以按年份累计的，如果当年没有用，可以累计到下一年。

由于需要长期在计算机前工作，为了防止劳累，企业给员工配备的都是价值 1 万元以上的功能型办公椅。企业还聘请了一位专门的按摩师，给员工做按摩和放松。另外，你的这个岗位工作满 7 年之后，还会提供股权激励计划。

我刚才说的还只是在你没有提升等级的情况下，企业每年会根据绩效情况进行等级提升，每提升一个等级，薪酬福利大约会提升 10%，企业每年会有 30% 的人提升一个等级；有 10% 的人会提升 2 个等级。

按常理来说，候选人期望年薪 30 万元，但是企业只能够提供的基本年薪是 20 万元，候选人应该不会选择这家企业，但是当他听完了这一系列能够量化和不量化的整体薪酬之后，他很可能还是会选择这个基础年薪看起来比较少的企业。

另外，我们也可以注意候选人比较关注什么。如果可能的话，我们可以考虑给他们一些比较个性的福利。比如，有的候选人对培训和学习的机会非常看重，他期望接受某学校的在职教育，同时自己每年都能够得到一些固定的培训。这些培训和学习费用不一定需要企业承担，但是期望企业能批准他的假期，或者批准他带薪完成这些学习和培训。如果我们薪酬给不到，但是又特别想获得这个人才，就可以考虑满足他的个性化要求。

5.3 招聘选拔后的人力成本管控

在招聘选拔工作完成之后，对招聘成本管控工作的重点是本着复盘、评估、分析和改进的原则，从招聘费用统计环节、招聘渠道效率环节、招聘成本分摊环节、招聘质量评估环节4个方面。

5.3.1 招聘费用统计方法

招聘的费用可以包括以下内容。

（1）招聘成本中包含的费用（招聘人员的交通费、住宿费、餐饮费、宣传材料费、广告费等）。

（2）选择成本中包含的费用（测评环节的费用、笔试环节的费用、面试环节的费用等）。

（3）录用成本中包含的费用（录用手续费、路途补助费、调动补偿费等）。

（4）安置成本中包含的费用（人力资源部安置人员所损失的时间成本和录用部门负责人员安置相关人员所耗费的时间成本等）。

统计记录招聘费用时，要本着客观、真实、全面、有效的原则。对招聘费用的记录和汇总工具，如表5-5所示。

表5-5　招聘费用记录和汇总表

招聘渠道	招聘成本			选择成本			录用成本			安置成本			费用合计
	A费用	B费用	……	A费用	B费用	……	A费用	B费用	……	A费用	B费用	……	
A渠道													
B渠道													
C渠道													
D渠道													
……													
总计													

5.3.2 招聘渠道效率分析

因为招聘效率与招聘渠道之间有较强的关联性，所以招聘费用以某种招聘渠道为单位来统计，能够计算不同渠道的招聘效果。对招聘费用和招聘效果的分析，可以用到招聘渠道费用—效果分析表，如表5-6所示。

表 5-6　招聘渠道费用—效果分析表

列1	列2	列3	列4	列5	列6	列7	列8	列9	列10	列11	列12
招聘渠道	费用合计（元）	基层岗位		基层管理岗位		中层管理岗位		高层管理岗位		总招聘人数	平均每人招聘费用（元）
		招聘人数	贡献度	招聘人数	贡献度	招聘人数	贡献度	招聘人数	贡献度		
A 渠道	100 000	0	0.0	6	0.2	4	0.2	2	1.0	12	8 333
B 渠道	50 000	22	0.1	10	0.3	6	0.3	0	0	38	1 316
C 渠道	20 000	31	0.2	11	0.4	7	0.4	0	0	49	408
D 渠道	10 000	100	0.7	3	0.1	1	0.1	0	0	104	96
总计	180 000	153	1	30	1	18	1	2	1	203	887

招聘渠道费用—效果分析表的每一横排是招聘渠道第1列和第2列，分别代表着招聘渠道和这种招聘渠道在一段时间内的费用。这里的一段时间一般是以年为单位，有月度或季度分析需求的，可以以月度或季度为单位。除非是遇到某类招聘项目需求，否则不建议采取更短的周期。

第3列到第10列是按照岗位层级划分岗位类型的招聘人数和招聘贡献度的分析。根据分析的需要，也可以按照岗位的属性划分。需要注意，岗位类别的划分一定要完整，也就是要包含整个企业的所有岗位，不要有遗漏，目的是计算出第11列的总招聘人数，也就是对前面所有岗位类别招聘人数的加和。

第12列的人均招聘费用，是用第2列的招聘费用除以第11列的总招聘人数，表明利用该种招聘方式平均每招聘一名人才所需要的费用。

从第12列的数据可以看出，A渠道是人均招聘费用最高的招聘方式，这个时候，还不能马上做出判断。通过观察，我们发现A是唯一能够满足高层管理岗位招聘需求的招聘渠道。所以即使人均的招聘费用高，考虑到高层管理岗位的特殊性，也是可以理解的。

再看B渠道和C渠道，从不同层级的招聘人数结果来看，C渠道的招聘数量都比B渠道略高一些，但是C渠道的总费用和人均招聘费用却远低于B渠道。这里的岗位需求只考虑层级这一个维度，没有考虑在这些层级内部可能有一些岗位具备一定的特殊性和稀有性，而且对企业的重要性很高。

如果B渠道能够招聘到这一类岗位，而C招聘渠道却做不到的话，那么只能说C渠道比B渠道更经济，而不能简单地说C渠道比B渠道更有效。

可如果B渠道和C渠道招聘的都是一般的通用岗位，没有稀缺性、特殊性或其他问题，那么可以说C渠道与B渠道相比既经济又有效。得出这个结论后，我们在下一年的招聘渠道选择时可以减少B渠道的招聘费用投入。做到降低招聘费用，提高招聘效率。

为什么不把D渠道一起纳入进来和B、C两种渠道比较呢？因为D渠道的成本更低，招聘到的人才更多。

从招聘人员的总数看，确实 D 渠道比 B、C 两种渠道招聘到的人才都多，但从岗位层级看，D 渠道招聘基层管理岗位和中层管理岗位的效果远不如 B、C 两种渠道，但是 D 渠道在招聘基层岗位方面的效果较好。

对于招聘渠道费用—效果分析表的分析工作可以更细致一些，比如加入过程分析，但加入过程分析之后，会带来管理成本的增加，而且会让分析过分复杂，不容易聚焦形成结论和行动改善的方案。所以如果不是招聘规模大到一定程度或者管理要求高到一定程度的企业，没必要分得太细。

5.3.3　招聘成本分摊方法

做好招聘成本记录的目的，不仅是用作统计分析，还可以作为分摊招聘成本的依据。招聘成本登记表如表 5-7 所示。

表 5-7　招聘成本登记表

招聘项目	招聘需求部门	招聘时间	参与部门	招聘费用	招聘项目负责人	需求部门负责人	备注

有的企业为了增加各部门的人力成本意识，会将招聘成本分摊到各部门，这种做法本身没有问题。但是在分摊招聘成本的时候要注意，如果把整个招聘渠道的费用分摊到单次的招聘需求或者某子企业/部门上，则是不严谨的。

分摊到各部门的招聘成本一般是以各部门的招聘员工为基数，与该岗位每位员工的平均招聘成本相乘，计算出各部门的招聘成本。

某部门招聘成本 = 某部门的招聘满足的员工数 × 每位员工的平均招聘成本。

我们可以按照计算结果编制招聘成本分摊表，如表 5-8 所示。

表 5-8　招聘成本分摊表

月份	A 部门	B 部门	C 部门	D 部门	E 部门	……	合计
20××年 1 月							
20××年 2 月							
20××年 3 月							
……							
合计							

招聘成本登记表和招聘成本分摊表一般按月编制。每月的招聘成本登记表和招聘成本分摊表由人力资源总监审核，报各部门负责人确认后，于月底前报财务部审核并备案。财务部依据招聘成本登记表和招聘成本分摊表对招聘成本做账。

5.3.4 招聘质量评估方法

招聘人才的质量决定了招聘选拔工作的最终质量。有的时候招聘选拔的成本虽然低，但是最终上岗的人才质量却不高，这时候同样会带来人力资源管理效率的低下，造成其他成本的增加。

所以我们需要对招聘人才的情况进行评估。评估方式一般是对未转正的新员工，在个人品质、行为态度、业务能力和工作成效方面等进行跟踪和测试，以此来评估招聘人才的质量，评估工具如表 5-9 所示。

表 5-9　新员工评估表

姓名	个人品质（20分）	行为态度（20分）	业务能力（30分）	工作成效（30分）
	正面：品行端正、以身作则、责任心强、言行一致、坚持原则、具备团队精神和奉献精神等；负面：言行不一、推卸责任、个人主义等	正面：爱岗敬业、顾全大局、遵纪守法、积极主动、勇于创新、勇于担当等；负面：投机取巧、不按时上班、消极怠工、无故离开工作岗位等	正面：精通业务、有领导力和执行力、有沟通协调能力、有逻辑思维能力、工作思路清晰、有学习能力和理解能力、有创新能力等；负面：眼高手低、好高骛远、缺乏沟通能力、不思进取等	正面：实现部门价值、与其他部门密切配合、决策准确、合理分工等；负面：只顾自己、不配合其他部门工作、无法按时保质保量地完成工作任务等
张三				
李四				
王五				
评估结果的总分为100分。评估结果低于60分为不及格，60～85分为良好，85分以上为优秀。				

如果发现某个时期、某个企业、某个部门或者某位招聘专员招聘人才的质量普遍较高，应当分析其原因，总结成功的经验，尝试对人才招聘质量较低的企业/部门/专员加以应用。当人才招聘的质量普遍较低时，则应当查找和分析原因。

人才招聘质量较低的原因可能包括如下几个。

● 岗位实际需求与岗位发布信息不符；
● 简历筛选、人才测评或面试的专业性较差；
● 背景调查的工作质量较低；
● 招聘人员的工作态度或专业能力较差。

疑难问题

如何快速精准满足招聘需求

很多企业会出现某个岗位招聘需求比较急的情况，希望在短时间内满足岗位用人需求，实现快速精准招聘，但又不想为此付出较高的成本。这时候可以用到的方法有三种。

1. 社群

利用社群进行精准招聘是目前最简单易行、针对性最强、有效性极高的招聘形式。因为社群是某个行业、某种职业或者有某种爱好的人组成的。比如机械行业有机械行业相关的社群，化工行业有化工行业的社群。如果我们要重点招聘的人才就在这个行业内，不妨可以通过这种方式进行宣传，往往有奇效。

比如我认识一位做人力资源的社群的群主，他的社群里有3 000多人力资源管理人员，社群定期举办线上和线下活动，具备较强的社群黏性。当我有人力资源管理人员的招聘需求时，只要在他的社群里发布信息，从发招聘信息到人才入职，大约只需要3天的时间。

很多人力资源管理人员不知道到哪里找专业性社群。找专业性社群的关键在于要主动，一方面要主动和专业人才交流，另一方面要主动深入专业人才聚集的线上或线下渠道。

另外，社群不一定要加入别人的，自己也可以主动建立社群。很多负责招聘的人力资源管理人员不愿意守株待兔，会主动建立各类社群，通过发布一些相关专业领域的免费资料，就可以吸引很多相关专业的人才入群。

2. 搜索

如果不会利用社群，也可以尝试使用招聘网站的简历搜索功能，在很多招聘网站上能够快速、精准地获取到人才简历。不过运用这种方法的前提是企业购买了足够的招聘网站下载简历的权限，才能看到筛选出来的候选人的联系方式。

建议不要用网站自带的选择性条件去过滤简历。因为这样筛选出来的简历数量太多，通常与企业岗位的契合程度比较低，可能还需要花费大量的时间做进一步筛选。比较好的方式，是通过设置关键词搜索简历。

可以使用的关键词包括岗位名称、岗位涉及的职责或者职能、行业的类别、项目的名称、软件的名称、一些技能的名称等。如果一个关键词不够，可以多试几个关键词，也可以把两个或者三个关键词放在一起搜索，这样定向性更高。

3. 人际关系

如果通过社群和网站搜索都没有找到合适的人才，还有一种方法，就是利用个人的人际关系网络。如果恰好认识的另一家企业的相关负责人也在招聘类似的岗位，假如他们的招聘需求已经满足了，我们可以向他们索取面试未录用的候选人相关信息。

这种方法的好处是可以一并了解相关负责人对这些候选人的评价，说不定这位负责人还能直接推荐。

第6章

如何在培训发展层面
管控人力成本

培训发展过程中不只有看得见的成本，还包括很多看不见的成本。看得见的成本指的是培训相关经费的使用情况，看不见的成本是培训管理人员在运营培训的时候，因为培训效率较低、培训效果较差而产生的管理成本。

6.1 培训预算方面的人力成本管控

很多人都认为在员工培训教育上的投入是企业最有价值的投入，但这种投入是否能真正产生价值还要依赖于企业对培训预算的管控质量。培训预算是培训管理实施的资金支持，是培训成本管控中最直接的环节。对培训预算使用情况的管控，能够提高培训经费的使用效率，提升培训经费的投资回报率。

6.1.1 职工教育经费管控方法

员工在企业工作，不但有取得劳动报酬的权利，还有接受培训和教育的权利，这时候企业要用到职工教育经费。职工教育经费指的是企业按照员工工资总额的一定比例提取的用于职工教育事业的费用，是企业为了让员工提高技能水平、学习先进技术、提高文化水平、为企业提高绩效而支付的费用。

《关于企业职工教育经费提取与使用管理的意见》（财建〔2006〕317号）中的有关规定如下。

二、进一步明确企业职工教育培训的内容和要求

（一）企业职工教育培训的主要内容有：政治理论、职业道德教育；岗位专业技术和职业技能培训以及适应性培训；企业经营管理人员和专业技术人员继续教育；企业富余职工转岗转业培训；根据需要对职工进行的各类文化教育和技术技能培训。

（二）企业要强化职工教育和培训，突出创新能力和技能培养，加大高技能人才培养力度，鼓励职工岗位自学成才，切实提高职工技能素质，提升职业竞争力。

三、切实保证企业职工教育培训经费足额提取及合理使用

（一）切实执行《国务院关于大力推进职业教育改革与发展的决定》（国发〔2002〕16号）中关于"一般企业按照职工工资总额的1.5%足额提取教育培训经费，从业人员技术要求高、培训任务重、经济效益较好的企业，可按2.5%提取，列入成本开支"的规定，足额提取职工教育培训经费。要保证经费专项用于职工特别是一线职工的教育和培训，严禁挪作他用。

（二）按照国家统计局《关于工资总额组成的规定》（国家统计局1990年第1

号令），工资总额由计时工资、计件工资、奖金、津贴和补贴、加班加点工资、特殊情况下支付的工资等六个部分组成。企业应按规定提取职工教育培训经费，并按照计税工资总额和税法规定提取比例的标准在企业所得税税前扣除。当年结余可结转到下一年度继续使用。

（三）企业的职工教育培训经费提取、列支与使用必须严格遵守国家有关财务会计和税收制度的规定。

（四）职工教育培训经费必须专款专用，面向全体职工开展教育培训，特别是要加强各类高技能人才的培养。

（五）企业职工教育培训经费列支范围包括：

1. 上岗和转岗培训；

2. 各类岗位适应性培训；

3. 岗位培训、职业技术等级培训、高技能人才培训；

4. 专业技术人员继续教育；

5. 特种作业人员培训；

6. 企业组织的职工外送培训的经费支出；

7. 职工参加的职业技能鉴定、职业资格认证等经费支出；

8. 购置教学设备与设施；

9. 职工岗位自学成才奖励费用；

10. 职工教育培训管理费用；

11. 有关职工教育的其他开支。

（六）经单位批准或按国家和省、市规定必须到本单位之外接受培训的职工，与培训有关的费用由职工所在单位按规定承担。

（七）经单位批准参加继续教育以及政府有关部门集中举办的专业技术、岗位培训、职业技术等级培训、高技能人才培训所需经费，可从职工所在企业职工教育培训经费中列支。

（八）为保障企业职工的学习权利和提高他们的基本技能，职工教育培训经费的60%以上应用于企业一线职工的教育和培训。当前和今后一个时期，要将职工教育培训经费的重点投向技能型人才特别是高技能人才的培养以及在岗人员的技术培训和继续学习。

（九）企业职工参加社会上的学历教育以及个人为取得学位而参加的在职教育，所需费用应由个人承担，不能挤占企业的职工教育培训经费。

（十）对于企业高层管理人员的境外培训和考察，其一次性单项支出较高的费用应从其他管理费用中支出，避免挤占日常的职工教育培训经费开支。

（十一）矿山和建筑企业等聘用外来农民工较多的企业，以及在城市化进程中接受农村转移劳动力较多的企业，对农民工和农村转移劳动力培训所需的费用，可从职工教育培训经费中支出。

四、企业职工教育培训经费的补充

（一）企业新建项目，应充分考虑岗位技术技能要求、设备操作难度等因素，按照国家规定的相关标准，在项目投资中列支技术技能培训费用。

（二）企业进行技术改造和项目引进、研究开发新技术、试制新产品，应按相关规定从项目投入中提取职工技术技能培训经费，重点保证专业技术骨干、高技能人才和急需紧缺人才培养的需要。

（三）企业工会年度内按规定留成的工会经费中，应有一定部分用于职工教育与培训，列入工会预算掌握使用。

五、加强职工教育培训经费的管理

（一）建立健全企业职工教育培训经费提取和使用的规章制度，严格按照规定范围和控制额度开支。企业的经营者应确保本企业职工教育经费的提取与使用。

（二）企业职工教育培训主管部门要根据职工教育与培训计划合理安排职工教育培训经费使用，大型企业集团提取的职工教育培训经费可与二级单位（或二级法人单位）划分一定的比例分别管理与使用。

（三）鼓励各企业建立职工个人学习与培训账户制度，采取单位、个人、工会共同向账户注资方法，支持职工个人学习与培训，并建立学习档案，完整记录职工学习与培训的情况。

（四）对自身没有能力开展职工培训，以及未开展高技能人才培训的企业，应按照《意见》要求，由县级以上地方人民政府对其职工教育培训经费实行统筹，由劳动保障等部门统一组织培训服务。

六、完善经费提取与使用的监督

（一）企业工会应当积极组织开展"创建学习型组织，争做知识型职工"活动，切实维护职工的学习权利，督促企业履行对职工的培训义务，并依据已签订的集体合同中有关职工教育培训的条款参与监督企业职工教育培训经费的提取与使用。

（二）企业职工代表大会或职工大会、企业审计等有关部门要分别履行监督企业提取与使用职工教育培训经费的职责。

（三）企业应将职工教育培训经费的提取与使用情况列为厂务公开的内容，向职工代表大会或职工大会报告，定期或不定期进行公开，接受职工代表的质询和全体职工的监督。

（四）各级劳动保障、审计部门要加强对企业职工教育培训经费提取与使用情况的监督，引导企业落实职工培训特别是高技能人才培训任务。

（五）充分发挥公众舆论依照国家有关法律法规实施监督的作用，促进企业按要求承担职工教育与培训义务。

《关于企业职工教育经费税前扣除政策的通知》（财税〔2018〕51号）中的有关规定。

企业发生的职工教育经费支出，不超过工资薪金总额 8% 的部分，准予在计算企业所得税应纳税所得额时扣除；超过部分，准予在以后纳税年度结转扣除。（2018年 1 月 1 日起执行）

6.1.2　职工教育经费监督考核

企业要贯彻对职工教育经费的合理及高效使用，让职工教育经费能够用到实处，真正发挥职工教育经费的作用，需要建立有效监督管理职工教育经费的管理机制，并对职工教育经费的使用情况实施考核。

1.职工教育经费使用的监督部门

对职工教育经费的使用情况实施监督的部门一般包括财务部、审计部、监察部、风险控制部、人力资源部等。企业可以根据管理情况，成立职工教育经费监督管理委员会，由高层管理者、各监督部门负责人及相关工作人员组成。

2.职工教育经费使用的监督流程

（1）各子企业、各部门应当制订职工教育经费使用计划，并按照企业的管理审批权限审批该计划。各子企业、各部门应当按照职工教育经费的使用计划使用经费，并建立支出的明细账。

（2）各子企业、各部门每月/每季度应向本企业职工教育经费的相关监督部门汇报职工教育经费的使用情况。对成立职工教育经费监督管理委员会的企业，相关监督部门也应阶段性地向职工教育经费监督管理委员会汇报对职工教育经费的监督和检查工作开展情况。

（3）企业各监督部门相关工作人员应当建立对职工教育经费的定期监督和检查工作制度。监督和检查工作应当有计划、有目标、有策略地实施。对可能出问题的环节实施有重点、高频率的监督检查。

3.职工教育经费使用应注意的问题

（1）一般来说，职工教育经费由各部门根据拟实施的培训项目经费进行预算，由人力资源部统一收集汇总，并报企业相关管理层审议之后，列入企业的培训计划和培训经费预算，形成职工教育经费的预算。

（2）由于经营环境变化，企业经营管理模式调整，难免会产生培训计划之外的新的培训项目需求，这时候应由相关部门提出书面申请，由人力资源部或其他监督部门核准，经过企业审批程序后实施。

（3）由企业统一组织的职工教育经费内的培训，以审核批准之后的经费预算为限额。如果出现实际参加人数和培训时间与原计划不符的情况，相应的费用应在原预算中进行调整，并注明变化的具体原因。

4.职工教育经费的使用列入绩效考核中

（1）企业应把职工教育经费的提取和使用情况列入相关部门的绩效考核内容，同时也作为对人力资源管理部门工作的考核内容之一。

（2）将克扣、挪用、侵占、贪污职工教育经费的行为列入企业的严重违纪情况。一旦发生，企业要对子企业或各部门的负责人视情节轻重给予严肃处理。如果行为构成犯罪的，应移交司法部门处理，由司法部门追究其刑事责任。

（3）对职工教育经费使用得当、取得良好的效果、培训的投入产出较好的子企业或部门，企业应当给予其相应的通报表扬或采取一定的奖励措施。

6.1.3 培训预算编制管控方法

培训发展层面的费用如果按照人力资源开发成本划分，可以分成如下内容。

（1）岗前培训成本（对新员工培训需要付出的资料费用、设备使用或折旧费用、新员工的劳动费用等）。

（2）在岗培训成本（对员工在岗期间进行培训付出的资料费用、设备使用或折旧费用、员工接受培训时间的劳动费用等）。

（3）脱岗培训成本（对员工离岗企业需要付出员工的劳动费用、脱岗培训的费用、可能的岗位空缺产生的损失等）。

培训发展层面的费用如果按照培训管理体系的组成以及培训管理流程划分，可以分成培训软件费用和培训硬件费用。

培训软件费用包括培训讲师费用（外部讲师费用、内部讲师费用）、培训差旅食宿费用（培训讲师及参训人员的交通费、住宿费、餐费等）、虚拟培训教材费用（电子教材制作费、数据获取费用、网络教育费用等）、工资费用（培训学员的人力成本等）。

培训硬件费用包括培训场地费用（租赁费用、折旧费用等）、培训设备费用（购置费用、折旧费用、文具费用、教具费用）、实体培训教材费用（书籍费用、教材印刷费用等）。

不同的培训项目对应着不同的培训费用，这些费用在实施之前，应当经过企业各层级的审批。培训预算项目审批表如表6-1所示。

表6-1　培训预算项目审批表

培训项目	培训软件费用				培训硬件费用		
	讲师费用	食宿交通费用	虚拟教材费用	工资费用	场地费用	设备费用	实体教材费用
A							
B							

续表

培训项目	培训软件费用				培训硬件费用		
	讲师费用	食宿交通费用	虚拟教材费用	工资费用	场地费用	设备费用	实体教材费用
C							
培训费用合计							
副总经理意见							
人力资源部意见							
总经理意见							

年度培训项目预算审批一般在每年 12 月底之前进行。月度培训项目预算审批一般在每月 25 日之前进行。

为了有效管控培训费用预算及其使用，企业对不同的员工应当制定不同的培训费用预算标准，如表 6-2 所示。

表6-2 培训费用预算标准

培训对象	培训软件费用标准				培训硬件费用标准		
	讲师费用	食宿交通费用	虚拟教材费用	工资费用	场地费用	设备费用	实体教材费用
新员工							
员工级							
主管级							
经理级							
总监级							
副总级							

为有效地管控成本，针对不同的培训项目，应当采取不同的培训软件需求标准，如表 6-3 所示。

表6-3 培训软件需求

培训项目	讲师需求	课程需求	差旅需求	时间需求	……
A					
B					
C					

针对不同的培训项目，应当采取不同的培训硬件需求标准，如表 6-4 所示。

表6-4 培训硬件需求

培训项目	场地需求	教材需求	教具需求	设备需求	……
A					
B					
C					

统计培训费用时，对培训各项费用的统计如表6-5所示。

表6-5 培训费用统计表

培训对象 / 培训项目	培训软件费用				培训硬件费用		
	讲师费用	食宿交通 费用	虚拟教材 费用	工资费用	场地费用	设备费用	实体教材 费用
A							
B							
C							

有时候为使让培训费用统计更清晰，可以将培训费用统计表中的培训费用设计得更详细，也可以把不同的培训软件费用或培训硬件费用分别统计。

6.1.4 培训讲师费用管控方法

培训讲师是最稀缺、最核心的培训资源，是培训管理体系中最重要的资源。即使没有场地，没有设备，没有课件，没有资料，没有经费，只要有一位优秀的培训讲师，也能实现一场有效的培训。可如果没有培训讲师，即使场地、设备、课件、资料、经费都很充足，培训也做不成。培训讲师资源的质量，决定了整个培训管理体系中资源层面的质量。

企业可以通过两条途径招聘培训讲师。一条途径是通过内部开发，包括专职培训师、优秀的部门主管、专业技术人才、骨干员工、中高层管理者、拥有某项技能的兴趣爱好者等；另一条途径是通过外部聘请，包括培训机构或咨询企业的专业讲师、行业标杆企业的兼职讲师、某领域的专家或学者、高校教师、长期稳定合作的大型供应商或客户提供的讲师资源等。

企业对内部的兼职和专职培训讲师应当实施分级管理，不同级别的培训讲师，按照是否在工作时间授课，应当采取不同的课时费用，并形成内部兼职/专职培训讲师课时费标准，如表6-6所示。

表6-6 内部兼职/专职培训讲师课时费标准表

内部兼职/专职讲师类别	等级	工作时间课时费（元/小时）	非工作时间课时费（元/小时）
助理培训师	1级	a	A
初级培训师	2级	b	B
中级培训师	3级	c	C
高级培训师	4级	d	D

在编制内部兼职/专职讲师课时费标准时应当注意如下事项。

（1）为了鼓励培训讲师培训授课的积极性，一般来说，非工作时间的课时费应当大于工作时间的课时费。培训课程不一定需要全部安排在培训讲师或培训学员的工作时间，有时候安排在非工作时间，虽然在讲师费和其他方面会增加部分成本，但是在企业整体效率的考量之下，可能反而能够节省成本。

（2）为了节省培训成本，可以规定在某些情况下，对于内部的兼职或专职讲师无课时费。比如新产品或新业务推广时，相关培训属于其岗位职责范围时，担任本部门新员工培训的讲师时等。

对于外部培训讲师，同样应当实行分级管理，并定义不同级别的具体含义。与企业内部兼职/专职培训讲师的课时费不同的是，外部培训讲师的课时费通常受市场环境条件制约，不能完全按照企业定义的标准，但为规范管理，课时费的范围也不宜过大。

外部培训讲师费用标准如表6-7所示。

表6-7 外部培训讲师费用标准表

外部培训师级别	等级	培训师级别定义	参考费用标准
一般讲师	1级	一般的咨询顾问、一般高校副教授级及以下的教师、在某专业领域具备5年左右经验者	A ~ B
资深讲师	2级	资深咨询顾问、一般高校教授级教师、一般规模企业副总裁、在某专业领域具备10年以上经验者	C ~ D
专家讲师	3级	高级咨询顾问、重点高校教授级教师、知名规模企业副总裁及以上高管、在某专业领域具备15年以上经验者	E ~ F
资深专家讲师	4级	高级咨询专家、知名企业家、著名商学院教授、某领域全国排名前十的专家	G ~ H

6.1.5　食宿交通费用管控方法

培训过程中住宿费用、餐费、交通费同样是培训中比较大的费用支出。一般来说，在达到培训目的的前提下，应当尽量节省培训过程中的费用开销。

对培训过程中住宿费用、餐费、交通费的管理应当制定固定的标准。培训地点在企业宿舍或餐厅的，按照当地宿舍的租金或餐厅的餐费标准执行。培训地点不在企业宿舍或餐厅的，应当制定住宿和用餐标准。

交通费一般是对公交车、出租车、长途汽车、地铁、轮渡、高铁、动车、飞机等交通工具选择的规定。这里需要注意，交通工具的选择不是越便宜越好，也不是级别越低的员工就一定要选择便宜的交通工具，而应当是效率越高越好。

案例

某企业规定普通员工出差不得坐飞机，只能坐高铁二等座，而且在城市中的出行只能使用公共交通工具，不得乘出租车。该企业某普通员工从A城市到B城市出差，期间要在B城市办理各项业务。

如果乘坐飞机出行，购买特价机票来回往返总费用为1 200元（含机场大巴来回交通、燃油附加费等其他费用），来回的总行程需要10小时；如果乘坐高铁出行，来回往返的总费用为800元，来回的总行程需20小时。

B城市没有地铁，公共交通方式只有公交车一种。该员工在B城市办理业务时，如果全部乘坐公交车，总费用需要40元，用在交通上的时间大约有20小时；如果全部乘坐出租车，总费用则需要300元，用在交通上的时间大约有4小时。

算上来回的行程和在B城市办理业务的过程，如果该员工可以乘坐飞机和出租车，他将花费的交通费约为1 500元。他整个出差行程前后仅需要2天时间；该员工乘坐高铁和公共交通（公共汽车），交通费约为840元。他整个出差行程前后需要4天时间。

表面上看，这个员工乘坐高铁和公共交通能够为企业节省660元（1 500 — 840），但是他出差任务需要多花费2天的时间才能完成。

假设该普通员工的人力成本总额为10万元／年，按照他每年出勤250天计算。该员工每天的人力成本为400元，2天的人力成本为800元。

虽然该员工节省了660元的交通费，却花费了800元的人力成本，也就是表面上企业省钱了，实际上企业多付出了140元的成本。而且该员工如果能节省2天的出差时间，用在其他工作上，可能会为企业创造更大的价值，即这里损失的不仅是140元，还存在机会成本。

企业制定培训食宿交通费用标准的时候，可以考虑培训讲师和培训学员采用不同的标准；培训讲师的内外部区别、培训讲师不同的级别、参训学员不同的级别采用不同的标准；不同的城市采用不同的标准。培训食宿交通费用标准如表6-8所示。

表6-8　培训食宿交通费用标准表

类别 1线城市		住宿费				餐费				交通费
		2线 城市	3线 城市	其他 城市	1线 城市	2线 城市	3线 城市	其他 城市		
外部培 训讲师	1级									
	2级									
	3级									
	4级									
内部培 训讲师	1级									
	2级									
	3级									
	4级									
参训 学员	1级									
	2级									
	3级									
	4级									

6.2　培训运作方面的人力成本管控

培训运作的质量对人力成本有着重要的影响。较低质量的培训运作能在无形之中增加培训的管理成本，而高质量的培训运作能够有效减少管理成本，提高培训效率。

6.2.1　外派员工培训管理流程

企业派员工外出参加培训，首先由员工本人填写外出培训申请表，如表6-9所示。

表6-9　外出培训申请表

申请日期：　　年　月　日

申请人		所在企业	
所在部门		所在岗位	
培训内容		申请事由	
培训机构		培训时间	
培训地点		培训费用	
直属领导意见		部门负责人意见	
人力资源部意见		总经理意见	

外出培训申请表由相关的审批人全部审批通过后，在人力资源部备案。对于设置了相应审批权限的企业，参考本企业审批权限设置签批的流程。审批通过后，员工方可以外出参加培训。

根据企业的规定，当每人次的培训费用超过一定金额时，参训员工需要和企业签署服务协议，未满服务期离职的，须按照协议处理。

外出培训结束后，一般应在回到企业一周的时间内，参训员工要填写外出培训记录表，如表6-10所示。

表6-10　外出培训记录表

填表日期：　　年　月　日

参训人员		所在企业	
所在部门		所在岗位	
培训课程		培训机构	
培训时间		培训地点	
培训内容：			
培训资料：			
培训收获及感想：			
直属领导审阅		部门负责人审阅	
人力资源部审阅		总经理审阅	

外出培训记录表应报人力资源部，作为参加外训员工的资料保存。在提交外出培训记录表的同时，参训员工要在一周内把培训相关的纸质或电子版资料交到人力资源部存档。一般回到企业的两周之内，要把培训内容向企业相关人员进行分享。

企业承担培训费用的，员工在培训结束之后如果有结业证、资格证或者其他证明材料的，应把原件交人力资源部统一存档。人力资源部可以在员工签署的培训协议的服务期满后，将相关证书原件交还外派参训员工。

有时候，企业为了提升员工的综合素质和学历层次，会鼓励有发展前途和学习潜力的干部或员工在岗期间接受继续学历教育，鼓励员工参加国家职业资格认定学习。这时候，同样可以按照外派员工培训管理流程实施。由企业承担培训费用的，达到一定金额标准后双方签署培训协议，有证书的企业同样应当对证书原件进行统一保管。

6.2.2　如何设计培训服务协议

《中华人民共和国劳动合同法》（2012年12月28日修正）的有关规定如下。

第二十二条　用人单位为劳动者提供专项培训费用，对其进行专业技术培训的，可以与该劳动者订立协议，约定服务期。

劳动者违反服务期约定的，应当按照约定向用人单位支付违约金。违约金的数额不得超过用人单位提供的培训费用。用人单位要求劳动者支付的违约金不得超过服务期尚未履行部分所应分摊的培训费用。

用人单位与劳动者约定服务期的，不影响按照正常的工资调整机制提高劳动者在服务期期间的劳动报酬。

培训服务协议是从法律角度约束参训后的员工行为，是保护企业合法权益的工具。如果企业付出了大量的时间、投入了大量的培训资源培训的员工离职，这不仅是企业的损失，同时也很可能为竞争对手节省了培训资源，提供了素质和能力较强的人才。

如何预防企业投入了大量培训资源重点培养的员工离职，成了许多企业需要解决的一大难题。除了情感、文化、薪酬、福利等这些常用的留人手段之外，从培训管理的角度来说，可以与参训人签订培训服务协议，格式模板如下。

培训服务协议

甲方：_____　　经营地址：_____

乙方：_____　　身份证号：_____

家庭住址：_____　　联系电话：_____

甲乙双方经友好协商，就乙方在甲方工作期间，关于乙方培训事项达成如下协议。

1. 培训内容：＿＿＿＿＿＿＿＿＿＿＿＿＿＿＿＿＿＿＿＿＿＿＿＿＿＿＿

2. 培训方式：＿＿＿＿＿＿＿＿＿＿＿＿＿＿＿＿＿＿＿＿＿＿＿＿＿＿＿

3. 培训费用：指甲方为乙方培训所实际支出的全部费用。

本次培训费用数额为：＿＿＿＿＿元。培训费用包括但不限于培训场地费用、师资费用、学费、教材费、食宿费（包括培训师资人员和乙方）、交通费、考试报名费、培训期间向乙方支付的工资以及因培训产生的用于乙方的其他直接费用。

4. 服务期限

甲方选派乙方参与培训的，乙方服务期自培训期满之日起开始计算，培训费每增加 1 000 元，服务期相应增加 1 个月。合同期限内连续培训或者多次培训，服务期可累加。通过本条确定的服务期限，如果短于双方劳动合同期限，以双方劳动合同期限为服务期限；如果长于双方劳动合同期限，则双方劳动合同期限延长至服务期限截止之日。

5. 甲方的权利、义务

（1）甲方有承担培训费用的义务，但本协议和甲方规章制度另有规定的除外。

（2）因乙方的原因导致劳动合同解除或提前终止的，乙方应赔偿甲方支出的培训费用；给甲方造成其他损失的，甲方有权要求其赔偿实际损失。

（3）甲方有权选择培训的内容、方式、地点、人员、时间等。

（4）甲方在培训结束后，有权根据培训内容以及甲方经营之需要，调整乙方的工作岗位。培训结束后乙方应将培训证书原件交给甲方。

（5）服务期未满擅自解除劳动合同或无甲方书面同意而擅自离职，乙方需赔偿甲方支出的培训费用。赔偿培训费用的计算方式为：

培训费用总额 − [（培训费用总额 ÷ 服务期限）× 乙方实际服务时间]。

培训期间乙方辞职的，也视为违反服务期限约定。

6. 乙方的权利、义务

（1）乙方享有要求甲方依照本协议约定承担相关培训费用的权利。

（2）在培训期间，乙方应当遵守甲方、培训方的规章制度，认真完成培训任务并取得培训合格的证明材料。培训方提供合格证明而乙方未能取得的，甲方有权要求其重新参加培训并且乙方应承担当次培训的费用。

（3）在培训期间，维护甲方的声誉、利益和自身安全。

（4）非工作地点培训结束后，乙方应当于合理期限内返回工作地点参加工作，否则视为旷工。

（5）乙方取得证书的须交由甲方存档。

甲方（盖章）：　　　　　　　乙方（签字）：

　　年　月　日　　　　　　　　　年　月　日

另外，最好在本协议后附上本次培训的费用清单。

6.2.3　如何约定培训服务期限

培训服务期协议中最重要的是对培训服务期的规定。为了保证用工安全，一般来说，企业应当与发展前景较好的、有必要培训的优秀员工约定培训服务期。

1. 如何约定培训服务期

企业在与劳动者订立和履行培训服务期协议时应当格外注意服务期长度的设置。关于用人单位应该与受训员工约定多长时间的服务期，要基于用人单位的实际情况来决定。员工离职率高的企业可以将培训服务期约定得长一些，反之则可以短一些。根据一般的跳槽周期预估，一般培训服务期约定在 3～5 年为宜，最好不要超过 10 年。

2. 如何处理服务期与劳动合同期限不一致

有企业认为，服务期长于劳动合同期限才会出现法律风险，如果服务期短于劳动合同期限，则无须做特别的规定。其实不然。服务期与劳动合同期限是两个不同的概念。

一般来说，服务期是单方面约束员工的，相应的违约责任也主要是针对劳动者；而劳动合同是同时约束用人单位和劳动者双方的，法律义务则更多的在用人单位一方。即使是签订无固定期限的劳动合同，也应该约定服务期。

因为劳动合同对用人单位的约束比对员工的约束更严格，员工只要提前 30 天以书面形式提出，便可以解除劳动合同。因此，只有约定了服务期，才能够有效地保护用人单位的权益，在一定程度上限制劳动者解除合同的权利，对用人单位来说是有利的。

鉴于我国《中华人民共和国劳动合同法》（2012 年 12 月 28 日修正）对书面劳动合同的严格要求，如果劳动合同届满而服务期未届满，此时用人单位应当与劳动者续签劳动合同。当然，如果双方愿意，也可以在劳动合同中表明，如果劳动合同期限早于服务期限，劳动合同期限自动延长至服务期限。

6.2.4　如何合理管控培训物资

培训实施的过程中需要用到很多低值易耗品，如果不好好管理，可能会在培训物资上投入过多。对于培训经费有限的企业来说，如果费用被过多用于硬件，则软件上的应用必然会相应减少。所以为了更好地实施培训管理，培训管理人员需要妥善管理培训物资。

不同的培训需要用到的物资是不同的，选择培训物资时需要考虑的因素如表

6-11 所示。

表6-11 选择培训物资时需要考虑的因素

考虑因素	分类	培训物资
培训学员	人数较少	简单的培训物资
	人数较多	较全面的培训物资
学员层次	中高层管理人员	直观的、体现前沿思想并能充分而多元地表现主题的培训物资
	普通员工	传统的培训物资
培训内容	偏重理论式	一般通过讲述、演示和讨论等方式进行的培训，不需要过多的培训物资
	偏重体验式	一般融合了讲授、活动，需要用到的培训工具会比较多

对培训物资的管理，是对保证培训能够正常实施可能会用到的所有物资实施的管理，比如投影仪、翻页笔、桌子、椅子、教具、教材等。培训物资管理可以用到培训物资管理表，如表 6-12 所示。

表6-12 培训物资管理表

培训物资	物资编号	所在地点	购置时间	能否正常使用	管理人	最后一次盘点时间

培训物资管理表也可以根据需要增加内容，比如设置某类物资已经安排使用的时间段内容，能让培训管理人员了解该物资在哪个时间段内可以使用，哪个时间段不能使用。

对培训物资的管理和利用应当本着充分应用的原则，比如投影仪、笔记本电脑、翻页笔、教具、教案等，如果不影响正常培训工作的开展，可以供不同培训基地共用。

当有人要借培训物资时，培训管理人员应当制作培训物资借出记录表做好登记和记录，如表 6-13 所示。

表6-13 培训物资借出记录表

借出培训物资	物资编号	借出时间	借物人	预计归还时间	培训管理人员	是否归还	备注

6.3　如何在培训评估方面管控人力成本

培训结束后，需要对培训整体情况实施评估。培训评估除了柯氏四级评估（反应层面、学习层面、行为层面、结果层面）之外，还包括从顶层对培训经费使用情况的评估、对培训效果转化方面的评估以及对培训部门实施的考核。

6.3.1　如何平衡培训评估中的成本

我曾向许多做企业大学管理或培训管理的朋友了解他们工作中最大的痛点在哪里，发现最多的是对培训效果的评估。这可能是因为许多培训管理人员认为培训效果评估是培训管理中最重要的一项工作。

培训评估工作固然重要，然而实施起来是需要付出成本的。如果企业一味强调培训评估的重要性，过分陷于培训评估工作，很可能付出了大量的管理成本，却得不到预期的效果。因此，企业需要平衡培训实施和培训评估之间的关系，明确何种培训需要实施何种评估。

我曾经服务过一家企业，当时那家企业已经有 15 年的历史，企业规模已经在行业中遥遥领先，但董事长、总经理以及常务副总经理这些核心管理层属于企业的第一代管理层。

他们抓住了经济发展的机遇，敢想敢干、努力拼搏，确实获得了比较大的成功。他们在企业经营上的眼光是独到的，但是他们在企业管理方面的理念相对比较落后。当企业规模不大时，这种问题并不明显。但当企业达到一定规模后，这种管理理念不升级，就会带来很多管理上的问题。

常务副总经理在一次外部培训中得知了培训评估的重要性，回到企业之后就开始要求人力资源部做好培训评估。

按照常务副总经理的观点，人力资源部如果无法有效评估培训，那么培训工作就是不完整的。他要求人力资源部以后的每一次培训都必须把柯氏的四级评估做全，而且他会到人力资源部检查这项工作。

原本人力资源部一个月能举办大约 20 场培训，因为实施培训评估工作增加了人力资源部培训管理人员大量的工作时间和工作量，之后人力资源部每个月最多只能做 10 场培训。人力资源部实施的每一场培训，都要考试、访谈、跟踪、记录以及评估绩效考核结果。

某项管理工作的工作量大本身不是问题，问题是这项管理工作真的能够对经营管理产生正面的效果吗？

答案是不一定，管理不是做得越细越好，也不是做得越多越好，而应该是在对的时候做对的事。治大国如烹小鲜，管理者就像厨师，没有一道菜的做法是完全一样的。如果是做爆炒土豆丝，就需要不断翻炒，不然的话土豆丝可能会粘锅糊掉；如果要做一道鱼，就不能像爆炒土豆丝那样不停地翻炒，不然的话鱼会散掉。管理工作也是同理。

我在一家世界 500 强企业工作时，发现那家企业关于什么样的培训需要有什么样的培训评估、需要用到什么样的表格都有明确的规定，绝不是每一场培训都要坐搬硬套柯氏四级评估模型，做全培训评估的所有工作。

管理比较成熟的企业，有了时间的沉淀和经验的积累，对于管理成本和管理效果的认知也会比较成熟。这样的企业，不会随便决策，随意做一些想当然的事情。什么问题应当通过什么样的管理方式解决，在这些企业早已经有了一定的经验和认知。可能它们曾经也犯过类似的错误，经历过这个阶段，如今已经从体制上不会再犯同样的错误了。

所以对于培训评估工作，企业要重视，但是也不能过分强调管理成本。培训评估工作的本质，是把培训实施后的结果与预期进行比较和分析的过程，其目的是帮助下一次的培训查找出问题，及时改善，优化培训的效果。培训管理不应该为了评估而培训，而应当为了更好的培训而评估。要平衡培训实施和培训评估工作之间的关系，企业可以参考每一次培训要达成的核心目标，重点评估培训核心目标的达成情况。评估的项目一般控制在 3 项以内。如果评估工作需要耗费比较大的人力、物力，评估工作的投入和收益也很低的话，应当谨慎实施培训评估工作。针对具体每一种培训应当实施什么样的培训评估，企业可以利用头脑风暴法讨论确定。

6.3.2 如何评估培训费用使用情况

培训管理人员应把每一次培训的费用通过表格的形式清楚列明。通过每次培训之后的费用使用情况，培训管理人员能够看出在不同的培训费用分类中花费的费用情况。比较每一次培训的费用项目花费比例，分析产生差异的原因，明确应当采取的措施。培训费用评估表如表 6-14 所示。

表 6-14　培训费用评估表

培训费用分类	培训项目A费用（万元）	培训项目A费用占比（%）	培训项目B费用（万元）	培训项目B费用占比（%）	培训项目C费用（万元）	培训项目C费用占比（%）	……	年度培训费用总额（万元）	年度培训费用占比（%）
参训人员									
培训讲师									

续表

培训费用分类	培训项目A费用（万元）	培训项目A费用占比（%）	培训项目B费用（万元）	培训项目B费用占比（%）	培训项目C费用（万元）	培训项目C费用占比（%）	……	年度培训费用总额（万元）	年度培训费用占比（%）
培训硬件									
培训支持									
合计									

通过查看培训费用评估表，培训管理人员能够查找培训费用花费对企业产生较少价值的部分。在培训预算不增加的情况下，培训管理人员应尽可能压缩这部分费用，让培训费用尽可能多地使用在对培训效果产生较多价值的部分。由于培训的主体是参训人员和培训讲师，一般来说，培训费用应尽可能多地向参训人员和培训讲师倾斜。

在对培训费用支持较少的企业，培训管理人员如果能把培训费用的投入和培训效益的产出作对比，同时能让相关管理者清晰地认识和感受到这部分效益和成果的话，企业培训费用的支持力度很可能将会增加。

6.3.3　如何实现培训效果最大转化

进行培训后，参训人员把培训的效果内化为能力的过程，通常要经历4个阶段，分别是转化、应用、传播和固化。4个阶段之后，培训效果获得内化，成果表现为员工工作能力的提升。培训效果转化过程如图6-1所示。

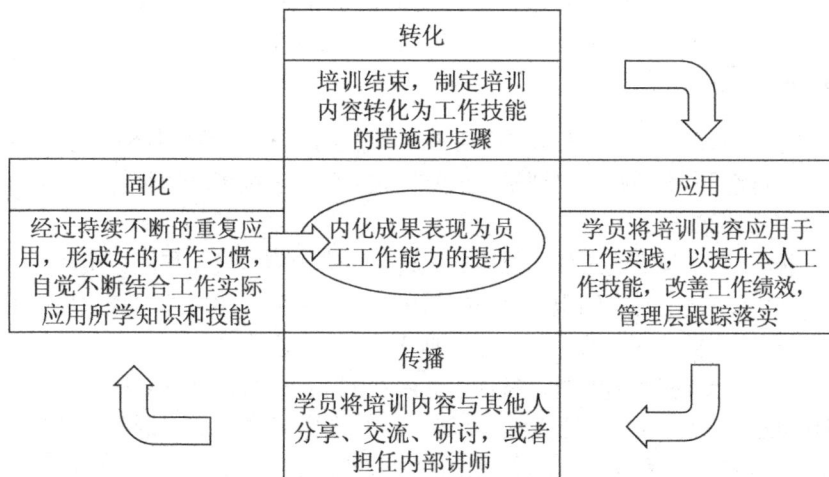

转化
培训结束，制定培训内容转化为工作技能的措施和步骤

应用
学员将培训内容应用于工作实践，以提升本人工作技能，改善工作绩效，管理层跟踪落实

传播
学员将培训内容与其他人分享、交流、研讨，或者担任内部讲师

固化
经过持续不断的重复应用，形成好的工作习惯，自觉不断结合工作实际应用所学知识和技能

内化成果表现为员工工作能力的提升

图6-1　培训效果转化过程

1. 转化环节

培训管理人员应当根据培训转化的步骤和企业情况，在培训结束之后，制定培训内容转化为工作技能的措施和步骤。

比如培训管理人员可以告知参训人员的直属上级培训中对参训人员传授了哪些内容，和参训人员的直属上级沟通期望参训人员在培训后如何执行和应用这些内容，并期望他能够监督和评价参训人员执行和应用的全过程。

这种监督和评价也可以和参训人员在培训过程中做出的一些行为或绩效改进的承诺联系到一起。培训管理人员可以把参训人员做出的承诺发给他的直属上级，并期望他能够监督和评价参训人员承诺的执行过程。

2. 应用环节

在应用环节，培训管理人员应当要求参训人员把培训内容应用于工作实践，提升参训人员的工作技能，改善他们的工作绩效，并且同样可以要求参训人员的直属上级协助跟踪落实。

比如某企业某类生产工艺改变，员工参加新工艺操作方式的培训之后回到工作岗位上，就必须按照新的培训工艺实施操作。

整个应用环节的关键不是培训管理做出了什么要求，而是参训人员的直属上级能否有效地实施监督、评价、管理和纠正。因为在这个环节，参训人员已经回到了各自的岗位，培训管理人员就算实施检查，也不可能面面俱到，不可能像参训人员的直属上级一样对参训人员的工作情况全面掌握。

要想有效地实施该环节，培训管理组织机构设置、培训管理权责利的划分、培训文化建设、培训管理制度等都非常重要。

分散在各部门的培训管理人员在这个环节也同样能够起到一定作用，能够协助部门管理者实施监督和检查。当培训管理人员发现问题后，可以及时向人力资源部报备。培训管理人员也要勤勉，要到工作现场实施检查。

3. 传播环节

在传播环节，培训管理人员可以要求参训人员把培训内容与其他人分享、交流、研讨，或者担任内部讲师。培训机会通常比较宝贵，有很多培训可能一个部门只有少数人才有资格参加。

这时候参训人员回到工作岗位后，经过对培训内容的转化和应用实践，已经具备了理论联系实践的基本知识，具备把自己的知识和经验再向部门其他人传播的条件。培训管理人员可以要求他们向更多的员工传播这些信息。

这个环节一般在培训结束，参训人员回到工作岗位后的 2 ~ 6 周内进行。如果实践时间较短，参训人员可能还没有深刻体会培训内容的意义；如果实践时间较长，参训人员可能过于注重实践而忘记理论化的总结，不利于传播。

4.固化环节

到了固化环节，参训人员通常已经具备了知识转化、应用实践以及与他人分享的经验，对培训内容将有更深层次的理解和认识。接下来，是参训人员不断持续的操作和固化的过程。通过不断实践、不断复盘的过程，参训人员对培训内容的理解可能发生进一步深化和升华。

举例

某餐饮企业，外派一名厨师去另一家大型的餐饮连锁企业学习了10种特色菜的做法。培训结束后，培训管理人员与这位厨师制定了一份详细的培训效果转化方案。这个方案，是保证培训成果能够最终落地的具体行动计划。

这份行动计划的大体内容如下。

（1）学习归来的厨师首先把这10道菜自行练习多遍。这是培训成果的转化环节。

（2）在这个过程中，厨师长负责监督、支持和帮助这位厨师不断练习。这是培训成果的应用环节。

（3）企业将在14天后组织一场培训，由这位厨师把他学到的这10道菜的做法，教给其他的厨师。然后，要求其他的厨师也实施转化和应用，也就是其他厨师也必须持续练习和在实践中应用。这是培训成果的传播环节。

（4）培训结束后，这位厨师再实践14天。在实践的过程中，这位厨师可以与其他厨师不断研讨流程和补充不足。通过这样的过程，厨师们还可能会对其中的某几道菜做出改进升级，让那几道菜的口味更好或者制作流程更简单。

（5）30天之后，经过所有厨师的研讨和改进后，形成这10道菜的标准制作流程。这家餐饮企业在自己的菜单上，正式加入这10道特色菜。

6.3.4　如何实施培训部门绩效考核

在对培训负责部门实施绩效考核时需要注意，因为培训部门属于职能管理部门，完全用指标和数据生搬硬套的考核不会起到很好的效果。一般来说，对培训部门的考核，定性指标的比例不应低于40%。

但是在实际操作中很多人不喜欢用定性的指标，觉得定量指标才客观。可这时候问题反而出现了：如果将培训管理中的绩效指标全部设置成定量的指标，并不一定意味着培训管理足够客观、公正。

事实上，那些特别强调并要求绩效指标必须全部量化的管理者，往往是不愿意面对自己对下属评价后下属可能会有的反应或是自身不具备对下属工作的评价能力。总之，从某种意义上说，这样的管理者往往想逃避责任或者并不称职。

常见的对培训部门绩效考核的指标如下。

1. 培训计划完成率

培训计划完成率＝（考核期内实际实施培训的数量÷培训计划中的培训数量）×100%。

这里需要注意，首先在培训计划的制订环节，人力资源部应当做好管控，而不是在计划都定好了以后再评估。

另外，培训计划完成率这项指标并不是完成了就是好的，实施和评估的时候要注意考虑实际情况。有时候可能因为计划是年初定的，年中时情况早就变了，按理不需要培训了。但是如果死板地执行培训计划，结果可能造成培训资源浪费，完成了指标，却浪费了成本。

2. 参训学员满意度

参训学员满意度＝（考核期内对培训满意的参训学员人数÷全部被调查参训学员人数）×100%。

参训学员的满意度从一个侧面反映了培训第一层（反应层面）的评估。这里需要注意参训学员满意度这项指标的来源。因为很多时候这个数据的来源本身也是培训负责部门，有作假的可能性。人力资源部要注意对数据的收集过程，要对数据做检查和评估。

3. 培训讲师满意度（内部客户）

培训讲师满意度（内部客户）＝（考核期内对培训讲师满意的内部客户数量÷考核期内全部被调查的内部客户数量）×100%。

培训讲师满意度指标从某个层面反映了学员对培训部选择和培养的培训讲师的满意度，同样对应着培训第一层（反应层面）的评估。

这里为什么没有直接写参训学员而写的是内部客户呢？因为可以评价培训师选择和培养的不一定只有学员，学员常常是被动的受众层面。而从管理层面，对于培训师的选择和培养工作的质量，也是可以由人力资源部负责人来直接给予定性评价的。

4. 培训后学员知识达标率

培训后学员知识达标率＝（考核期内培训后学员参加考试合格的学员人数÷考核期内参训学员总人数）×100%。

参训后学员知识达标率指标对应着培训的第二层（学习层面）的评估。对这项指标的评估通常需要在培训过程中或者培训结束后，采取考试或测评的方式得到参训学员的成绩。

5. 培训后学员行为改善率

培训后学员行为改善率＝（考核期内培训后学员行为明显改善的学员人数÷

考核期内学员总人数）×100%。

培训后学员行为改善率指标对应着培训的第三层（行为层面）的评估。要评估这项指标通常需要对设计培训结束后学员的行为改善方向形成具体的改善标准。

6. 培训后学员绩效改变率

计算公式＝（考核期内培训后学员绩效明显改善的学员人数÷考核期内学员总人数）×100%。

培训后学员绩效改变率指标对应着培训的第四层（结果层面）的评估。要评估这项指标通常需要对培训在绩效层面的改善做出定义，或者可以测算培训的投资收益率。

除此之外，还可以考核培训课程开发的数量和质量；培训预算费用使用情况；培训人次、培训场次；培训档案存档情况等指标。

⬡ 前沿认知
如何运用互联网降低培训成本

互联网时代，带来了商业变革、管理变革和思维变革。互联网时代的思维与传统工业化时代的思维明显不同。

工业化思维强调效率优先，而互联网思维强调的是效能优先。

工业化思维强调产品驱动，互联网思维强调用户驱动。

工业化社会产生了传统的职能制、事业部制等科层制组织结构，这种组织结构内的等级森严，而互联网思维强调去中心化。

工业化思维的企业大多是纵向的线性结构，而互联网思维下的企业出现了很多网状结构。

工业化思维强调"二八原理"，而互联网思维也能够照顾到长尾理论。

在工业化思维下，员工的思维是被动接受；在互联网思维下，员工可以有极强的参与感。

工业化思维有时候强调越复杂、越难越好，而互联网思维强调越简单越好。当然，互联网的这种简单不一定是真简单，可能是经历了一系列的复杂之后，展示出来的产品或结果是简单的。

互联网时代进一步发展到了移动互联网时代，生产力资源变成了4个关键要素，分别是人、智能机械、大数据和网络。在互联网时代，人力资源管理的工作重心和工作内容也随之变化。随着人力资源管理模式的变化，培训管理也必然要顺应时代特点发生变化。

1. 培训管理的 O2O

O2O 即 online to offline（线上到线下），它的含义是线下商务机会和线上机会的融合，让线上和线下能够成为统一的网络，实现商务效率的最大化。在移动互联网时代，培训管理同样可以实现 O2O，既利用线上平台传播培训内容，又利用线下培训与线上平台形成匹配与支撑。

2. 内容产品化

培训管理人员要以产品经理的理念打造培训项目，以学员为中心，用产品化的思维经营培训，从运营、内容、平台三方面围绕学员的体验设计培训产品。在设计培训项目时，要注意学员的应用场景。

3. 高强互动化

培训管理人员可以创建不同的虚拟或实体的培训场。学员学习的过程是一个培训要素之间多方参与、综合影响的过程。加强各要素之间的连接与互动，往往能够提升培训的效果。所以培训管理人员应通过移动互联网技术，让学员之间、讲师与学员之间、管理者与学员之间形成较强的连接与互动。

4. 平台工具化

移动互联网本身就是培训管理的重要工具之一。利用移动互联网的工具，能够让学习更加简单、方便，有利于社交化的内容传播与学习。利用移动互联网的特点，培训管理人员能够综合各方的资源，打造基于移动互联网的学习平台，鼓励企业内各方参与，不断丰富该平台的资源。

在互联网时代，培训管理人员要在抓住培训管理核心的前提下，充分利用时代赋予的新模式、新方法、新技术，将资源有机地结合，在适合自身企业需求的前提下，更加高效地实施培训管理。

🔍 疑难问题
如何选择外部培训机构或讲师

考虑到内部人才在授课方面的专业程度，企业对内部培训讲师的选拔相对宽松一些，可以在对内部讲师授课技巧的培养上重点下功夫。然而，对外部培训机构或者对外部培训讲师的选择，就不能像对待内部讲师那样宽松。

之所以选择外部机构和外部讲师是因为企业在某一方面的信息或能力存在差异，需要外部的资源补足。所以，外部的培训机构或培训讲师必须要具备一定的专业素养，具备相当的经验和能力水平。

企业在选择外部机构或讲师时，需要注意以下几点。

1. 只选对的，不选贵的

外部培训机构或讲师需要具备培训课程的开发能力、培训项目开发及授课的经验。然而，适合的才是最好的。名校的毕业背景、多年的工作经验、丰富的授课经验、某大型企业高管的背景等这些宣传噱头并不能作为外部机构或讲师适应企业需要的证明。所以，企业在选择外部机构或讲师时不要只看机构或讲师的名头，还要衡量机构或讲师擅长的培训主题、内容、风格是否适合自己企业。

2. 不看广告，要看效果

再好的广告也不如顾客体验试用后的感受。在引进外部机构或讲师之前，培训管理人员应当试听课程。同时，企业应当要求外部机构或讲师提供曾经服务过客户培训效果较好的证明。比如培训结束之后的评估，好的培训效果不仅停留在课堂效果方面，更重要的是企业的某些环节是否真实地发生了变化。

3. 大家认为好，才是真的好

仅靠试听和相关的资料还不足以构成选择外部机构或讲师的依据，尤其是在选择企业准备长期合作的外部机构或讲师时。在外部机构或讲师提供资料后，培训管理人员应当像招聘环节实施背景调查一样，了解外部机构或讲师的背景，找到服务的客户，了解外部机构或讲师的口碑。

第7章

如何在薪酬绩效层面
管控人力成本

薪酬和绩效相关政策不仅是企业实施人才激励、提高人才效率的重要方式，也是企业降低人力成本的重要手段。强化企业在考勤、薪酬和绩效层面的管理，建立降低人力成本、有利于技术、产品创新的激励机制，制定合理的工资标准和定位策略，能够实现人力资源的效率最大化。

7.1 工时管理方面的人力成本管控

工时是计算薪酬的重要依据。工时管理是企业管理和维护劳动纪律最基本的工作，是薪酬和绩效管理的前端保障。通过工时管理，企业可以根据生产经营情况随时调整劳动力的分配状态。

7.1.1 计件工资制

计件工资制，也称为计件工作制，是以劳动者完成一定数量的合格产品或一定的作业量来确定劳动报酬的一种劳动形式。实际上，计件工资制是直接确定劳动者的工作量，而不问劳动时间的一种工作时间制。因此，计件工资制是一种特殊类型的不定时工时制。

不少行业根据生产、工作的特点，安排劳动者实行计件工作。《中华人民共和国劳动法》（2018 年 12 月 29 日修订）第 37 条的规定如下。

第三十七条 对实行计件工作的劳动者，用人单位应当根据本法第三十六条规定的工时制度合理确定其劳动定额和计件报酬标准。

在我国，实行计件工资制的用人单位不在少数。实行计件工资制的优势包括如下内容。

（1）由于计件工资制体现着多劳多得的特性，员工凭借自己的能力和付出获取工资，所以这种工资制度能够提高员工的工作积极性，从而提高企业的劳动生产效率。

（2）员工有自发提高工作效率的动力。员工强化工作技能、提高工作效率、改进工作方法能够形成学习和成长的良好氛围，无形中强化员工之间良性比较和竞争的氛围。

（3）企业的成本支出比较清晰，有利于成本控制，能够有效地控制管理成本的浪费，减少隐性的成本浪费，最大化管理效率。

但是计件工资制还有以下的缺点。

（1）员工可能会过分重视数量，不重视质量。对企业产品的品质要求有一定的对抗情绪。

（2）计件工资制中难免存在不平均的现象、不公平的感觉，可能会造成一些矛盾。

（3）对于新产品、非标产品、生产量较少的产品，有时候计件单价难以计算。

（4）计件工资制的管理方式如果实施不当，管理成本会高于计件工资，而且起不到管理效果。

7.1.2 加班管理流程

企业应当明确规定在什么情况下允许员工申请加班。以下情况，企业就允许员工申请加班。

（1）在原工作计划内，由于非主观因素造成的不能按照原计划完成，但是又必须在原计划时间内完成的工作。

（2）在原工作计划外，临时增加的、必须在特定时间内完成的工作。比如临时增加的重要会议、临时增加的客户订单。

（3）适合在工作时间之外进行的工作。比如工作中需要用到的机器设备的维护与检修、生产工艺调整的实验等。

（4）某些工作量较大，但是必须在规定时间内完成的工作。比如月度盘点工作。

（5）其他根据企业需要的临时任务加班。

员工在加班之前必须履行加班的申请和审批手续。员工必须提前填写加班申请单，注明加班的原因、内容、工作量、加班时长等，由本部门负责人于员工加班后审核申请单内容与实际是否相符，是否属实。

加班申请单模板如表7-1所示。

表7-1 加班申请单模板

姓名		工号	
加班时间			
加班原因			
加班费用需求			
审批意见			
直属领导	部门负责人	人力资源部	分管副总经理

如果遇到特殊情况无法提前办理申请，必须在事后补批，同时要有相关证明人的签字。加班申请单汇总至考勤统计人员处，按月报送至人力资源部。加班申请单是人力资源部承认的唯一加班凭证。法定节假日加班的，或因特殊情况，加班过程出现人员变动，后补的申请必须在法定节假日结束后的几个工作日内交人力资源部，

逾期则申请无效。

加班除了支付加班费之外，还可采用补休的方式补偿员工。员工补休应提前填写补休申请单，并经直属上级批准签字后，由各部门负责人根据部门实际情况安排补休。补休申请单模板如表 7-2 所示。

表7-2　补休申请单模板

姓名		工号	
补休加班时间段			
补休时间			
审批意见			
直属领导	部门负责人	人力资源部	分管副总经理

补休后，可由考勤汇总人员在加班申请单上标明"已补休"。

7.1.3　迟到早退管理

迟到和早退是违反企业劳动纪律的较轻行为，属于员工不履行劳动义务和基本职责的行为，应给予员工适当的负激励。有人认为企业应该对员工实施正激励，不应有负激励。这种观点对于不履行基本职责的行为并不适用。

案例

某企业上班迟到问题严重，企业出台了一项制度。如果员工每天上班不迟到，企业奖励1元钱。到了月底，一天都不迟到的员工，奖励一个小纪念品。这个政策开始实施的时候非常有效，许多平时经常迟到的员工为了得到奖金和纪念品开始准时上班。

可是，随着经营出现问题，缩减开支，企业把这块奖金和纪念品停掉了。结果员工迟到范围扩大了，不仅那些本来就经常迟到的员工继续迟到，而且那些原来习惯准时上班的员工也开始迟到。

企业这种奖励不迟到的"激励"行为上把按时上班的义务和发放奖金联系起来，本来很正当的按时上班义务变得有了"价值"。一旦停发奖金，员工就会想："我凭什么要按时来呢？"就好比如果没有加班费，员工会质疑自己凭什么要在企业加班一样。

所以，想要引导员工完成职责或义务范围内的事情，不能用奖励的方式，而应该在员工不正常履行职责或义务的时候给予相应的惩罚。

当然，对于迟到和早退，单纯用罚款的方式也并非合适。因为人们在缴纳罚金之后会把自己的迟到行为想象成自己已经付费，会觉得心安理得。

对于迟到早退的处理方法，有以下几种方式可以参考。

（1）企业内通报批评并公示。

（2）扣减绩效考核分或者日常行为分。

（3）和年终奖金挂钩。

（4）和优秀员工评选挂钩。

（5）和员工的福利待遇挂钩。

（6）和员工的晋升或降职挂钩。

7.1.4 员工旷工相关规定

如果迟到和早退超出了一定的时间范围，比如迟到超过 2 个小时，可以视为旷工。对于员工的请假、调休、出差、补休等行为未获得直属领导同意而未到企业上班者，或上班时间无正当理由（没有外出登记，或口头向部门负责人或企业管理人员说明）擅自离岗者，同样可视为旷工。

如果发现有员工旷工，部门负责人必须第一时间通知人力资源部，人力资源部应根据企业的劳动纪律或相关制度在员工旷工一定天数内，依次发放恢复上班通知函和解除劳动关系通知函。

恢复上班通知函的格式模板内容如下。

恢复上班通知函

同志：

您自_____年____月____日起一直未正常出勤，现通知您务必于收到本通知后 3 日内到_____企业人力资源部办理恢复工作手续。

若在规定时间内您未恢复工作，企业将根据《规章制度》第___章第__节第__条规定：连续旷工 7 日者，按自动离职处理，企业有权直接解除劳动关系，由此导致的一切不利后果，将由您自行承担。同时，企业保留通过法律途径追究您因未正常履行工作职责给企业造成经济损失的权利。

特此书面通知。

企业

人力资源部

年 月 日

解除劳动关系通知函的格式模板内容如下。

解除劳动关系通知函

同志：

因您严重违反《劳动合同》的约定和企业相关规定，现经研究决定，自即日起解除双方的劳动合同关系。

请您务必于收到本通知后3日到_____企业人力资源部办理离职手续，并领取解除劳动关系证明。若在规定时间内未履行上述手续，由此导致的一切不利后果将由您自行承担。

特此书面告知。

企业

人力资源部

年　月　日

7.1.5　员工外出管理

员工短期外出办事，应填写外出人员登记表，记录员工外出的日期、外出的事由、外出的具体时间段，由直属领导签字同意后方可执行。员工外出返回后，需要考勤管理人员确认。外出人员登记表如表7-3所示。

表7-3　外出人员登记表

日期	工号	姓名	外出事由	外出时间	预计返回时间	实际返回时间	直属领导签批	考勤管理人员核准

员工外出办事须妥善安排时间，事毕应立即返回企业。因公务在外不能按登记返回时间回企业打卡者，须向直属领导请示，并通知考勤管理员或人力资源部；否则以其登记的应返回时间为准，超过一定的时间分别按早退或旷工处理。

员工因工作需要出差，必须提前填写出差申请单，明确填写出差事由、出差期限、途径城市、预计费用等，并遵循企业的权限逐级审批。出差申请单模板如表7-4所示。

表7-4　出差申请单模板

出差人	
出差事由	
出差地点	
行程安排	

续表

起止日期			
预计费用			
交通费	住宿费	伙食费	其他费用
审批意见			
直属领导	部门负责人	分管副总	总经理

出差申请单是核对考勤的主要文件，也可以作为出差报销结算的必备附件。若出现紧急情况，未能提前履行出差审批手续的，出差前可以电话或短信的方式向相关领导请示，请他人代为办理相关手续。出差人员无法在预定时间内返回的，必须向相关领导申请，请他人代为办理相关手续。

出差审批程序的规范性，会直接影响到员工的考勤。所以，一定要严肃认真对待出差的审批流程。没有履行出差的相关程序，不能算作出差，若员工未履行出差审批程序私自出差，应按旷工处理。

7.2 薪酬策略方面的人力成本管控

薪酬策略是组织为了实现战略目标，有效利用薪酬管理体系，合理配置资源，激发员工积极性而制订的薪酬计划和具体行动的总和，是组织整体薪酬管理体系的工作思路贯彻和行动方案，是对人力资源的配置、激励和开发进行预见性、远见性和全局性规划。

7.2.1 如何定位薪酬策略

企业的竞争战略可以分为成本领先策略、差异化策略和重点集中策略三类。

成本领先策略的本质是一种低成本策略，指的是企业在产品性质、用途、质量相近的情况下，企业的成本能够低于竞争对手。采取成本领先策略的企业特别重视生产运营效率的提升和费用成本的控制。

差异化策略是企业通过产品或服务在品牌、设计、用途、质量等方面的独特性，与竞争对手形成差异化的竞争策略。采取差异化策略的企业特别重视产品或服务与竞争对手的不同，在运营中强调创新意识、员工成长和团队意识。

重点集中策略是企业聚焦于某一特定的领域、地区或顾客群体，持续为他们提供特定的产品或服务，通过提高质量、效率等方式获得竞争优势的策略。采取集中策略的企业需要较强的生产、技术领先优势和持续研发能力，需要在这一领域内深挖用户需求。

企业竞争策略和薪酬策略的对应关系如表7-5所示。

表7-5 企业竞争策略和薪酬策略的对应关系

企业竞争策略	薪酬策略定位
成本领先策略	● 薪酬策略注重成本控制，关注竞争对手的人力成本变化及构成 ● 薪酬水平受成本和竞争对手影响 ● 浮动薪酬应与生产运营效率提升和成本降低关系密切 ● 薪酬管理通常可以采取集权型的方式
差异化策略	● 薪酬策略注重人才的吸引、培养、开发和保留 ● 薪酬水平可以考虑高于或等于市场水平或竞争对手 ● 浮动薪酬更注重生产运营中的创新和研发结果 ● 薪酬管理通常可以有一定的放权灵活性
重点集中策略	● 薪酬策略注重专业技术人才的激励和保留 ● 核心人才的薪酬水平应当高于市场水平或竞争对手 ● 浮动薪酬更注重顾客评价和满意度 ● 薪酬管理需要有一定的放权和灵活性

企业发展的阶段可以分为初创期、成长期、成熟期和衰退期，企业不同的发展阶段，对应着不同的薪酬策略。如表7-6所示。

表7-6 企业发展阶段与薪酬策略示意表

组织特征	企业发展阶段			
	初创期	成长期	成熟期	衰退期
人力资源管理重点	创新、吸引关键人才、刺激企业	招聘、培训	开发内部人才保持员工团队奖励管理技巧	减员控制人力成本
薪酬策略	重外轻内，提高弹性，注重个人激励	内外并重，结构灵活，个人与集体激励相结合	重公正、促合作，个人与集体激励相结合	奖励成本控制
固定工资	低于市场水平	相当于市场水平	高于、相当于市场水平	相当于、低于市场水平
短期激励方式	绩效激励	绩效激励福利	利润分享福利	—
长期激励方式	全面参与股权	有限参与股权	股票购买	—
奖金	高	高	相当于市场水平	视财务状况而定
福利	低	低	高于、相当于市场水平	视财务状况而定

7.2.2　如何定位薪酬水平

薪酬定位策略，指的是组织基于自身的战略规划，相较于竞争对手，对于薪酬水平高低所采取的策略。企业制定薪酬定位策略，除了要考虑企业自身的战略外，还要考虑企业吸纳和维系员工的能力，以及对人力成本的控制。

常见的薪酬定位策略可以分为4种，分别是薪酬领袖策略、市场追随策略、市场拖后策略以及薪酬混合策略。

1. 薪酬领袖策略

薪酬领袖策略是一种主动领先型的薪酬策略，指的是企业采取劳动力市场中较高分位值薪酬水平的策略。采取薪酬领袖策略的企业，其薪酬水平至少在市场中保持在75分位值以上，大部分处在90分位值以上。

当企业的规模较大、实力较强、利润较高、资金充足，能够通过提供较高的薪酬吸引和留住市场中的较优秀人才时，适合采取这种策略。这种薪酬策略常见于知识密集型、技术密集型和资金密集型企业，以及一些行业龙头企业、咨询企业和外资企业。

薪酬领袖策略的优点包括以下几项。

（1）提高企业的雇主品牌形象。

（2）能够最大限度地吸引优秀人才，减少企业在招聘和选拔方面的费用。

（3）能够增加员工的离职成本，降低员工的离职率。

（4）能够提高员工的满意度和工作的积极性，改善员工绩效。

（5）能够减少企业薪酬管理的成本。

薪酬领袖策略的缺点包括以下几项。

（1）增加人力成本，给企业造成一定的财务压力。

（2）一定程度上可能限制薪酬管理的弹性化空间。

（3）对行业有一定的要求和局限性。有的行业特性决定了无法采取这种策略。

2. 市场追随策略

市场追随策略，是一种被动跟随型的薪酬策略，指的是企业采取劳动力市场薪酬水平中位值的策略。采取市场追随策略的企业，其薪酬水平一般保持在劳动力市场的50～75分位值区间的水平。

市场追随策略适用于大部分行业和企业。

市场追随策略的优点包括以下几项。

（1）相较于薪酬领先策略，人力成本较低，企业的财务压力较小。

（2）招募人才时，依然可以吸引到市场中的大部分求职者。

市场追随策略的缺点包括以下几项。

（1）需要及时掌握劳动力市场的薪酬水平，对薪酬市场调研的时效性和准确性有一定要求，对薪酬管理的敏锐度和管理能力有一定要求。

（2）难以招募到行业中最顶尖的优秀人才。

3. 市场拖后策略

市场拖后策略，是一种被迫拖后型的薪酬策略，指的是企业采取劳动力市场薪酬水平较低分位值的策略。采取市场拖后策略的企业，其薪酬一般保持在劳动力市场低于50分位值的水平。

当企业的规模较小、利润较低、市场竞争异常激烈、财务状况较差、经营遇到困难，企业的战略转变为维持现状、减少产量或缩小经营范围时，适合采取这种策略。

市场拖后策略的优点是能够减少人力成本，减少企业的财务压力；缺点是在企业经营状况改善、希望招募人才时，很难吸引到人才。

在企业被迫采用市场拖后策略时，为有效留住人才，可以采取如下办法。

（1）能够给员工提供远期收益，比如期权、分红、远期福利等，这样不仅能够有效减少这种策略带来的负面因素影响，而且也不会让员工对企业失去信心，导致员工满意度下降。

（2）想办法在其他方面在劳动力市场上处于领先地位，比如给员工充分的信任和授权，提供理想的工作场所，提供弹性的工作时间或工作地点，提供更有挑战性和成就感的工作，保证企业和谐的上下级关系和文化氛围，提供行业内领先的学习和培训机会，给员工更大的成长和发展空间等。

4. 薪酬混合策略

薪酬混合策略，通常有两种表现形式。

（1）在同一企业中，对于不同岗位的员工采取不同的薪酬定位策略。比如某以技术研发为主营业务的企业，技术岗位人才是企业的核心人才，对这部分人才实施薪酬领袖策略；对管理岗位人才，实行市场追随策略；而对于部分后勤保障人员，实行市场拖后测略，但同时为后勤保障人员提供良好的生活保障设施，为核心技术人才和管理岗位人才提供更有挑战性的工作。

（2）在同一企业同一岗位，实行薪酬组合形式的不同薪酬定位策略。比如以大宗交易为主营业务的某商贸流通企业，对销售经理岗位实行基本工资加业绩提成的方式。该企业为激励销售经理达成业务目标，在基本工资水平的设置上，采取市场追随策略；在业务提成水平的设置上，采取薪酬领袖策略。

薪酬混合策略的特点是能够实现薪酬的外部竞争性和内部公平性的有机结合，提高薪酬管理的效用和效率。但在运用过程中，需要注意外部竞争性和内容公平性之间的关系，防止出现员工队伍不稳定、离职潮等现象。为此，应注意如下几点。

（1）企业内部实施薪酬领袖策略、市场追随策略或市场拖后策略的三部分员工群体薪酬差别应控制在合理的、员工可接受的范围内。

（2）最好将这三部分员工群体的工作场所设在不同地点，设法减少这三部分员工群体日常除正常工作需要外的交流和沟通。

（3）对实施薪酬追随策略的员工群体应及时了解市场的薪酬状况，及时跟上市场薪酬变化。

（4）对实施薪酬拖后策略的员工群体应在其他领域为其寻找领先或特有的福利。

7.2.3 如何定位薪酬结构

根据不同的企业战略、薪酬战略和不同类型的岗位，固定薪酬和浮动薪酬在总工资中所占的比例应有所区别。根据两者之间的比例不同，可以将薪酬结构策略分为三种类型，分别为弹性模式、稳定模式和折中模式，如图7-1所示。

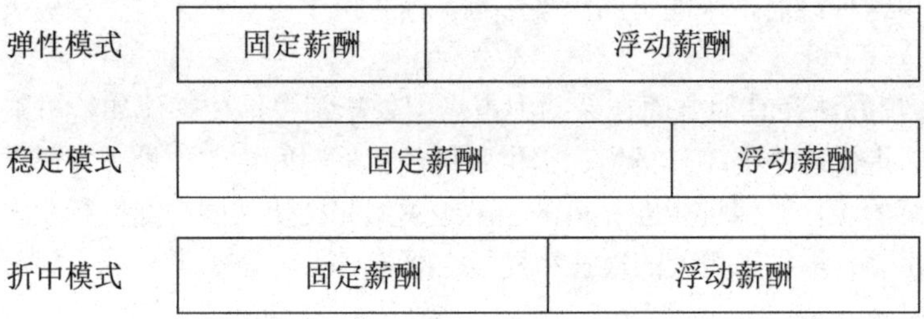

弹性模式	固定薪酬	浮动薪酬
稳定模式	固定薪酬	浮动薪酬
折中模式	固定薪酬	浮动薪酬

图 7-1　三种类型薪酬结构策略示意图

弹性模式指的是固定薪酬比例较低（通常小于40%）、浮动薪酬的比例较高（通常高于60%）的岗位薪酬设置类型。这种模式通常应用于与企业业绩关联度较大的岗位，比如销售业务人员、总经理、某些岗位的高管等。常见的计件工资制、提成工资制、绩效工资制就属于这种薪酬策略。

稳定模式指的是固定薪酬比例较高（通常高于60%）、浮动薪酬比例较低（通常低于40%）的岗位薪酬设置类型。这种模式通常应用于与企业业绩关联度较低的岗位，比如行政助理岗位、财务岗位、人力资源管理岗位等。

折中模式指的是固定薪酬比例和浮动薪酬比例持平，通常是各占50%或者差别不大的岗位薪酬设置类型。这种模式通常应用在经营状况较稳定的企业，以及企业业绩的关联度和岗位人员的能力素质要求并重的岗位，比如技术研发岗位、生产工艺岗位等。

这三种薪酬结构策略各有优缺点，具体如表7-7所示。

表 7-7　三种薪酬结构策略的优缺点分析

薪酬结构策略	优缺点
弹性模式	优点：激励性较强，能有效改变员工行为 缺点：员工压力较大，缺乏安全感，可能造成员工离职率较高、忠诚度较低
稳定模式	优点：员工有较强的安全感，忠诚度较高 缺点：激励性较差，往往造成企业的人力成本较高，员工的积极主动性不高，员工感受到的工作压力较小
折中模式	兼顾弹性模式和稳定模式的优点和缺点，具有一定的缓冲度和适应性

这三种类型薪酬结构策略的效果如表 7-8 所示。

表 7-8　三种薪酬类型的效果比较

类别 效果	弹性模式	稳定模式	折中模式
激励效应	强	弱	中
员工主动性	强	弱	中
员工忠诚度	弱	强	中
员工压力	大	小	中
员工流动率	大	小	中

7.2.4　常见错误薪酬模式

不同企业的薪酬模式各式各样，千差万别，很难空泛地判断孰优孰劣。但其中有一些是明显违背激励原则甚至对企业是有害的，有许多企业基于习惯，持续采取了一些错误的薪酬模式。

1.同岗同薪制或同级同薪制

同岗同薪制或同级同薪制，就是同岗位或者同级别的职工拿一样的工资。

举例

同样都是技术研发岗位，小 A 在企业做了 10 年，小 B 刚来企业，结果两人的工资水平一样；同样是主管级别，小 C 是拥有 10 年经验的技术研发主管，小 D 是刚做了 2 年的人力资源主管，结果两人的工资水平一样。这显然不合理。

相同的岗位或相同的级别，从组织层面的设计来看一样，可是当岗位由具体的、不同的人来做的时候，对组织来说，他们的绩效和贡献度还会是一样的吗？答案显然是否定的，他们的绩效有高有低，贡献有大有小。如果他们拿的薪酬一样，高绩效、高贡献的人一定会不平衡，这就是忽略了个体和岗位的价值。所以设计薪酬体系时，不能简单地基于岗位和等级，还要基于价值和贡献。

采用这种薪酬模式的组织，往往是没有考核，或者只是进行形式化的考核，考核并不会对收入产生实质性的影响，每月的工资基本也是固定的。当旱涝保收、干好干坏一个样的时候，员工完全是靠自己的主观能动性在工作。

2. 固定工资直接转为绩效工资

有些企业推行薪酬改革，员工本来是4 000元的月工资，没有绩效考核。改革之后，变成了每月有2 000元是固定工资，2 000元是绩效工资。这样改革之后，员工炸了锅。因为月度绩效考核很难拿到满分，只要不是满分，就相当于员工每月的工资大概率会减少。这样的改革必然会引起员工的不满。

可供参考的正确做法是，这种绩效薪酬的改革随着涨工资一起做。将员工涨工资的部分作为每月的绩效工资进行考核。比如该员工涨800元工资，原来4 000元的月工资作为基本工资；新增的800元作为绩效工资，根据每月的绩效考核结果确定绩效工资。

有些企业不论什么岗位、什么级别，绩效工资都是基本工资的一倍。这种做法也是有问题的，原因如下。

（1）不同岗位和级别对企业的价值和贡献度不一样，责任大小也不同。

（2）不同岗位和级别绩效评价衡量的方式和标准是不同的。

（3）有些岗位很难做详细的、客观的量化考核，比如行政文员、保安、后勤人员等。考核的主观因素太多，绩效工资占总薪酬的比重不宜过大。

3. 无限制的司龄工资

许多企业为了降低员工的离职率，培养员工的忠诚度，重视老员工，设置了无限制的司龄工资。这种工资的特点是从员工入职开始，每服务满一年，工资中就会增加一部分。这种看起来很美的薪酬模式，从长远来看，不仅额外付出了成本，而且毫无效果。

在一个相对健康的企业，愿意留下的、有能力的员工不是得到了晋升的机会，就是得到了涨薪的机会，这部分人大约只占企业织总人数的20%。而那些剩下来的相对平庸的员工往往具备较强的市场替代性，这部分人约占总人数的80%，是绝大多数。如果司龄工资每年增长，最直接的后果是导致那些普通岗位的人力成本不断上升，这批员工在企业中变得"长生不老"。他们可能会听话，却无法做出更大贡献。

举例

　　某企业刚入职保安的基本工资是 2 500 元 / 月，司龄工资第一年是 100 元，以后每年增加 100 元。这位保安在企业服务了 25 年，司龄工资涨到了 2 500 元，和基本工资的比例为 1∶1（为简化说明道理，不考虑过程中基本工资的变化），这是严重的本末倒置！这位做了 25 年的保安和一位新入职、年富力强的保安相比会为企业提供更多的价值吗？事实上，不会有太大差别，而且很可能年富力强的新人会比老员工更加认真负责。

　　最关键的是，这位服务了 25 年的保安，他会时刻想着自己每月的工资是 2 500 元，而另外的 2 500 元是企业对自己长期服务的奖励吗？恐怕不会，他会认为自己每月的工资就"应该"值 5 000 元。这种司龄工资的增加，让员工"没有感觉"，也就是企业增加了成本，却没有达到预期的效果。

　　那么，对于已经采取无限制司龄工资模式的组织，该如何改变呢？可选的方式有以下几种。

　　（1）彻底废除司龄工资，按照绩效考核结果进行薪酬调整。

　　（2）对长期服务的员工，以荣誉、福利或适当奖励的形式体现。当然，不建议奖励"所有"的员工，而是奖励"优秀"的员工。比如，在年会上设置一个针对 10 年以上司龄员工的"特殊贡献奖"，由企业高层领导颁奖和表彰，并发放精美的奖杯和奖品。

　　（3）如果领导层执意坚持要保留司龄工资，可以给司龄工资设置上限。同时采取逐渐递减制，金额不宜过大，比如司龄工资最高加到 10 年，第一年加 100 元，第二年加 90 元，第三年加 80 元……到了第 10 年之后就不再增加司龄工资。

7.3　绩效策略方面的人力成本管控

　　绩效管理能够促成企业、管理者与员工的三赢。在绩效管理的过程中，管理者和员工就目标及如何达成目标达成共识，并通过讨论和辅导的方式，优化员工成功地达到目标的管理方法，最终实现组织的目标。

7.3.1　绩效薪酬的应用方法

　　与基本工资、岗位津贴、福利等保障性收入不同，绩效工资属于激励性收入。

保障性收入主要根据岗位工作的重要性、责任大小、能力要求高低等按照企业的规定执行，与业绩挂钩的激励性收入一般是以企业的绩效考核结果为基础。绩效考核结果可以影响职工的月工资，具体用法可以参考如下案例。

举例

某企业规定某岗位职工每月的绩效工资是月基本工资的20%。职工月度绩效考核结果对应的月绩效工资的系数如表7-9所示。

表7-9 某企业月度绩效考核结果对应月绩效工资系数

等级	A	B	C	D	E
系数	120%	100%	80%	50%	0

某月张三的月度绩效评级为C，张三的月基本工资为6 000元，该月份正常出勤，则张三该月份的绩效工资计算方式如下。

张三该月份绩效工资 =6 000×20%×80%=960（元）。

绩效考核结果也可以影响职工的年终奖金，具体用法可以参考如下案例。

举例

某企业的年终奖金以职工月薪的基本工资为基准，同时参考职工所在部门的年度绩效考核结果、职工个人的年度绩效考核结果以及个人年度的出勤情况，计算和发放职工的年终奖，计算公式如下。

年终奖 = 职工月薪基本工资 × 职工所在部门年度绩效考核结果对应系数 × 职工个人年度绩效考核结果对应系数 ×（职工年度实际出勤天数 ÷ 企业规定职工年度应出勤天数）。

其中，职工所在部门年度绩效考核结果对应系数如表7-10所示。

表7-10 职工所在部门年度绩效考核结果对应系数

等级	A	B	C	D	E
系数	1.8	1.4	1	0.8	0

职工个人年度绩效考核结果对应系数如表7-11所示。

表7-11 职工个人年度绩效考核结果对应系数

等级	A	B	C	D	E
系数	3	2	1	0.5	0

该企业职工张三的月薪基本工资为 5 000 元，某年度张三所在部门年度绩效考核结果评定为 A，张三本人的年度绩效考核结果评定为 B。该年度张三实际出勤 200 天，企业规定的职工年度应出勤天数为 240 天。

则张三的年终奖金计算结果如下。

张三的年终奖金 =5 000×1.8×2×（200÷240）=15 000（元）。

7.3.2 绩效调薪的操作方法

绩效考核结果在薪酬调整中的应用主要是根据职工的绩效考核结果对其基本工资进行调整，调薪的比例根据绩效考核结果的不同也应当有所区别。一般职工绩效考核结果评分越高，调薪的比例也就越高。调薪的周期一般是以年为单位进行，根据不同需要也可以半年度或季度为单位。

利用绩效考核结果进行调薪时，一般对绩效水平越高的职工，调薪的幅度或量也越大；绩效水平比较低的职工，调薪的幅度越低或不进行调薪；对于绩效特别差或者长时间处在低水平的职工，还可以考虑降低其基本工资。

对于岗位的薪酬等级比较规范、员工都严格按照岗位薪酬等级进行调薪的企业来说，绩效考核结果在调薪中的应用可以参考如下案例。

案例

某企业每年根据职工前两年的绩效考核结果给职工进行基本工资的调整。根据职工近两年绩效考核结果的不同，基本工资根据企业规定的基本工资等级规则分成 4 种情况，分别是薪酬上升两级、上升一级、不变和下降一级，如表 7-12 所示。

表 7-12 某企业职工年度绩效考核结果与年度基本工资调整规则

本年度绩效考核结果	上年度绩效考核结果	基本工资薪酬调整
A	A	上升二级
	B	上升一级
	C 或 D	不变
B	A 或 B	上升一级
	C 或 D	不变
C	A 或 B 或 C 或 D	不变
D	A 或 B 或 C	不变
	D	下降一级

对于薪酬并没有严格的等级，或者可以不完全参照岗位薪酬等级调整基本工资的企业来说，绩效考核结果在调薪中的应用可以参考如下案例。

[案例]

某企业每年根据职工前两年的绩效考核结果给职工进行基本工资的调整。根据职工近两年绩效考核结果的不同，规定职工月度基本工资的调整可以分成5种情况，分别是20%、15%、10%、5%、0，如表7-13所示。

表7-13　某企业职工年度绩效考核结果与年度基本工资调整规则

本年度绩效考核结果	上年度绩效考核结果	基本工资调整幅度
A	A	20%
	B	15%
	C 或 D	10%
B	A 或 B	15%
	C 或 D	5%
C	A 或 B	10%
	C 或 D	5%
D	A 或 B 或 C 或 D	0

有的企业为了减少因为职工间原有的基本工资不同，造成相同绩效水平内的职工在调薪后薪酬差距拉大，或者考虑薪酬成本，在实际进行调薪时，会让原来基本工资较低职工的绩效调薪的幅度或者数额较高，原来基本工资较高职工的绩效调薪的幅度或者数额较低。对于这种情况，可以参考如下案例。

[案例]

某企业每年根据职工当年的绩效考核结果给职工进行基本工资的调整。但是由于职工原有的基本工资不同，为了防止相同绩效水平间的职工工资差距越来越大，该企业引入薪酬均衡指标来调解职工年度基本工资的调整比例。

薪酬均衡指标由于衡量职工当前的工资水平与企业的中位水平相比之间的差距。薪酬均衡指标的计算公式如下。

薪酬均衡指标＝（职工基本工资 ÷ 基本工资的中位值）×100%。

当薪酬均衡指标大于100%时，表明职工的基本工资大于企业职工基本工资的中位值。这时候薪酬均衡指标的值越大，表明职工基本工资离企业基本工资的中位值越远，表明职工的工资相对越高。

当薪酬均衡指标等于100%时，表明职工的基本工资等于企业职工基本工资的中位值。

当薪酬均衡指标小于100%时，表明职工的基本工资小于企业职工基本工资的中位值。这时候薪酬均衡指标的值越小，表明职工基本工资离企业基本工资的中位值越远，企业职工的工资相对越低。

该企业根据职工绩效考核结果等级和薪酬均衡指标的不同，对职工月度基本工资调整幅度的规则规定如表7-14所示。

表7-14　某企业职工年度绩效考核结果、薪酬均衡指标与月度基本工资调整幅度规则

本年度绩效 考核等级	薪酬均衡指标80%以下 基本工资调整幅度	薪酬均衡指标 90%～110% 基本工资调整幅度	薪酬均衡指标110%以上 基本工资调整幅度
A	20%	18%	16%
B	15%	13%	11%
C	10%	8%	6%
D	5%	3%	1%
E	0	0	0

7.3.3　绩效福利的操作方法

员工福利通常可以分成两类，一类是法定福利，另一类是非法定福利，也叫作企业福利。

法定福利是相关法律法规明文规定的福利。这类福利具有企业强制性的特点，是所有政策覆盖范围内的企业应当遵守并执行的，比如社会保险、住房公积金、法定节假日、带薪年休假、关于各类假期的休假时间和工资支付、某类特殊时期的津贴、某些特殊环境的津贴、某种特殊岗位的津贴等。

企业福利是企业根据自身情况自行规定的福利。这类福利具有激励的特点，通常是企业用来激励职工的一种方式。比如为职工购买商业补充保险、职工带薪培训学习的机会、节假日发放的钱或物、加强职工休闲娱乐的设施建设等。不同企业由于经营状况、运营特点和管理方式等实际情况不同，所采取的企业福利通常具有较大的差异性。

企业福利按照受众对象的不同可以分为全员性福利和特殊群体福利。全员性福利是不分职位和岗位的差别，全员都享受的福利；特殊群体福利是只有某类特殊群体才享受的福利，比如高管人员、技术团队等。

企业福利的设置体现了企业管理的艺术化和创新性，是企业吸引人才、留住

人才和激励人才的重要方式。不同的企业因福利的差异性，将影响人才在求职时的选择、工作投入的积极性或者是否愿意继续留在企业的判断。

绩效福利主要体现为企业福利，而不是法定福利，通常表现为企业对绩效达到一定程度的优秀职工发放额外福利。

案例

某企业规定连续 2 年绩效考核结果为 A 的职工，可以享受企业组织的出国旅游一次；连续 5 年绩效考核结果为 A 的职工，可以享受企业发放的一部分子女教育学费补贴；连续 8 年绩效考核结果为 A 的职工，可以享受企业奖励的一份大额的终身医疗和意外保险。

如果企业设计了自助餐式的福利计划，可以将各种额外福利换算成福利分数值，由职工用获得的绩效分数兑换需要的福利项目。

案例

某企业规定职工每年的绩效考核结果可以兑换成职工个人的福利积分，具体兑换规则如表 7-15 所示。

表 7-15　某企业职工年度绩效考核结果兑换个人福利积分规则

年度绩效考核结果	A	B	C	D
职工福利积分（分）	100	80	50	0

职工个人福利积分兑换规则可参考表 7-16。

表 7-16　某企业个人福利积分可兑换物品示意表

福利类别	购物卡	补充商业保险	体检卡	出国旅游	……
需要积分	50	100	150	300	……

疑难问题
如何破解绩效管理鞭打"快牛"问题

有这样一个寓言故事。

一位农夫有一头水牛和一头黄牛。农夫拉着两头牛犁田，他先给黄牛套上犁枷，但任凭他怎么吆喝黄牛就是不走，折腾半天没犁了几路田。无奈之下，农夫换上水牛，水牛不用吆喝就主动拉着犁往前走，但农夫还是不断地鞭打水牛。

水牛很是不解，就停下来问："主人，我已经尽心尽力地帮你拉犁了，怎么还老是打我？"农夫说："黄牛不拉，只有你拉，不打得你跑快些，什么时候才能犁完田？少废话，快走！"说罢又是一鞭。

多次挨鞭子的水牛想：自己跑得越快，犁的田越多，被鞭打的机会就越多，而黄牛却在旁边悠哉游哉地吃草，真不公平！最终，它挣脱犁枷跑了。

鞭打快牛的悲剧在很多绩效管理不到位的企业每天都在上演着，造成了企业里原本珍贵的"快牛们"怨声载道，而那些"慢牛们"却活得很潇洒。绩效管理之所以会出现鞭打"快牛"的现象，是因为企业给"快牛"和"慢牛"设置的绩效指标有问题。

有的企业做绩效时特别重视处罚行为上的错误，而不重视鼓励行为上的贡献。结果，多劳的，因为做的工作多，错的就多，所以分数低；少劳的，因为做的事情少，错的少，所以分数高。

对待这种情况最有效的办法是"标准化行为"。在绩效考核中又叫关键事件法、行为锚定法或者行为观察法，其原理如下。

（1）明确相类似的岗位的关键行为事件或者指标，不论"快牛"还是"慢牛"，对这个岗位来说，这些事件和指标都是一样的。

（2）对有效的行为／指标和无效的行为／指标进行分类，不是员工出现了错误之后进行扣分，而是当员工出现企业希望的行为之后给予加分。

除此之外，要有效地解决这个问题，还可以从以下方面查找原因。

1. 搞清楚"慢牛"为什么慢

管理层不能眼里只看到"快牛"走得还不够快，却没有看到"慢牛"为什么总那么慢。要搞清楚"慢牛"慢的原因，是他们不愿意干活、不会干活，还是周围的环境、工具、氛围造成了他们不能干活？

找出"慢牛"慢的原因之后，可以先从"慢牛"身上入手，通过教育培训，改变他们的态度、提高他们的技能；通过绩效管理，约束他们的行为；通过流程、工具、环境、方法的转变，改善他们的作业环境，把他们变成"快牛"。

2. 搞清楚"快牛"为什么快

"快牛"快一定是因为快牛比较优秀吗？不一定！有可能是因为"快牛"所在的团队底子好，让他有了一个非常好的工作基础。是"快牛"真的优秀，还是集体优秀的同时，显出了他们个体的优秀？在团队中，每个人都有各自的分工，每个人也都有各自的专长。有时候凸显出来的人并不一定是他真的强，如果没有他背后团队其他成员默默的支持，可能他并不一定强。

搞清楚"快牛"为什么快之后，便能够更理性地看待企业中的"快牛"和"慢牛"的问题，究竟谁是"快牛"，谁是"慢牛"，不能简单地一概而论。当然，有时候"快牛""慢牛"显而易见，我们可以尝试总结"快牛"快的原因，是流程，工具，还是方法上造成的，把优秀经验萃取出来，在企业中进行推广。另外，还需要做好下面的工作。

1. 把"快牛"和"慢牛"的目标合并

有时候鞭打"快牛"，是人性使然，是把"快牛"和一个更优秀的"快牛"相比的结果。我们放任"慢牛"，有时候是认为"慢牛"很难变好。为了避免这种惯性思维，企业可以给"快牛"和"慢牛"设置共同的目标，以他们共同的目标是否完成来一起鞭打或者奖励"快牛"和"慢牛"。

2. 给"快牛"更多的激励

如果发现了优秀的"快牛"，企业务必要珍惜，要给他更多的激励。"快牛"因为比"慢牛"要快，应当获得更高的绩效薪酬，应当给予他职位上更高的期许，应当给他能力上更多的培养。总之，企业有好的资源可以向"快牛"倾斜，鼓励他继续变成"快快牛"。

3. 给"慢牛"更多的鞭策

对待那些真正的"慢牛"，我们可以给他们压担子，鞭打他们，绝不可以手软。如果对"慢牛"不给予任何惩罚，"慢牛"只会越来越慢，"快牛"也会变慢。

根据"二八原理"，组织中一般20%的精英创造着80%的价值，其他80%的人创造着20%的价值。也就是说，"快牛"永远是少数，"慢牛"永远是多数。这时候，当企业有一定资源的时候，比如培训学习的机会、特殊的福利等，就应当向"快牛"倾斜，让他们继续为企业创造更多的价值，期望他们变得更优秀。

当这20%的"快牛"创造的价值提升10%的时候，企业的价值就会提升8%；当那20%的"慢牛"创造的价值提升10%的时候，企业的价值只能提升2%。当资源有限的时候，激励原本就优秀的20%的"快牛"价值提升10%容易，还是激励原本就不优秀的80%的"慢牛"价值提升10%更容易？我想你的心里一定有答案。

🔍 疑难问题

如何制定中小企业的晋升制度

成长之心人皆有之，"有奔头"是很多人行为动机的来源。这个道理不论是大企业、中企业还是小企业，只要是有人的地方，人们就会希望"越来越好"。就像有一首歌里朴实无华的歌词："日子越来越好""生活越来越好"。

中型企业、创业企业、小微企业，在事业迅速发展的时期，更是需要给员工这种成长的动力。这需要一个能够激励人才的晋升制度。然而，规模较小的企业因为自身的特点决定了在晋升制度上可能会有一些特殊与侧重，具体体现在以下方面。

1. 注重职级而不是职位

与大型企业中的职位众多不同，中小型企业一般人比较少，能够设置的职位也比较有限，所以中小企业在员工晋升的设置上一般以职级上的提升为主。

比如，可以给某一个岗位设置15个级别，员工每半年或者每一年可以根据态度、绩效或能力情况进行一次评定，以确定是否晋级。员工可以多年从事同一个岗位，但是随着能力和绩效的提升，工资、福利、待遇、权限都会有所提升，因此员工依然会有晋升的感觉。

不仅是中小企业，很多大型的跨国企业也是这样操作的。比如IBM（International Business Machines Corporation，国际商业机器企业）的咨询业务团队就是这么做的，很多咨询师都是知识型和技术型的人才，不可能都晋升成管理岗。为此，IBM设置了Band1 ~ Band9（岗位职级从1级到9级）等级制度。在Band9之上，还有partner（合伙人）的级别分类。在IBM发展得比较好的咨询顾问，在比较低级别的时候，一般可以1 ~ 3年晋升一级；在级别比较高的时候，一般可以3 ~ 5年晋升一级。

2. 注重精神而不是物质

中小企业可能不像一些大企业的财务状况那么好，所以在晋升奖励方面，不一定会完全体现在薪酬的提升上，但是可以增加更多精神层面的激励。激励理论也认为，精神激励往往比物质激励更具备激励性。

常见的一些精神激励，比如职级晋升之后，能够更多地接触到企业的最上层，能够获得更多的外出或者内部学习的机会，能够有更加弹性的工作时间，能够获得一个更宽敞自由的工作空间等。

当然，也可以有更丰富的方法，我一个朋友的创业企业，一共只有10个人，但是他不仅给员工设置了职级，也在职位名称上下了不少功夫。企业的财务部一共有两位员工，还兼职其他工作，但是却设置了CFO（chief financial officer，首席财务官）、财务总监、财务副总监、财务高级经理、财务经理、财务副经理、财务主管等职位，这些职位都有空缺……

他这样做的目的，一是给这两位员工一个奋斗的目标，二是当他们晋升到那个职位之后，可以将好听的岗位名称印在名片上，以增加员工社交属性上的优势。这种优势，反而是制度森严的大企业不能给员工的。

3. 注重远期而不是近期

由于中小企业的特点，员工晋升后的奖励不一定是即时的、近期的，这时候企业可以适当地引入长期激励。这样做的好处一方面是能够减轻企业的财务压力，另一方面也能提高企业员工队伍的稳定性。这里的长期激励，不仅指的是股权激励，还可以是一些长期的薪酬计划、福利计划等。

比如，达到某级别满 5 年，发一块小金牌，价值 ×××；达到某级别满 10 年，发一块大金牌，价值 ×××；达到某级别满 5 年，子女可以获得教育基金；达到某级别满 10 年，企业保证解决户口问题等。

4. 注重功劳而不是苦劳

中小企业很多时候不仅追求活下去，而且追求活得更好，以企业的成长和发展为目的，以市场的认可为目标。企业接受着市场的考验，员工更应当如此。在大企业，很多时候只要员工的工作年限到了、能力达标了、有空位置了，只要他没有犯过什么原则性的错误，就意味着这个员工应该晋升了。

但是，在中小企业中不建议这样。中小企业员工的晋升，必须通过价值来兑换，用结果来说话。其实不仅在晋升制度上，在任何制度上，都要体现小企业更关注市场、更贴近顾客的特点，一切以市场认可的功劳来判定，而不是自己做了多少苦劳。

第8章

如何在借力用人层面管控人力成本

　　企业常用"经理"来形容管理者，"经"指的是经营，"理"指的是管理。一个好的管理者，既要做好经营，又要做好管理。如何借力是个经营问题，如何用人是个管理问题，借力和用人，是从经营、管理两个层面管控人力成本的。

8.1 外部资源与人力成本管控

中国功夫中有"借力用力"之说，通过借力，即使是一个弱女子，也能够轻易打倒一个彪形壮汉。在管控人力成本时，我们同样可以运用借力用力的方法，通过借助外部资源，节省企业内部的资源。

8.1.1 借助上游供应商资源

从微观上看，企业和上游供应商之间的关系是买方和卖方的关系、需求和供给的关系。这种关系天然存在一定的竞争和博弈成分。很多企业和上游供应商之间的交流仅限于产品价格、产品质量、产品交付期等这类聚焦于产品层面的合作。实际上，两者之间的关系远不限于此。

从整个宏观商业世界来看，上游供应商和企业是一条供应链上的上下游环节，二者之间也是利益共同体的关系。企业业务开展得越成功，与上游供应商之间的交易发生得就会越频繁，双方的交易金额、交易数量都会相应越大，从而会促进上游供应商业务的发展和规模的扩大。

企业不应把与上游供应商之间的合作看成是"一方赢、一方输"（win-lose）的零和博弈，而应当看成能够实现"双赢"（win-win）的增值合作。双方不应当抱着斤斤计较、压榨对方利润、相互竞争的思维，而应当持有彼此投入资源，一起把市场的蛋糕做大，实现合作共赢的思维。

企业借助上游供应商的资源，就是双方实现合作共赢的一种方式。在上游供应商能够提供的资源支持当中，人力资源是非常重要的一种资源。比如，上游供应商为了扩大业务而派驻在企业的驻厂或驻店人员等；上游供应商为了给企业某类岗位或企业的下游客户更好地提供某方面的信息而提供的培训讲师；供应商为协助企业加强内部管理、提高效率、降低成本而提供的咨询顾问等。

上游供应商提供的这些人力资源通常有一个共同的特点，就是上游供应商为了扩大自身的业务，愿意提供这些人力资源全部的人力成本，或者他们的人力成本大部分由上游供应商提供，小部分由企业提供。

上游供应商在人力资源方面的投入，在某种程度上能够减少企业在人力资源方面的投入，或者增加企业在人力成本方面的使用效率。

案例

某经营连锁零售超市的集团企业所有连锁店的人力资源分成正式员工、小时工和促销员三类。其中，正式员工和小时工属于该企业的人力资源，由该企业负责他们的人力成本；促销员是该企业的上游供应商企业派驻在该企业的人力资源，他们所有的人力成本由供应商负责。

按照常理，总面积近似、总客流近似、总销售规模近似的门店，相同品牌供应商的产品销售额应当近似，但实际情况并非如此，近似门店之间，相同品牌供应商产品的销售差距比较大。

造成这种情况的直接原因是该品牌供应商产品的客单价（单位顾客购买该商品所支付的价格）不同。造成客单价低的原因主要是门店现场的促销员少。如果门店有足够的促销员，该品牌供应商产品的销售很可能有所提高。

为此，该企业将年度总销售额差异在10%以内、面积差异在10%的不同门店中，该供应商品牌产品的销售额情况以及拥有促销员的情况进行比较，得到结果如表8-1所示。

表8-1 品牌供应商产品促销员数量现状示意表

门店	品牌产品月销售额（万元）	拥有促销员数量（人）
A店	80	8
B店	60	6
C店	50	5
D店	40	4

该品牌供应商每个促销员每年的人力成本大约为7.5万元，月人力成本大约为6 250元。该品牌产品的平均毛利率为15%。不论是该企业还是该品牌供应商，都希望在保证毛利额的情况下扩大销售规模。

该企业认为，与A店相似的B店、C店、D店的品牌产品月销售额都能提高到80万元，实现该销售额的最好方式是通过提高促销员的数量。所以该企业建议将其他三店的促销员数量增加到8人，同时将该品牌产品的月销售额目标定为80万元，如表8-2所示。

表8-2 品牌供应商增加促销员建议示意表

门店	品牌产品月销售额（万元）	拥有促销员数量	建议促销员数量	建议增加促销员数量
A店	80	8	8	0
B店	60	6	8	2
C店	50	5	8	3
D店	40	4	8	4

经过该企业与供应商之间的谈判和协商，由供应商补充其他店的促销员数量。同时，该企业提供线下店的销售资源支持，形成共赢的合作。供应商对促销员数量的补充，能够在一定程度上减少门店的人力资源数量，降低门店的成本，而销售的提升又能在一定程度上提升劳效。

8.1.2 借助下游客户资源

企业和下游客户也是一条供应链上的两个环节，企业能够借助上游供应商的资源，同样可以借助下游客户的资源。与借助供应商的资源类似，借助下游客户的资源同样是降低人力成本的有效方式之一。

企业与上游供应商之间能够实现双赢，与下游客户之间同样不能抱着一方获利、一方吃亏的零和博弈思维，而应当抱着合作共赢的思想来看待彼此的关系，应当从供应链的视角整合资源，最大化最终价值，最小化中间成本。

借助下游客户资源的方式有很多种，比如下游客户为了获得更稳定的产品品质，向企业派驻品质管理人员、为企业提供培训资源或咨询服务，能够在一定程度上节省企业的培训成本和管理成本；个体消费者购买使用某产品之后的网络转发，达到了企业广告宣传的效果，能够在一定程度上节省广告部门的广告经费和人力成本等。

案例

某银行原来信用卡新增业务是通过企业的客户经理完成。客户经理是该银行的正式员工，银行要通过招聘、选拔、培训、考核等一系列管理方法对客户经理实施管理。客户经理每月有信用卡推广的任务，薪酬水平与信用卡推广任务的完成情况直接相关。

然而随着业务的发展，该银行发现这种信用卡推广方式的人力成本越来越高。因为客户经理的业绩特点普遍是前几个月的业务量增长速度较快，但是工作时间越长，业务量越差。这可能是因为业务经理推广信用卡的时候大多是动用自己的人际关系，当人际关系全部用完之后，业务拓展会变得越来越难。

客户经理的业务差，会造成他们的薪酬低，进一步造成他们的工作态度消极以及离职率增加。消极的工作态度和增加的离职率会造成现有员工心态的波动，同时会影响对新员工的招聘和培养。

后来，该银行既尝试了将信用卡推广业务的工作人员转为劳务派遣人员，又尝试了将整个信用卡推广业务转为外包，但是都没有从根本上解决这个问题。不论是劳务派遣还是外包，都少不了对信用卡推广人员的管理，都少不了支付人力成本。

再后来，该银行通过运用客户资源完成信用卡的推广。这样做不但可以完成业务的推广，减少人力成本，同时通过信用卡业务推广对客户的奖励，能在一定程度上提高客户的满意度。客户在类似活动中能够获得一种参与感，提高对该银行品牌的认可度。

该银行推出了"合伙人"计划。任何持该银行信用卡的用户，都可以推荐周围的朋友办理该信用卡，办理成功之后该银行将会给"合伙人"一定的奖励。办卡数量越多，得到的奖励越多。

随着"合伙人"计划的发展，该银行发展成为不论是否持有该银行的信用卡，只要通过注册，就可以成为该银行的"合伙人"，协助推广该银行的信用卡。这不仅借用了现有客户的资源，还借用了潜在客户的资源，进一步增加了银行的口碑。

8.1.3 借助政府补贴资源

人力资源部不仅可以为企业"省钱"，也可以为企业"赚钱"。这里的"赚钱"不是指人力资源部直接参与企业的经营性活动而产生经营性利益，也不单指人力资源部为其他企业提供咨询、承接外包或培训项目等产生的收益，而是通过产业和人才项目，合理合法地获得政府支持，为企业取得非经营性收益。

政府在人力资源方面的资金补助政策涵盖范围非常广泛，我们常看到一些大型企业得到政府的补贴资金，有些人看了会产生错觉以为政府的补助资金只是给国有企业或者大企业准备的。

事实上，政府的资金支持在补贴企业的选择上，并没有特别的偏好。广大的中小企业、创业企业可以跟国有企业、大企业一样拿到政府补贴。大多数中小企业没能拿到政府补贴，很大原因是对政府的补贴政策不了解。

人才相关的支持政策一般分为国家级、省级、市级三级支持体系，每个支持体系中又根据不同的支持类别分为不同的类别。政府部门通常有一系列的企业减负补贴，比如社保补贴、特殊人群就业补贴、税收返还或补贴等。人力资源部可以根据所在地区情况，巧用政府的政策支持。

《中华人民共和国就业促进法》（2015年4月24日修正）的相关规定如下。

第四十七条　县级以上地方人民政府和有关部门根据市场需求和产业发展方向，鼓励、指导企业加强职业教育和培训。

职业院校、职业技能培训机构与企业应当密切联系，实行产教结合，为经济建设服务，培养实用人才和熟练劳动者。

企业应当按照国家有关规定提取职工教育经费，对劳动者进行职业技能培训和继续教育培训。

第四十八条　国家采取措施建立健全劳动预备制度，县级以上地方人民政府对有就业要求的初高中毕业生实行一定期限的职业教育和培训，使其取得相应的职业资格或者掌握一定的职业技能。

第四十九条　地方各级人民政府鼓励和支持开展就业培训，帮助失业人员提高职业技能，增强其就业能力和创业能力。失业人员参加就业培训的，按照有关规定享受政府培训补贴。

············

第五十二条　各级人民政府建立健全就业援助制度，采取税费减免、贷款贴息、社会保险补贴、岗位补贴等办法，通过公益性岗位安置等途径，对就业困难人员实行优先扶持和重点帮助。

就业困难人员是指因身体状况、技能水平、家庭因素、失去土地等原因难以实现就业，以及连续失业一定时间仍未能实现就业的人员。就业困难人员的具体范围，由省、自治区、直辖市人民政府根据本行政区域的实际情况规定。

第五十三条　政府投资开发的公益性岗位，应当优先安排符合岗位要求的就业困难人员。被安排在公益性岗位工作的，按照国家规定给予岗位补贴。

第五十四条　地方各级人民政府加强基层就业援助服务工作，对就业困难人员实施重点帮助，提供有针对性的就业服务和公益性岗位援助。

地方各级人民政府鼓励和支持社会各方面为就业困难人员提供技能培训、岗位信息等服务。

第五十五条　各级人民政府采取特别扶助措施，促进残疾人就业。

用人单位应当按照国家规定安排残疾人就业，具体办法由国务院规定。

第五十六条　县级以上地方人民政府采取多种就业形式，拓宽公益性岗位范围，开发就业岗位，确保城市有就业需求的家庭至少有一人实现就业。

法定劳动年龄内的家庭人员均处于失业状况的城市居民家庭，可以向住所地街道、社区公共就业服务机构申请就业援助。街道、社区公共就业服务机构经确认属实的，应当为该家庭中至少一人提供适当的就业岗位。

第五十七条　国家鼓励资源开采型城市和独立工矿区发展与市场需求相适应的产业，引导劳动者转移就业。

对因资源枯竭或者经济结构调整等原因造成就业困难人员集中的地区，上级人民政府应当给予必要的扶持和帮助。

《就业补助资金管理办法》（财社〔2017〕164号，2017年10月13日发布）

第四条　就业补助资金分为对个人和单位的补贴、公共就业服务能力建设补助两类。

对个人和单位的补贴资金用于职业培训补贴、职业技能鉴定补贴、社会保险补贴、公益性岗位补贴、创业补贴、就业见习补贴、求职创业补贴等支出；公共就业服务能力建设补助资金用于就业创业服务补助和高技能人才培养补助等支出。

同一项目就业补助资金补贴与失业保险待遇有重复的，个人和单位不可重复享受。

第五条　享受职业培训补贴的人员范围包括：贫困家庭子女、毕业年度高校毕业生（含技师学院高级工班、预备技师班和特殊教育院校职业教育类毕业生，下同）、城乡未继续升学的应届初高中毕业生、农村转移就业劳动者、城镇登记失业人员（以下简称五类人员），以及符合条件的企业职工。

职业培训补贴用于以下方面：

（一）五类人员就业技能培训和创业培训。对参加就业技能培训和创业培训的五类人员，培训后取得职业资格证书的（或职业技能等级证书、专项职业能力证书、培训合格证书，下同），给予一定标准的职业培训补贴。各地应当精准对接产业发展需求和受教育者需求，定期发布重点产业职业培训需求指导目录，对指导目录内的职业培训，可适当提高补贴标准。对为城乡未继续升学的应届初高中毕业生垫付劳动预备制培训费的培训机构，给予一定标准的职业培训补贴。其中农村学员和城市低保家庭学员参加劳动预备制培训的，同时给予一定标准的生活费补贴。

（二）符合条件的企业职工岗位技能培训。对企业新录用的五类人员，与企业签订1年以上期限劳动合同、并于签订劳动合同之日起1年内参加由企业依托所属培训机构或政府认定的培训机构开展岗位技能培训的，在取得职业资格证书后给予职工个人或企业一定标准的职业培训补贴。对按国家有关规定参加企业新型学徒制培训、技师培训的企业在职职工，培训后取得职业资格证书的，给予职工个人或企业一定标准的职业培训补贴。

（三）符合条件人员项目制培训。各地人社、财政部门可通过项目制方式，向政府认定的培训机构整建制购买就业技能培训或创业培训项目，为化解钢铁煤炭煤电行业过剩产能企业失业人员（以下简称去产能失业人员）、建档立卡贫困劳动力免费提供就业技能培训或创业培训。对承担项目制培训任务的培训机构，给予一定标准的职业培训补贴。

第六条　对通过初次职业技能鉴定并取得职业资格证书（不含培训合格证）的五类人员，给予职业技能鉴定补贴。对纳入重点产业职业资格和职业技能等级评定指导目录的，可适当提高补贴标准。

第七条　享受社会保险补贴的人员范围包括：符合《就业促进法》规定的就业困难人员和高校毕业生。

社会保险补贴用于以下方面：

（一）就业困难人员社会保险补贴。对招用就业困难人员并缴纳社会保险费的单位，以及通过公益性岗位安置就业困难人员并缴纳社会保险费的单位，按其为就业困难人员实际缴纳的基本养老保险费、基本医疗保险费和失业保险费给予补贴，不包括就业困难人员个人应缴纳的部分。对就业困难人员灵活就业后缴纳的社会保险费，给予一定数额的社会保险补贴，补贴标准原则上不超过其实际缴费的 2/3。就业困难人员社会保险补贴期限，除对距法定退休年龄不足 5 年的就业困难人员可延长至退休外，其余人员最长不超过 3 年（以初次核定其享受社会保险补贴时年龄为准）。

（二）高校毕业生社会保险补贴。对招用毕业年度高校毕业生，与之签订 1 年以上劳动合同并为其缴纳社会保险费的小微企业，给予最长不超过 1 年的社会保险补贴，不包括高校毕业生个人应缴纳的部分。对离校 1 年内未就业的高校毕业生灵活就业后缴纳的社会保险费，给予一定数额的社会保险补贴，补贴标准原则上不超过其实际缴费的 2/3，补贴期限最长不超过 2 年。

第八条　享受公益性岗位补贴的人员范围为就业困难人员，重点是大龄失业人员和零就业家庭人员。

对公益性岗位安置的就业困难人员给予岗位补贴，补贴标准参照当地最低工资标准执行。

公益性岗位补贴期限，除对距法定退休年龄不足 5 年的就业困难人员可延长至退休外，其余人员最长不超过 3 年（以初次核定其享受公益性岗位补贴时年龄为准）。

第九条　对首次创办小微企业或从事个体经营，且所创办企业或个体工商户自工商登记注册之日起正常运营 1 年以上的离校 2 年内高校毕业生、就业困难人员，试点给予一次性创业补贴。具体试点办法由省级财政、人社部门另行制定。

第十条　享受就业见习补贴的人员范围为离校 2 年内未就业高校毕业生，艰苦边远地区、老工业基地、国家级贫困县可扩大至离校 2 年内未就业中职毕业生。对吸纳上述人员参加就业见习的单位，给予一定标准的就业见习补贴，用于见习单位支付见习人员见习期间基本生活费、为见习人员办理人身意外伤害保险，以及对见习人员的指导管理费用。对见习人员见习期满留用率达到 50% 以上的单位，可适当提高见习补贴标准。

第十一条　对在毕业年度有就业创业意愿并积极求职创业的低保家庭、贫困残疾人家庭、建档立卡贫困家庭和特困人员中的高校毕业生，残疾及获得国家助学贷款的高校毕业生，给予一次性求职创业补贴。

第十二条　就业创业服务补助用于加强公共就业创业服务机构服务能力建设，重点支持信息网络系统建设及维护，公共就业创业服务机构及其与高校开展的招聘活动和创业服务，对创业孵化基地给予奖补，以及向社会购买基本就业创业服务成果。

第十三条　高技能人才培养补助重点用于高技能人才培训基地建设和技能大师工作室建设等支出。

第十四条　其他支出是指各地经省级人民政府批准，符合中央专项转移支付相关管理规定，确需新增的项目支出。

第十五条　就业补助资金中对个人和单位的补贴资金的具体标准，在符合以上原则规定的基础上，由省级财政、人社部门结合当地实际确定。各地要严格控制就业创业服务补助的支出比例。

第十六条　就业补助资金不得用于以下支出：

（一）办公用房建设支出。

（二）职工宿舍建设支出。

（三）购置交通工具支出。

（四）发放工作人员津贴补贴等支出。

（五）"三公"经费支出。

（六）普惠金融项下创业担保贷款（原小额担保贷款，下同）贴息及补充创业担保贷款基金相关支出。

（七）部门预算已安排支出。

（八）法律法规禁止的其他支出。

个人、单位按照本办法申领获得的补贴资金，具体用途可由申请人或申请单位确定，不受本条规定限制。

8.2　管理机制与人力成本管控

管理是技术，更是艺术。用人同样有技术和艺术两方面的因素。企业要有效地用人，要在用人方面管控成本，需要做好员工之间的分工协作，合理划分员工职责，通过用人提高员工的积极性。

8.2.1　如何做好分工与协作

全球著名的咨询企业麦肯锡（McKinsey & Company）有个 MECE 思维准则，即 mutually exclusive collectively exhaustive，翻译成中文是"相互独立，完全穷尽"，就是对于一系列事件，能够做到不重叠、不遗漏地分类，而且能够借此有效把握问题的核心，并让其能够成为有效解决问题的方法。

这套思维准则能够帮助我们找到所有影响企业预期效益或目标的关键因素，并且能够找到所有可能的解决办法，也有助于管理者进行问题或解决方案的排序、分析，从中找到令企业满意的最佳解决方案。在团队的分工与协作方面，这套思维准则同样适用。

分工就像蚂蚁搬家，各司其职，互不干扰。

协作也像蚂蚁搬家，无缝衔接，高度配合。

分工是让团队成员能够清晰地认清自己的任务，清楚团队的规则，给团队成员一个清晰的框架，在这个规则和框架的范围内，团队成员可以大胆地完成自己的工作。所以规则和框架是分工的核心。把权力装在笼子里，把责任扛在肩上，把利益藏在心中。

在分工时，团队的责任不能有交叉，如果不清不楚，结果只会是一盘散沙。在协作时，要注意团队内部的交流，做到相互信任、相互帮助、共同提高。

那么，如何做好分工和协作之间的平衡呢？

1. 勤勉

没有一劳永逸的管理方法，遇到问题后要协调和解决问题。管理者从来都不应当期待有什么机制能一次性把一个问题彻底解决。不论对待什么事情，管理者自身首先要勤勉，在团队内部进行跟踪，实施考核，找到问题，随时解决。

2. 服务

管理者需要服务的对象其实不仅是用户。管理者也要为自己的下属做好服务工作。团队成员需要资源支持时，管理者应尽可能地给予帮助和支持。

3. 沟通

（1）沟通要有方法，在内部建立沟通平台机制，比如每天例会的讨论。

（2）沟通要有渠道，比如除了例会之外，建立微信群随时沟通情况。

（3）沟通要有规则，即团队内部要沟通什么，沟通之后要达成什么结果。

（4）沟通要有节奏，不是任何人什么时候想沟通就沟通，不想沟通就不沟通，而是该就工作问题沟通时必须马上沟通，不该就工作问题沟通时就不要沟通。

8.2.2　如何划分员工的权责

有一个项目型的企业，其业务签单需要营销、策划、技术等部门通力合作才能完成，在跨部门协作时，各部门都不想承担项目中的责任，每个项目都需要花费不少的沟通成本，有些时候还需要领导出面协调。

为此，领导制定了一个责任人制度，为所有工作任务和流程都确定了责任人。但是在实施一段时间后，员工却变得斤斤计较起来，因为工作中的一切以制度规定的部门责任为准，缺乏变通和协作，增加了许多内耗。出现这种问题，是制度制定的方向错了，还是企业的项目管理问题无法通过制度解决呢？

人都有惰性，所以在项目管理或者工作过程中，同事之间的不合作是一种常见的现象。

出现这种情况的原因是企业自身的管理能力比较差，没能有效地拆解任务、分配任务没有做好项目管理中的计划、组织、领导、协调、管控、评价等环节的工作，没有合理地分配员工的权、责、利。

项目责任分配矩阵，能有效地解决权责利的分配问题，责任分配矩阵如表8-3所示。

表8-3　责任分配矩阵

任务	A部门/个人	B部门/个人	C部门/个人	D部门/个人	E部门/个人
任务1					
任务2					
任务3					
任务4					
任务5					

责任分配矩阵的横向是项目中所有的相关人员，可以是部门，也可以是具体的人。部门负责人在部门内部分配任务的时候，同样可以使用这个工具。

项目责任分配矩阵的纵向是具体的项目任务。任务是对项目目标的分解，每一项任务可以有具体的任务目标。通过任务目标是否达成，我们可以判断单项的任务是否完成。

项目责任分配矩阵中最重要的是责任的划分，根据不同的责任类别，项目中的常见责任可以分成负责、参与、审批三大类。

为什么案例中的那位领导规定的责任人制度不好用呢？

因为这种所谓的责任人制度只是简单地把所有的责任都给了一个人或者一个部门，其他的人或者部门会认为在这个任务中若出了事，是那个责任人负责，与自己无关。

管理实务中流传着一句话：责任一定要落实到人，不落实到人的责任是落不了地的。还有一句话：如果一件事有一个人以上的负责人，等于没有人负责。

这些话没错，所以很多人在这两句话的影响下，像这位领导一样简单地管理部门。

如果一件工作只需要一个人来完成，那么这项工作由这个人负责是没问题的；可现实是大部分工作都涉及协作，需要多个部门的参与，一个人负全责肯定是不严谨的。

这时候，企业可以采用下面的方法。

对于某个任务，确定一个负责人，负责整体推进这项任务，但是这项任务如果失败，并不是由这个负责人负全责，因为任务中还有其他参与的人，他们也有任务和职责。任务负责人负责分配他们的任务和职责。项目中还有审批人，很多任务是否能完成，审批人也有责任。

所以，某项任务是否能完成，确实应责任到人，但不是责任只到一个人。保证人人有任务，人人有责任，人人有目标，才是项目管理的实施真谛。

8.2.3 如何提高团队活跃度

人们很容易因为现状很好，就怠于改变，因为改变是要付出代价的。在这种情况下，如果原本相安无事的群体中突然来了一个"异类"，必然会让平静的水面泛起一些波澜，让原本安于现状的团队成员感到不适。这种效应，叫作鲇鱼效应；这类人才，叫鲇鱼型人才。

在企业管理中，有时候为了实现管理目标，需要引入和利用鲇鱼型人才，以此来改变企业原本一潭死水的状况。通过善用鲇鱼型人才，能够降低管理成本，达到较好的管理效果。

当企业处于变革时期时，企业要升级管理，要员工学习新的知识和技能，很容易造成员工的抵制，因为大多数员工安于现状。这时候，管理者要想员工认可变革，一方面要让员工深刻意识到变革对自己的意义；另一方面，就需要鲇鱼型人才发挥作用了。有效地使用鲇鱼型人才，能够帮助企业打破原本的平衡，创造新的平衡。

鲇鱼型人才能够为企业正向提升提供动力，为企业增添新的活力，打破按部就班、墨守成规的局面，激发员工的动力，提高团队的竞争力。鲇鱼型人才有时候是管理致胜的"奇兵"。

当然，鲇鱼型人才也不是万能的。鲇鱼型人才也可能会张扬激进，不考虑他人感受，容易造成团队内部人际关系的混乱，阻碍团队合作。而且有时候，鲇鱼型人才的想法太多，容易导致团队的意见和思想难以统一，加大沟通成本，从短期看，可能会造成员工工作效率的下降。

所以，我们需要正确地看待鲇鱼型人才的利弊，实施有效的管控，才能让其真正发挥价值，否则，可能会引发混乱。如何对鲇鱼型人才或组织进行有效的利用和管理是管理者必须探讨的问题。由于鲇鱼型人才的特殊性，管理者不可能用企业管理其他员工的方式来管理鲇鱼型人才。

管理者想要有效利用鲇鱼效应，首先要能管得住鲇鱼型人才。鲇鱼型人才在一定程度上也对管理者提出了新的要求，不仅要求管理者掌握管理的原理，而且还需要管理者具备一定的素质和修养，这样鲇鱼型人才才会心服口服，才能够保证企业目标的实现。

另外，鲇鱼型人才如何有效地存续也是个重要的话题。历史经验告诉我们，枪打出头鸟，鲇鱼型人才很容易"出师未捷身先死，长使英雄泪满襟"。正因为如此，很多企业里具备鲇鱼潜质的人才不敢发挥这项特质，变成了一只低调的小鱼，想动又不敢动。

其实，鲇鱼型人才的生存问题是有办法解决的。对于管理者来说，要引导鲇鱼型人才，使其追求卓越的同时，要学会低调和韬光养晦；忠诚于企业的同时，要学会知进退；努力工作的同时，要讲究做人做事的方法或技巧。

鲶鱼型人才能否和原有成员形成优势互补，能否具备团队意识，能否和团队成员有效地合作，这些都将影响企业战斗力的发挥。如果鲶鱼型人才的个人观念非常重，无视团队成员的存在，单打独斗的行为非常明显，那么这种"鲶鱼"不但不会产生鲶鱼效应，而且还会损耗团队的战斗力。

8.3 员工关怀与人力成本管控

员工希望得到企业的关注，希望获得存在感。员工存在感一方面来自企业在其做出成绩之后，对其的肯定，另一方面来自企业日常的关怀。企业关怀员工的方式有很多，常见的有通过员工满意度调查提高员工满意度，通过员工合理化建议增强员工责任感和参与感，通过员工的心理疏导缓解员工的工作情绪等。

8.3.1 员工满意度调查和成本管控

员工满意度调查是广泛听取员工意见，并激发员工参与管理的一种方式。通过员工满意度调查可以捕捉员工思想动态和心理需求，从而采取有针对性的应对措施。

员工满意度调查能够收集到员工对改善企业经营管理的意见和要求，同时又能够激发员工参与组织变革，提升员工对组织的认同感和忠诚度，也能够为企业人力资源管理的决策和改善提供有效的依据。

1. 员工满意度调查包含的内容

（1）工作时间。

此项内容通常是要搞清楚员工对上下班时间安排是否满意，员工是否能够经常按时下班，员工对休假的安排是否满意，在按照法律法规支付加班费或倒休的前提下，员工是否愿意接受加班，等等。

（2）工作环境。

此项内容通常包括员工对工作的环境温度、湿度、光线情况、通风状况是否满意，员工的工作场所是否存在较大的噪声，工作场所的清洁状况如何，工作是否需要经常出差，工作用到的工具和设施是否对身体无害，员工对企业提供的劳动保护用品是否满意，等等。

（3）劳动强度。

此项内容通常包括员工对自己目前的工作量是否满意，如果不满意，有两种可能，可能是员工因为工作量太大，也可能是员工认为工作量太少。此项内容还包括员工对工作需要耗费自己的体力或精力是否满意，等等。

（4）工作感受。

此项内容通常是了解员工是否感受到自己工作的意义和价值，在工作时的感觉是否愉悦，是否能感受到与部门同事或领导之间的关系是和谐的，工作的整体氛围给员工的感觉如何，是否感受到同事之间的温暖，是否感受到工作的压力，有没有感受到工作的挑战，等等。

（5）薪酬福利。

此项内容通常包括员工对工资是否满意，对企业告知工资明细的方式（工资单）是否满意，对节假日福利发放金额是否满意？对福利发放的种类和形式是否满意，对工资、节假日福利发放的及时情况是否满意，等等。

（6）晋升空间。

此项内容通常包括员工是否明确知道自己所在岗位的晋升通道，是否对企业的晋升方式满意，是否对晋升需要的时间满意，是否能够通过企业的晋升通道设置自己的职业生涯规划，对于员工晋升所在部门的领导是否予以支持，等等。

（7）学习机会。

此项内容通常包括员工是否能得到内部岗位业务或管理技能的相关培训，是否能得到外出学习和培训的机会，员工认为企业的培训制度是否合理，对企业提供的培训和学习机会是否满意，等等。

（8）领导方式。

此项内容通常包括员工是否认可自己的上级，认为上级日常的监督是否合理，认为领导的期望和要求是否合理，认为上级领导与员工的关系是否和谐，当员工在工作中有疑问向部门领导提出时是否能够得到有效回答，部门领导处理问题或争议时是否能做到公平公正、及时有效，部门领导对人员的工作安排是否合理，等等。

另外，此项还包括员工参与和影响决策的程度如何，领导是否重视员工的意见，部门领导是否能将企业的新政策新制度及时传达给每一位员工，部门领导在日常工作中是否能够以身作则，部门领导是否能够给予员工应有的尊重和足够的沟通，部门领导是否能公平、公正地进行员工考评，等等。

（9）生活保障。

此项内容通常包括员工对早、中、晚餐是否满意，对宿舍环境是否满意，对餐厅或宿舍提供的服务是否满意，对企业提供的休闲娱乐设施是否满意，对企业组织的各类文体活动是否满意，等等。

2. 员工满意度调查的运作形式

根据不同的需要，员工满意度调查可以采取定量和定性两种方式。定量的方式一般是较大范围地收发和填写调查问卷；而定性的方式一般会选取具有代表性的一类人进行群体或个别访谈。这两种方式在调研开始之前，都需要选取待调研的问题、调查的对象、合适的样本。

相对于定性调查，定量调查的优点是可以更加客观、公正、数据化地反映结果，操作相对简单，结果便于统计；其难点在于问卷的设计环节和数据统计环节。比如，问卷设计的样本不是越多越好，而是应该根据想要获取的信息设计。如果样本数量巨大，数据统计可以借助系统而不是靠人工。

相对于定量调查，定性调查的优点是可以更加直观地了解定量调查数据背后的问题，以及那些容易被忽略的、没有提前预想到的或难以获取的信息。其难点是实施的过程中往往需要一些特殊的技巧，比如，操作者需要具备较强的沟通技巧，对员工所反映的问题有较深刻的理解，对员工的心理有较深刻的把握。

3. 进行员工满意度调查前需要考虑的因素

（1）高层领导是否理解和支持该项目。

（2）企业所处的阶段是否适合或者有必要做员工满意度调查。

（3）企业是否有能够完整计划、操作并实施员工满意度调查项目的人才。

（4）企业是否具备实施该项目的条件，比如必要的人力、物力、财力、系统等的支持。

（5）调查项目并不是越细越好，企业当前最需要调查的项目是什么。

（6）适合企业的调查方式是什么。

（7）员工满意度调查多久做一次合适。

与顾客满意度调查与改进的流程类似，员工满意度调查也遵循 PDCA 的管理原则，它的基本步骤是：确定目标、制订计划、实施调查、分析结果、改进计划、实施改进、跟踪反馈，再到下一轮的不断循环、提升。

通过有效的员工满意度调查，企业可以准确全面地了解员工的满意状况及潜在需求，据此制定并实施有针对性的激励措施，这样不仅能有效地留住人才，更能尽量使人才满意。提升员工满意度就是提升顾客满意度，最终达到提升企业整体经营绩效的效果。

8.3.2　员工合理化建议与成本管控

有一家生产牙膏的企业，产品质量很好，深受广大用户的喜爱，企业规模不断扩大。企业发展的 10 年来，业绩每年都能以 20% 左右的速度增长。可是近几年，其业绩增速明显放缓，甚至有萎缩的迹象。

企业管理层为此召开过多次专项的高层会议商讨对策。会议上，有的高管说要降低价格，有的说要想办法开发海外市场，有的说这是市场的规律，企业现在应该加强管理进一步降低成本，同时开始考虑转型做别的产品。

董事长对他们的对策都不满意，无奈之下，董事长发起了一个企业全员提建议的活动：围绕提升业绩，企业倡导广大员工发挥自己的主动性和积极性、聪明才智，提出合理化建议，共同创造企业的未来。

结果，有一个年轻的基层业务人员提出的一个建议引起了董事长的兴趣，这位年轻人的建议只有一句话："把所有牙膏产品的开口扩大一毫米。"试想，如果每天早晨，每个消费者多用一毫米的牙膏，每天牙膏的消耗量要增加多少呢？董事长马上下令改变包装，这个决定，让企业第二年的营业额增长了30%。

一个小小的改变，却引起了意想不到的结果。一个新的想法，能让我们从中获得不少启示，从而改进业绩，改善生活。

如果说"优秀的经营方式"是一座"矿藏"，"创新与变革"是"运矿车"，那么"合理化建议"制度便可以扮演挖矿"镐头"的角色，正是这"镐头"经年累月的不断挖掘探索，才使经营模式不断创新。

合理化建议的管理方法如下。

1. 管理职责

（1）人力资源部是企业合理化建议的归口管理部门，负责建议的收集、筛选、呈报、组织评议、跟踪、反馈，并对已采纳的合理化建议的实施情况进行记录及奖励等方面的组织工作。

（2）为确保工作质量及有效性，对合理化建议进行有效性评估及合理授奖，需要成立合理化建议的评审小组，最好由总经理兼任评审小组组长，其工作职责如下。

- 研究与制定合理化建议的管理政策与制度建设；
- 对重大建议事项进行评议，决定是否采纳；
- 对已采纳实施的建议进行过程跟踪，以防范决策失误，并及时调整，避免风险；
- 对实施后产生效益的合理化建议进行效益评估；
- 评选各季度优秀建议，并制定奖励政策。

（3）各部门负责人应动员本部门员工积极参与企业合理化建议活动，并做好各项建议的传递申报工作。

2. 合理化建议范围

合理化建议是相对于企业目前技术水平、经营管理水平、精神文明建设水平有提高和改进的建议，是有关改进和完善企业施工生产技术和经营管理方面的办法、措施及精神文明建设方面的新举措。

3. 合理化建议的征集方式

员工可以直接利用邮件、微信、在线系统等方式填写合理化建议申报表，并提交至人力资源部。一线员工也可以直接报给部门领导，由部门领导统一为员工申报。合理化建议的征集表如表8-4所示。

表8-4　合理化建议征集表

建议人			职位		所在部门		提案日期	
建议名称								
建议类别请打（√）	销售提高		技术改进		风险管控		建议实施部门	
	成本降低		制度改进		其他			
现状分析								
改进措施及预期结果								
关联部门意见								
评审小组意见								
总经理意见								

4. 合理化建议的质量把关及管理程序

（1）人力资源部在接到合理化建议书后，首先应进行初步审查把关，对建议书中以下内容填写不清的及时退回并要求重新填写清楚。

- 说清楚建议事由、原因及其作用、目的意义；
- 说清楚原有缺失，即在建议案未提出前，原有情形的缺陷及程度；
- 详细说明改进意见及具体办法，包括措施、程序及实施步骤等；
- 要阐述预期效果，详细说明建议案采用后可能获得的成就，包括提高效率、简化作业、消除危害、节省开支、增加销售、保证质量、创造利润等；
- 如果建议需要企业在人力、物力、财力及时间上有较大的投入，则必须要有投入产出分析报告及经济、技术可行性论证的详细资料。

（2）建议书内容如只偏重于批评，而无具体的改进内容，或不签真实姓名和部门的，人力资源部可将其作为内容不符合要求处理，不予交付审议。

（3）人力资源部对初步审议合格的建议书，提交至合理化建议评审小组进行审议。

（4）评审小组收到建议书后，经过评议，按评议结果进行如下处理。

- 如果评审小组认为该建议的设计不科学，采纳价值不大，或不具备实施条件，投入风险太大，则应予以否决，由人力资源部通知建议人；
- 如果建议经评审小组确认合理、科学、有价值、理由充分、方案严谨，经评审小组签字同意后进行公示表扬并予以实施。

（5）定期将所有已被采纳的合理化建议交由评审组进行评选，评选出一段时期的最佳建议提案予以奖励。

5. 注意事项

（1）要注意建议的客观性及具体性，即要求建议人把现状真实地反映出来，以事实和数据说话。

（2）要注意把握问题原因的准确性，即要求建议人把问题发生的主要原因找出来。

（3）要注意解决问题的可行性，即要求建议人针对问题发生的主要原因，提出具体的改善对策，也就是提出解决问题的具体方法，对只提问题不提解决办法的建议视为无效建议。

（4）要注意改善的绩效性，一切建议都以绩效为导向，这种绩效不一定是以金钱去衡量，它是一个综合性指标，其判定标准是促使企业向好的方向发展。

8.3.3　员工心理的疏导与成本管控

如果有人的手脚打着石膏、拄着拐杖在大街上走，被朋友看到问起缘由，他会乐于承认自己是因为出了车祸或者不小心从楼梯上摔倒。可是，如果有人因承受生活或工作的压力而产生了一些心理健康问题，他可能会羞于承认，也不知道该如何获得帮助。如果长期宣泄无门，最终可能会累积成严重的心理问题。

要帮助员工解决心理问题，企业可以引入 EAP 项目。

EAP 即"员工援助计划"（employee assistance program），是由组织为员工或其家庭成员提供的长期的、系统的援助和福利类项目，解决员工身体、心理和行为上的问题，达到提高员工绩效、改善组织氛围和企业管理的目的。有研究表明，企业每在 EAP 项目中投入 1 美元，可节省运营成本 5 ～ 16 美元。

目前，全球至少有 88 个国家开展了 EAP。在世界 500 强企业中，有 90% 以上的企业拥有属于自己的 EAP 服务。随着微软、IBM 等跨国企业进入中国，EAP也开始大踏步地在中国企业中应用并实施起来。

比较完整的 EAP 计划涉及三个方面的内容。

（1）个人生活层面，包括员工的身心健康问题、人际交往问题、家庭关系问题、经济改善问题、情感困扰问题、法律咨询问题，以及焦虑、酗酒、药物成瘾及其他与个人生活息息相关的各类问题。

比如，企业提供的婚恋关系经营、亲子教育与沟通、家庭代际沟通、营养保健、体重 / 睡眠管理、慢性病管理的培训和咨询服务；外派员工的家庭关系维护；综合的健康评估、心理咨询、健康审查和教练服务等。

（2）工作问题层面，包括员工对工作的要求、工作的公平感、工作的满足感、工作的幸福感；工作中的关系问题，家庭与工作之间的平衡问题，工作产生的心理压力问题及其他与工作相关的各类问题。

比如，企业提供的人际沟通、职业发展、压力管理等方面的培训和咨询服务；对外派员工外派前的跨文化适应评估，外派期间的心理健康风险筛查，工作压力疏导，以及回国后的心理调整适应等。

（3）组织发展层面。前两个层面通常是针对不同问题的个体案例，而组织发展层面通常是指因为组织活动造成的群体单位的案例，这往往需要通过一些组织层面的举措，通过系统的人力资源管理手段，使组织能够从员工援助计划中获得最大的益处。

比如，解决由于业务调整、组织变化，某一群体员工面对岗位变动或裁员而产生的适应性问题；解决由于企业兼并、重组、收购等引起的与新企业、新同事、新文化之间的适应性问题等。

不同的企业，可以根据自身的情况和要求，个性化地选择、设计和定制自己需要的 EAP 项目。同时，对于不同的员工群体，比如女性员工、孕期或哺乳期员工、新员工、基层管理者、压力较大岗位的员工等，EAP 应该为其量身定做更具有针对性的解决方案。

EAP 在美国诞生、成熟，在美国的企业中获得了许多宝贵的实践经验，但是中国企业在导入和实施 EAP 时，绝不能简单地照搬美国模式，而是要根据中国社会的文化背景，针对中国企业的特点，将 EAP 本土化。EAP 的实施可以分为以下6 个环节。

（1）进行心理调查。中国本土企业开始导入 EAP 时往往是以解决问题为导向，其次才有精神福利的功能。这里的心理调查，需要通过运用心理学、管理学的研究方法和工具，对组织进行调查评估，系统地把握员工整体的状况，把脉组织层面的心理，准确聚焦在组织需要改进的问题上。

（2）做好完整的规划。EAP 是一套系统的、长期的解决方案，需要进行整体的规划，让项目更加具备实施性、科学性和系统性。实施者经过反复的研讨和论证之后，构建出 EAP 模型和系统的解决方案，其中最好包括短期规划和中长期规划。

（3）宣传与促进。EAP 的宣传促进是一个在传播学思想指导下进行资源整合的过程。一方面把 EAP "是什么" "怎么用" 等这类信息介绍给员工，增进他们对 EAP 的了解和接纳；另一方面通过对职业心理健康知识的传授，让员工学会自愈和自我管理，同时体验到组织的人文关怀，形成霍桑效应（指那些意识到自己正在被别人观察的个人具有改变自己行为的倾向），达到积极干预的效果。

（4）实施心理培训。EAP 的培训包括家庭、职业、生活等多个领域，旨在帮助员工做好生活和工作的平衡，达成员工对自我社会角色分配的认可。协助组织培养和开发员工的潜能，在提升员工价值的同时实现企业管理的提升和效益的提高。

（5）实施心理咨询。专业的心理咨询是 EAP 项目中最能够为员工提供针对性帮助的服务，它可以帮助那些受心理问题困扰的员工走出困境，通过帮助他们梳理职业问题、人际问题、夫妻情感问题等，使他们在心理层面更加自立、自强、积极，更加从容地面对生活和工作。

（6）效果评估与改进。EAP 项目运行要实施阶段性的总结和评估，这是对 EAP 项目工作的阶段性总结分析，也是对成果和问题的检验。可以运用访谈法、问卷调查法等分析方法，形成量化的分析结果，评估和改进过程中的问题与不足，并为下一阶段的 EAP 计划做准备。

🔍 疑难问题

企业业务淡季如何降低人力成本

很多企业的业务有淡旺季之分，企业在淡旺季，业绩浮动的差别通常比较大。但是最让企业头疼的，还是淡旺季员工管理的问题。虽然旺季很忙，但是员工忙起来的时候是非少，大家所有的精力都放在了如何保质、保量、按时完成工作任务上；虽然淡季很闲，但是闲下来之后，整个团队变得懒散，失去了忙时的凝聚力。在业务淡季，企业应如何管理员工呢？

在业务淡季，企业有两大重要事项需要管控：一是控制人力成本；二是提高人力质量。控制人力成本常用的方法有三种，分别是调整人员结构、调整工作时间、设置季节性的薪酬变化；提高人力质量，常用的方法是实施员工培训。

1. 调整人员结构

企业在淡季调整人员数量时要注意，调整人员结构并不意味着裁员，企业不要一味地通过裁员的方式调整劳动力的数量。通过裁员的方式调整人员结构的用人效率很低，因为当旺季快来临的时候，需要提前招聘大量的新人。新人的人力资源获取成本、开发成本以及旺季结束后的离职成本，都将大大增加人力资源的总成本。

提升人力成本效率的有效方式是企业在设置人员组成时，可以有一定比例的非全日制员工，综合劳务合作、委托代理、项目承包或其他非全日制用工等合作方式，这部分劳动力，可以满足旺季的临时用人需求；另外的比例由正式的全日制员工组成，这部分劳动力可以满足企业淡季的长期用人需求。

企业在设置满足旺季的临时用人需求的时候要注意以下几点。

（1）一般来说，这类岗位应尽量设置一些技术含量相对较低、对熟练程度要求不高、操作流程相对不复杂、评价机制较为明确的岗位，以使这种临时需求的劳动力能够快速掌握，快速上手。

（2）要保持与这类人员的持续联系，关注他们的动态，为下一个旺季做准备。逢年过节如果企业正式的全日制员工享有一定的福利，在成本允许的情况下，这部分人员也可以享有一定的福利。

（3）这类人员的获取最好选择那些住在企业周边的人，这样既有助于与他们保持情感上的联系，又有助于在企业需要时能够快速联系和到岗。这样在方便上下班的同时，也能够增加这类人员的稳定性。

2. 调整工作时间

有的企业淡旺季难以做到泾渭分明，规律不是特别明显，或者存在概率判断；有的企业淡旺季需要的劳动岗位性质大多需要有较强的技能或熟练程度；有的企业难以找到长期稳定合作的满足临时用人需求的人员。这时候，可以考虑通过调整工作时间的方式来降低人力成本，使用综合工时制和不定时工时制。

综合工时制是以标准工时为计算基础，在一定时期范围内，综合计算工作时间的工时制度。这类工时制度不再以天为单位计算工作时间，而可以用月、季、年为单位计算，所得平均日或平均周的工作时间应当与标准工时制的时间相同。

实行综合工时制的企业，无论劳动者单日的工作时间为多少，只要在一个综合工时计算周期内的总工作时长不超过以标准工时制计算的应当工作的总时间数，就不视为加班。如果超过该时间，则应视为延长工作时间，同样，平均每月不得超过36小时。

实行不定时工时制的企业，不再受《中华人民共和国劳动法》（2018年12月29日修订）第41条规定的日延长工作时间标准和月延长工作时间标准的限制。但用人单位应采取适当的休息方式，确保职工的休息休假权利。实行不定时工时制的企业，除法定节假日工作外，其他时间工作不算加班。

3. 设置季节性的薪酬变化

有淡旺季特点的企业应当建立针对淡旺季特定的薪酬体系，由于企业淡季时创造的价值比较小，旺季时创造的价值比较大，企业在设置全日制员工的薪酬体系时，同样应当体现这个特点。

对全日制员工来说，可以设置一个相对比较低的固定工资。该固定工资在淡季或旺季保持不变，到了旺季，可以通过津贴、加班费、奖金、福利等的补贴，员工获得的总薪酬仍然可以比较高。

4. 实施员工培训

企业业务的淡季非常适合用来提高人力资源的质量，因为业务旺季的时候，企业忙于业务，没有时间做培训。在淡季的时候，员工的时间相对比较充裕，没有工作上的压力，学习效果反而会比较好。

淡季组织员工培训，可以在旺季刚结束时马上开展，围绕着旺季时的工作状态和工作结果，结合外部市场状况和内部管理情况，把培训和总结放在一起，让培训成为贴近业务、贴近工作能力提升的有效途径，成为人力资源价值提升的有效方法。不要为了培训而培训，不要为了消磨员工的时间而培训，也不要学习一些工作中用不到的缺乏实际应用价值的知识。

培训的形式可以丰富多彩，不要局限于传统的课堂授课式培训，还可以组织员工进行内部讨论、头脑风暴、标杆企业考察学习、竞争对手市场调研、角色扮演、模拟经营或者举办技能比赛等多种形式相结合的培训。

总之，在企业业务淡季的时候，企业一方面应当注意控制人力成本，另一方面可以考虑利用这段时间提高人力质量。

☑ 实战案例
通过排班降低人力成本

某大型线下连锁零售公司在快速扩张期时，原本没有明确的岗位定编标准，在用工上比较粗放，店内招人基本上靠店长的感觉；门店的排班不科学，基本是靠主管的经验；公司 97% 以上都是全日制员工，不仅人力成本较高，而且用工不够灵活。

针对这种情况，该公司实施量化管理和数据分析，期望通过科学排班管理、规范用工方式来提高用工效率。为此，公司选择了一家标杆门店，以收银员岗位为例，做如下分析。

1. 现况

该店目前有 7 名全职收银员，员工经常加班，影响了员工的家庭生活，员工满意度较低。收银员的上班时间安排并不合理，常常有顾客较少时多名收款员较闲，客流高峰期顾客较多时却无人在岗的情况。

2. 测算

人力资源管理人员首先选取了该店 7 名收银员中的 4 名，按照购物件数测定收银速度，得出收银员在该店收款机上的平均收银速度为每件商品 12 秒。店长一开始看到这个结果感觉失真，但收银员的操作流程不仅包含商品扫码的时间，还包括结算的时间。把数据放大，真实感就会大幅提高。

比如，1 200 秒，也就是 20 分钟，结算 100 件商品，对于这个速度，店长就比较认同。该店 4 名收银员的结算速度记录如表 8-5 所示。

表 8-5 收银员结算速度测算

收银员	收银件数	所耗时间（秒）	平均每件时间（秒）
A	360	2 900	8
B	520	5 710	11
C	250	4 320	17
D	330	4 370	13
合计	1 460	17 300	12

3. 对比

该门店的营业时间为 7:30 ~ 21:00，为了保证精确，以半小时为单位，从店内运营系统中提取前三个月该店每天每半小时购物件数的平均数，根据测算的收银员的平均结算速度，计算不同时间段需求的收银员人数。因超市行业的特殊性，将周一到周五和周六、周日区分开分析。对周一至周五全天各时间段需求人数与排班人数比较情况如图 8-1 所示。

周一至周五各时间段需求收银员数量

时段	7:30-8:00	8:00-8:30	8:30-9:00	9:00-9:30	09:30-10:00	10:00-10:30	10:30-11:00	11:00-11:30	11:30-12:00	12:00-12:30	12:30-13:00	13:00-13:30	13:30-14:00	14:00-14:30	14:30-15:00	15:00-15:30	15:30-16:00	16:00-16:30	16:30-17:00	17:00-17:30	17:30-18:00	18:00-18:30	18:30-19:00	19:00-19:30	19:30-20:00	20:00-20:30	20:30-21:00
合计	1	2	2	3	3	4	4	5	5	3	3	2	2	2	2	3	3	4	4	6	6	6	6	4	4	3	3

需求排班人数

周一至周五目前排班情况

时段	7:30-8:00	8:00-8:30	8:30-9:00	9:00-9:30	09:30-10:00	10:00-10:30	10:30-11:00	11:00-11:30	11:30-12:00	12:00-12:30	12:30-13:00	13:00-13:30	13:30-14:00	14:00-14:30	14:30-15:00	15:00-15:30	15:30-16:00	16:00-16:30	16:30-17:00	17:00-17:30	17:30-18:00	18:00-18:30	18:30-19:00	19:00-19:30	19:30-20:00	20:00-20:30	20:30-21:00
合计	1	2	2	4	4	4	4	5	4	3	3	3	3	3	3	4	5	5	6	6	6	5	4	3			

目前排班人数

周一至周五各时间段需求人数与目前排班人数比较

差异	0	0	0	1	1	0	0	-1	0	1	0	1	1	1	1	0	0	0	1	-1	0	0	0	1	0	1	0

图 8-1 周一至周五各时间段需求人数与排班人数比较

图 8-1 中差异为"0"的，代表该时间段排班与需求人数匹配；差异为正数的，代表该时间段排班人数大于需求人数，表示人力冗余。差异为负数的，代表该时间段排班人数小于需求人数，表示人力不足。从图 8-1 能够看出，周一至周五每天需求的工作量为 47.5 小时，5 天合计 237.5 小时，而目前排班的工作量是 51.5 小时 /天，5 天合计 257.5 小时，比需求多 20 小时。对周六、周日全天各时间段需求人数与排班人数的比较如图 8-2 所示。

从图 8-2 能够看出，周六、周日每天需求的工作量为 49.5 小时，2 天合计 99小时，而目前排班的工作量是 59.5 小时 /天，2 天合计 119 小时，比需求多 20 小时。

周六周日各时间段需求收银员数量

时段	7:30-8:00	8:00-8:30	8:30-9:00	9:00-9:30	9:30-10:00	10:00-10:30	10:30-11:00	11:00-11:30	11:30-12:00	12:00-12:30	12:30-13:00	13:00-13:30	13:30-14:00	14:00-14:30	14:30-15:00	15:00-15:30	15:30-16:00	16:00-16:30	16:30-17:00	17:00-17:30	17:30-18:00	18:00-18:30	18:30-19:00	19:00-19:30	19:30-20:00	20:00-20:30	20:30-21:00
合计	1	3	3	4	4	4	4	5	5	5	3	3	3	3	3	3	4	4	4	4	5	5	5	4	4	3	2

周六周日目前排班情况

时段	7:30-8:00	8:00-8:30	8:30-9:00	9:00-9:30	9:30-10:00	10:00-10:30	10:30-11:00	11:00-11:30	11:30-12:00	12:00-12:30	12:30-13:00	13:00-13:30	13:30-14:00	14:00-14:30	14:30-15:00	15:00-15:30	15:30-16:00	16:00-16:30	16:30-17:00	17:00-17:30	17:30-18:00	18:00-18:30	18:30-19:00	19:00-19:30	19:30-20:00	20:00-20:30	20:30-21:00
合计	1	2	3	5	5	5	5	5	5	5	3	3	3	3	3	3	4	6	6	7	7	7	7	6	4	3	2

周六周日各时间段需求人数与目前排班人数比较

差异	0	-1	0	1	1	1	1	0	0	0	0	0	0	0	0	0	0	2	2	2	2	2	2	2	0	0	0

图 8-2　周六、周日各时间段需求人数与排班人数比较

根据周一至周五和周日、周日各时间段的需求收银员人数，制定新的用工方式与排班表如图 8-3 所示。

在新的用工方式中，加入了小时工的应用。在欧美成熟的零售公司，出于对人力成本的压力和用工灵活性的考虑，小时工的数量大多占总人数的 50% 以上，而国内零售公司普遍不了解、不习惯使用小时工。和全日制员工相比，小时工的用工成本更低，用工形式更加灵活，能够缓解早晚间或销售高峰的用工压力；分工任务明确，工作效率更高；招工相对容易；公司承担风险相对较小。

周一至周五新用工与排班表																												
班次	7:00-7:30	7:30-8:00	8:00-8:30	8:30-9:00	9:00-9:30	09:30-10:00	10:00-10:30	10:30-11:00	11:00-11:30	11:30-12:00	12:00-12:30	12:30-13:00	13:00-13:30	13:30-14:00	14:00-14:30	14:30-15:00	15:00-15:30	15:30-16:00	16:00-16:30	16:30-17:00	17:00-17:30	17:30-18:00	18:00-18:30	18:30-19:00	19:00-19:30	19:30-20:00	20:00-20:30	上班时间
需求人数	1	1	2	2	3	3	4	4	5	5	3	3	2	2	2	2	3	3	4	4	6	6	6	6	4	4	3	3
A	1	1	1	1	1	1	1	1	1	1	1																	7
B											1	1	1	1	1	1	1	1			1	1	1	1	1			6
C			1	1	1	1	1	1	1	1	1	1	1															6
D											1	1	1	1	1	1	1	1	1	1	1	1						6
小时工																			1	1	1	1	1	1	1	1		4
小时工															1	1	1	1	1	1	1	1						4
小时工													1	1	1	1	1	1	1	1								4
小时工					1	1	1	1	1	1	1	1																4
小时工							1	1	1	1	1	1	1	1														4
小时工									1	1	1	1	1	1														3

周六至周日新用工与排班表																												
班次	7:00-7:30	7:30-8:00	8:00-8:30	8:30-9:00	9:00-9:30	09:30-10:00	10:00-10:30	10:30-11:00	11:00-11:30	11:30-12:00	12:00-12:30	12:30-13:00	13:00-13:30	13:30-14:00	14:00-14:30	14:30-15:00	15:00-15:30	15:30-16:00	16:00-16:30	16:30-17:00	17:00-17:30	17:30-18:00	18:00-18:30	18:30-19:00	19:00-19:30	19:30-20:00	20:00-20:30	上班时间
需求人数	1	1	1	3	3	4	4	4	4	5	5	4	3	3	3	3	3	4	4	5	5	5	4	4	3			
a	1	1	1	1	1	1	吃饭	1	1	1	1																	7
b			1	1	1	1	1	吃饭	1	1	1	1																7.5
c			1	1	1	1	1	1													1	吃饭	1	1	1	1		8.5
d											1	1	1	1	1	吃饭	1	1	1	1								7.5
e																	1	1	1	1			吃饭	1	1	1	1	6
小时工																												4
小时工																												3.5
小时工							1	1	1	1																		4
小时工									1	1	1	1																2

图8-3　新的用工方式和排班表

将该店所在地区的小时工工资标准和该店正式工比较，能够量化地看出小时工的成本比正式工低26%，如表8-6所示。

表8-6　地区当年全日制员工与小时工人工费用对比　　　　　　　　金额单位：元

项目	基础工资	效益工资	加班工资	各种补贴	福利费	社会保险费	住房公积金	工会经费	员工教育经费	人工费用合计	每小时成本
地区当年全日制员工人工费用	1 882	467	170	16	16	607	110	48	2	3 318	19.6
地区当年小时工人工费用	工资标准：14.5元/小时，每月30天，每天工作4小时									1 740	14.5

一般来说，专业性较强、技术性强、具有传承性质或决策性质、需较长时间训练、需要培养人才的岗位比较适合使用正式工；不需要很长的训练时间、较公式化的工作或存在短时间或季节性的人力需求、弹性的工作时间、特殊工种要求的岗位比较适合使用小时工。

新的用工方式与原用工方式的结果比较如表8-7所示。

表 8-7　新旧用工方式费用比较

原用工方式	所有员工周工作总小时数			合计费用（元）		
	376.5			7 379		
新用工方式	正式工周工作总小时数	小时工周工作总小时数	合计工作小时数	正式工费用（元）	小时工费用（元）	合计费用（元）
	198	142	340	3 881	2 059	5 940

　　收银岗位由原来的 7 名正式员工变为 5 名正式员工，最多 6 名小时工（每天仅需要 2 ~ 3 小时，且高峰时段的收银需求可以考虑请其他部门人员帮忙的方式）。按照新的用工方式，收银岗位的人工成本比原来至少降低约 20%，且更能满足顾客的需要，效率更高。

第9章
如何在人才保留层面
管控人力成本

人才流失一直是让企业头疼的问题，尤其关键岗位或者核心人才的离职，会给企业带来很大的损失。人才流失对企业造成的损失不仅包含招聘成本、培训成本等管理成本，还包括从寻找接任者到接任者能够满足该岗位需求能力的时间成本和因人才流失影响现有在职人员士气的精神成本。实施人才保留，增强人才的忠诚度，能够有效降低企业的人力成本。

9.1　人才保留的心法

很多企业管理者因为企业的离职率高，所以一直盯着员工的离职率，一门心思想降低员工的离职率，其实这种降低离职率的思路并不正确。我们在降低员工离职率的时候，往往是光想着一个问题，就是怎么让员工不要走，却很少会想另一个问题，就是怎么样让员工愿意留在企业工作。

9.1.1　人才保留的关键思维

让员工不要离职和让员工愿意留在企业工作是两个完全不同的概念。员工没有离职的情况可能会有很多。可能这个员工早就想离职了，只是短时间内还没有找到合适的工作，同时又担心离职后没有收入，所以就暂时没有离职；或者只是觉得这个企业离家比较近，考虑到自己还要照顾孩子，所以就没有离职……总之，有的员工虽然没有离职，但很可能只是人在这里，心早已经走了。

如果我们用员工满意和不满意来总结就是，员工不走，可能是对企业满意，也可能是对企业既没有满意也没有不满意，还可能是对企业早已经不满意了，只是暂时还没离职而已；但是员工愿意留在企业上班，就说明他很可能是满意的，或者至少说明，他对企业没有不满意。

通过追求员工满意来降低员工离职率的做法通常是先进行员工满意度调查，得到调查结果之后，对员工满意度低的地方进行弥补，提升员工的满意度。

但是追求员工愿意留在企业，从而降低员工流失率的最好办法是搞清楚员工想要什么和不想要什么，因此企业应该多观察，多访谈。

一种方法是寻找员工对哪些方面不满，适当予以弥补；另一种方法是找到员工想要什么，适当予以满足。如果企业把追求员工不走和追求员工愿意留在企业当成是一种人力资源管理策略，那么当企业总是在追求让员工不要离职的时候，企业是在追求人力资源管理的最低要求，也就是人力资源管理的下限。

当企业开始追求让员工愿意留在企业工作，那企业追求的就是人力资源管理的更高要求。

那员工为什么要在企业上班呢？除了基本的物质保证和市场化的薪酬水平之外，更重要的原因还包括觉得在企业工作比较开心，或者至少没有让他很烦心。

这就好像择偶一样，很多漂亮女孩子可能会有很多追求者，有长得帅的，有家境比较好的。大部分人会怎么选呢？一般是在具备一定经济基础的情况下，找一个和自己相处起来最开心的人。因为结婚是两个人长时间相处，而不只是追求物质上的满足。

员工选择工作也是同样的道理。

9.1.2　减少人才流失的方法

要想有效地留住员工，如果我们只通过员工满意度调查的方式，是达不到效果的。

在第二次世界大战期间，美军为了减少自己的飞机被击落的概率，开始研究在飞机上什么部位安装加强装甲。他们经过统计后发现，从战火中返航回来飞机的伤痕会呈现出某种的规律。这些飞机有的部位中弹比较多，有的部位中弹却比较少。

为了提高美军飞机的防御能力，这些科学家一开始得出的结论是应该在弹孔密集的地方安装加强装甲。不过，当时有位统计学家却认为，那些弹孔最稀疏的地方，才是最需要保护的。因为美军只统计了飞回来的飞机，却没有办法统计没有飞回来的那些飞机，也就是那些被击落的飞机。因为那些被击中了要害部位的飞机，最后都飞不回来，只有那些没有被击中要害部位的飞机才更有机会返航。这位统计学家为此专门写了一篇论文。这个看似反常的案例，后来在很多方面给人们带来了启示。

对在职员工做满意度调查和统计美军飞回来的飞机哪里中弹的数量最多是一个道理。统计之后我们才知道原来企业还有这么多令员工不满意的地方，很多企业以为及时弥补之后，员工就不会离职了。

其实刚好相反，我们只考虑了在职员工有哪些不满意，但没考虑那些已经离职的员工到底为什么离职。那些对在职员工来说不满意的东西，其实并没有那么致命，相反，比较致命的，是已离职员工的离职原因。

所以只做员工满意度调查是没有效果的，最有效果的，反而是员工的离职原因分析；或者把离职原因分析和员工满意度调查的两个结果放在一起进行分析。

9.1.3　人才保留的心理契约

人才保留可以从两个部分着手，一是从劳动契约的层面，二是从心理契约的层面，如图9-1所示。

图 9-1 中间的 4 个层面，越往左越偏向于劳动契约，越往右越偏向于心理契约。劳动契约能够留住员工的人，心理契约能够留住员工的心。所以，企业想留住人才，最关键的还是在心理契约的层面做出努力。

劳动关系	沟通	企业文化	员工行为

劳动契约	用工制度 劳动合约 社会保障 薪酬政策 劳动保护 纠纷处理 危急事件	信息分享 信息传递 沟通交流	价值观 企业宗旨 行为准则 厂规厂训 团队建设 环境氛围	职业发展 员工培训 岗位轮换 充分授权 奖励认可 公平机制 薪资结构 福利政策 ……	心理契约

图 9-1　人才保留的两个部分

比如管理者对下级有没有足够的授权，企业有没有好的企业文化，企业给员工提供的工作氛围怎么样，员工在企业是否感到公平……这些都直接影响着企业和员工之间的心理契约，也直接影响着员工是否愿意留下来。

靠近心理契约的这些项目，其实都是激励和保健因素里的激励因素；靠近劳动契约部分的这些项目，其实都是激励和保健因素里面的保健因素。所以不论在激发员工方面，还是在保留员工方面，激励因素都起着非常关键的作用。激励因素做得比较好的企业，员工愿意选择留下来的可能性才会比较大。

9.2　保留人才的三大核心环节

在留住员工的心理契约层面，改善效率高、改善成本低、比较常见的、易于改善的有三个方面，分别是企业文化中的仪式感、工作环境中的氛围以及师带徒机制。

9.2.1　仪式感与人才保留

仪式越隆重，仪式感越强，参与仪式的人会越难忘，给人们造成的影响和效果就会越显著。仪式感本质上是一种心理暗示，其中蕴含着一股强大的力量。

我有一位受人尊敬的职业导师，认识他时，他已经接近 60 岁，经常到全世界各地去给不同的企业提供管理咨询服务。他在工作时间一定要穿一身标准的职业装（黑西装、衬衣、领带、黑皮鞋）。在企业尊重员工个性，对员工办公穿着要求越来越随意的今天，他这一身装扮在很多企业里总是格外突兀。但这是他的仪式感，他的仪式感不仅影响着自己，也影响着见到他的每一个人。

在企业中重视仪式感的管理者，通过心理暗示，能够不知不觉地把团队成员的心聚到一起，把团队的行为聚在一起。

仪式感没有好坏之分，就像人的价值观一样，横看成岭侧成峰，所谓的好坏只是站的角度不同罢了。要评判仪式感，更多的是适合与不适合，有效果与没效果。

仪式感的关键其实不是做什么，而是做的这件事有什么意义。这里的意义，其实是由人赋予的，而不是这件事原本具备的。从另一个角度讲，仪式感本身就是意义！

如果要在企业中实施仪式感，或者对自己实施仪式感，首先为做这件事赋予一个意义，然后持续去做。渐渐地，对人们来说做这件事会变得越来越重要。

我曾经见过一家企业欢迎新员工的仪式，非常隆重，管理层带着员工又唱又跳。仪式中有个环节是要求新员工宣誓，自己将尊重企业和上级。可能很多企业并不认同这种仪式，但我们不能否认，那个场面对新员工来说可能一生都很难忘。

当然，每个企业都有适合自己的文化，也有自己独特的仪式。这里绝不是说所有的企业都需要去学那种唱、跳或者宣誓，而是可以学习这种思路，找到适合自己企业的仪式，增加员工的仪式感。

有的企业搞团建活动的时候非常隆重，一定要上级和下级之间进行互动；有的企业每周五晚上必聚餐，聚餐之后还会有一个畅聊的环节；有的企业工作例会、每年的年会之前，都要集体背诵企业文化；有的企业到了员工生日的时候，必须部门所有人一起为员工过生日……

那些注重仪式感的企业，对员工总会有种莫名的吸引力。

9.2.2　工作环境与人才保留

很多企业会忽略工作环境对人才的影响。工作环境对留住人才影响的原理就好像谈恋爱。我们都知道心灵美、内在美很重要，但是如果对方外表在自己的审美标准底线之下，那么，可能连了解对方心灵和内在美的机会都没有。

良好的工作环境，不仅能给员工提供良好的工作氛围，能提高员工工作的舒适度，还能在一定程度上提高员工的工作效率。

当某个员工到其他企业面试，如果那家企业的工作环境远不如其他企业，不管面试的过程和结果怎么样，也不管那家企业能够给出的条件怎么样，至少在感官上，他很可能不会接受那家企业。

这就是为什么很多外企会给员工配备价格很高、很舒适的办公设备，比如配置好的计算机给员工办公，保证企业有最高速的网络环境，在工作环境中布置很多绿植，设置休闲娱乐的场所、运动健身的场所、午休的场所，安装空气净化设置等。

很多企业不能向资金比较充足的企业一样买一些比较贵的办公桌椅，但是可以采购一些结实耐用的办公设备，保证企业给员工提供的所有的办公器材都要是能满足员工正常使用的。办公区员工的桌子上、过道里，可以添加绿植，美化员工的办公环境。

其实工作环境不仅包括物理环境，还包括工作的氛围、上下级关系、同事关系这些文化环境。企业在尽力创造良好的物理环境氛围的同时，还要注意创造良好的文化环境氛围。

9.2.3　师徒机制与人才保留

中国传统国企的管理体制中，很多企业对师徒制的应用非常成功。有的企业甚至有着"一日为师，终身为父"的传统，徒弟和师傅之间亲如父子。师傅不仅关心徒弟的工作，而且还会在思想上、生活上帮助徒弟；徒弟不仅在行为上尊敬师傅，还对学到技能心存感激。这种师徒关系，精彩地演绎了中国企业中一代人的工作关系。

然而随着经济的飞速发展，师徒制这种优秀的管理机制在许多企业已经不复存在，甚至有的管理者认为在企业中推行师徒制是一种管理的倒退。

师徒制从来不是对新型的企业管理模式或培训管理模式的否定，而是一种对人才培养非常高效的手段。事实上，在国外许多管理非常先进的大型企业中，师徒制不仅存在，而且是提升员工能力非常重要的方式，受到企业各级管理者的高度重视。

企业领导咨询服务企业海德思哲国际咨询企业（Heidrick & Struggles）说："新媒体的发展，让人与人的关系虚拟化，如果在现实世界中能有一位比你位阶更高的导师指导，你一定比别人更具职场竞争力。有句话说得好，'获得一件东西最快的方法是帮别人得到它，学会一项本领最快的方法是教会别人'。没错，一段良善的师徒关系对彼此都有益。"

在职业成长和技能提升方面，如果有一位好的前辈能给员工一些建议，对员工来说往往提升很快。企业与其让员工摸着石头过河、等待企业统一组织的培训或者促使员工自学，不如花点心思，为员工找个好的引路人，帮员工过河。

师傅能够让徒弟在忙碌中始终认清工作的目的和方向，会提醒徒弟可能会遇到的陷阱，这样的提醒也许无法完全避免徒弟走一些弯路，但会让徒弟更快地领悟错误中的教训，从而更有效率地总结出一套适合自己的方法。

师徒制对人力资源管理的重要意义包括以下内容。

- 能够让新员工更快、更好地融入企业；
- 能够让老员工的技能得到稳步的提升；
- 能够让技能较差的员工跟上团队的成长；
- 能够促进企业人才梯队建设中的人才培养；
- 能够提高师傅的荣誉感、成就感、责任性；
- 能够提升锻炼师傅的综合素质及领导能力；
- 能够增强企业团队的凝聚力和团队意识；
- 能够提高企业员工的稳定性和满足感。

作为一种培养人才的有效手段，师徒制可以运用在各种规模、所有组织形式的企业中。

9.3　如何通过留住外部人力资源创造价值

在做人才保留的时候，企业很容易陷入一种思维，就是只对当前在职的人才实施保留，而没有想过对于没有入职的人才，其实也有办法实施保留。这里的保留并不是把没有入职的人才留在企业工作，而是与他们保持某种形式的联系，当企业有类似岗位需求的时候，能让他们快速上岗。

9.3.1　如何管理未入职的人力资源

对于未入职的人力资源，企业可以把他们的简历形成人才库，分成 ABCD 这 4个类别。

A 类代表这份简历的候选人和企业招聘岗位的要求非常符合。要先给这部分人面试的机会，在这部分人面试通过后，企业要优先录用这部分人。

对于 A 类简历中面试没有通过的候选人，企业可以在简历上标注他们没有通过的原因。如果因为一些其他原因，比如有更优秀的候选人，导致他没有通过面试，企业可以把他存入人才库。

对于 A 类简历中面试通过但是没有上岗的候选人可以把他放到人才库里。如果面试之后发现其和岗位的符合程度不高，则不放入人才库。

B 类代表这份简历的候选人和企业招聘的岗位有一定的符合度，但是符合度比较低，也可以考虑给他面试的机会。当所有 A 类简历的候选人面试没有赴约、面试通过后没有选择上岗或者面试之后发现不合适的时候，可以在 B 类简历的候选人里进行选择。

对于 B 类简历面试通过但是候选人没有选择企业的，或者虽然候选人没有通过面试，但是候选人整体素质不错的，可以把其纳入人才库，否则不放入人才库。

C 类代表这份简历的候选人和企业招聘的岗位基本不符合，暂时不需要给他安排面试，但是他的简历有必要暂时存档。

比如，这个候选人目前年龄不够，能力不行或者经验不足，但是这些因素都会随着时间的推移而发生变化。如果这个岗位企业很容易空缺，经常需要外部招聘，可能这个候选人再经过 3 年时间的历练之后，就能达到企业对这个岗位的要求了。到那个时候，当企业这类岗位空缺的时候，就可以直接联系他。

或者这个候选人目前还不适合企业招聘的这个岗位，但是大体适合企业的另外一个岗位，但是企业的另一个岗位目前没有外聘人才的需求。这时，可以保留这类简历，等企业的那个岗位需要外部招聘的时候，再考虑他。

D 类代表这份简历的候选人和企业当前或者未来一段时间所有岗位都不符合，没有为当前所有岗位或者未来一段时间可能产生的其他岗位存档的必要。比如，有的企业根本没有厨师的岗位，却收到一份一直做厨师的候选人的简历。

经过简历筛选和面试之后，企业的人才库里，会剩下 A 类、B 类和 C 类三种简历。A 类和 B 类简历的候选人是企业面试之后基本符合岗位的条件，但是因为各种原因没有入职的，C 类简历的候选人是企业没有面试的。

9.3.2　如何运用未入职的人力资源

很多生意人谈生意的时候，会先交朋友再谈生意。所谓"买卖不成仁义在"，就算做不成生意，还可以成为朋友。这里的朋友，并不需要天天联络，而是当彼此有需求的时候，可以快速互通信息，做必要的交流。

我们对没有入职的人才，也可以保持类似这样形式的连接。这种与人才的弱连接，也是猎头在招聘人才的时候惯用的。经过对人才简历的筛选和面试之后，企业能得到一个没有入职人才的人才库，在这个人才库里，大体能够分出 A、B、C 三类简历。

对这些潜在的人才，企业面试过的，一般是属于 A 和 B 两个类别的潜在人才，企业可以和他们保持一种弱连接。比较常用的做法是让招聘专员与他们互加微信，逢年过节表示问候和祝福，或者偶尔在他的朋友圈点赞。

如果遇到一些专业上的问题，招聘专员还可以请教这些人才。当企业举办一些小型聚会、论坛、沙龙活动的时候，可以邀请这部分人来参加。不能成为同事，可以成为朋友。这样做既能显出企业的诚意，又能显出企业的大气。

这里需要注意的是，这种方式特别适合一些高端岗位，但是并不适合需要大规模招聘人才的岗位。一般来说，招聘岗位的候选人越少、招聘岗位的难度越大时，建议使用这种方法。招聘岗位的候选人多、招聘这个岗位的难度小，则不建议使用这种方法，因为这样可能会牵扯企业很多的精力，得不偿失。

在企业出现岗位空缺时，可以从人才库中快速寻找和锁定候选人。这里要注意，就算前两步都做好了，这一步也不是顺理成章的。

有时候企业确实建立了人才库，也和曾经没有入职的人才保持了弱连接，但是这些人才一般已经入职了其他的企业。而且他们很可能已经在别的企业发展挺好的，这时候，有几个操作细节企业要注意。

（1）不要等到离职岗位上的人才完全离开后，再和这些曾经没入职的后备人才联络，最好是在现在岗位上的人才刚提出了离职意向，当企业发现已经留不住他的时候，企业就马上开始和后备人才库中里的人选联络。这时候，可以先从最容易入职的后备人才开始联络。

（2）当企业和这些后备人才联络的时候，不要告诉他们是因为企业某某人离职了，现在企业希望他们能够加入企业，要注意联络的话术。

（3）大部分情况下，当企业联络这些后备人才之后，对方都是在职的状态。所以在联络开场的时候，应当先问对方最近的职业境况。

除了和对方直接取得联系之外，还可以运用背景调查：一是了解候选人在现岗位的工作情况；二是通过了解情况，可以客观地判断对方入职的可能性。

9.3.3 如何活用已离职的人力资源

人才保留不仅可以保留住在职的人才，还可以保留住没入职的人才。企业通过建立没入职人才的人才库，和没入职的人才保持一种弱连接，当企业需要人才的时候，有可能让这些没入职的人才快速补充企业的人才需求。

这种人才保留的思路是往前看，人才保留如果往后看，是看对于已经离职的人才，企业能不能做好人才保留。

2014年11月27日上午，阿里巴巴召开了一个出乎国内很多企业意料的会议。这个会议名叫"离职员工大会"。在阿里巴巴的这个离职员工大会上，聚集了2 000多位曾经在阿里服务过的员工，其中还有从美国赶回来的前员工。

阿里巴巴之所以这么做是因为它清醒地认识到，这个世界是不断发展变化的，人才的流动是永恒的。即使企业的创始人，也可能会因为种种因素离开这个企业。就算企业留不住人，却有可能留住心、留住资源。这比留住了人却留不住心要好得多。

领英（LinkedIn）的创始人里德·霍夫曼（Reid Hoffman）在《联盟：互联网时代的人才变革》（*The Alliance: Managing Talent in the Networked Age*）一书中提到，在移动互联时代，企业与员工之间应该从商业交易转变成互惠关系，需要建立起一种互惠互利、共生共赢的联盟关系。

企业应该告诉员工，"只要你忠诚于客户价值、为企业创造更多的价值，企业就会让你收获更多"。员工也可以告诉企业，"如果企业帮助我发展我的事业，我也会尽我所能帮助企业发展壮大"。

企业与人才的关系应该更像是剧组和演员的关系。双方在合同期内时，相互合作、信守合约。合同到期后，彼此可以继续合作，也可以不再合作。但是即使不合作，企业和人才之间也可以保持持续的联系和良好的关系。

这正是未来商业世界的导向，在传统的农业时代，因为交通工具和劳动方式的限制，人们之间相互协作、贸易会受到很大的限制，所以在那个时代，以家庭为单位的小农经济、个体工商户之间的协作和贸易非常普遍。

随着技术的不断发展，到了工业时代，出现了大规模人群聚在一起的集中化生产劳动，于是逐渐有了工厂、商场、酒店这类大规模的雇佣形态。

随着信息技术的不断发展，在移动互联网时代，人们的连接方式越来越灵活，在很多行业，人们创造价值的方式已经不仅仅是提供简单的体力劳动，而是贡献智力成果。这就给空间上的分散化劳动提供了可能性，也给企业和人才之间的协作关系创造了更多不同的可能性。

在这种情况下，如果企业还是抱着传统工业时代的思维，只想着怎么在"留住员工的人"这个问题上努力，企业能得到的最好的结局是获得一个比较低的员工离职率；但是如果企业能够接受人才的离职，并思考如何留住人才的心，或者说如何留住资源这些问题，企业反而可能会收获越来越多的资源。

世界著名咨询企业麦肯锡（McKinsey & Company）的许多业务都是由自己的前员工牵线搭桥的。麦肯锡把员工离职当成是"毕业离校"，为前员工建立了一个名为"麦肯锡校友录"的信息库，麦肯锡会定期更新这些前员工的职业变动情况，与他们持续保持着良好的关系。

这些曾经离开麦肯锡的人，他们活跃在各行各业，成了不同领域的精英人才，其中有很多后来成了 CEO、高管、教授或政治家。他们继续为老东家提供宝贵的信息、情报、人际关系，直接或间接促成订单，为麦肯锡的发展做出了巨大的贡献。

麦肯锡没有留住这些离职员工的人，却成功地留住了这些前员工的资源。而且通过这种方式，随着员工的不断离职，麦肯锡的资源反而会越来越丰富。这么看来，员工离职并非是一种损失。

和麦肯锡有类似做法的是贝恩（Bain Capital），这家企业的人力资源部设立了专门的岗位，负责"前雇员业务"。这个岗位的专员会定期跟踪贝恩前雇员的职业生涯变化，会定期和他们联络，告诉他们贝恩的最新发展，会组织、邀请他们参加聚会活动。

贝恩的执行董事汤姆·蒂尔尼（Tom Tierney）曾说过："人员流失并不是坏事。我们吸引了最优秀和最聪明的人才，而这些人往往也是最难留住的。我们的工作是创造有价值的事业，使他们多停留一天、一个月或一年。但如果你认为能永远留住人才，那是愚蠢的。你应该在他们离职之后，继续与他们保持联系，把他们变成拥护者、客户或者商业伙伴。"

离职后的优质人才同样是社会所需要的，当他们聚集在一起的时候，必将产生巨大的商业价值。与这些著名的国外企业类似，除了阿里巴巴外，国内的许多企业也组织了官方或者非官方的离职员工联盟。比如，百度的"百老汇"、腾讯的"单飞企鹅俱乐部"和"南极圈"、美的的"北美洲"、南方报业集团的"南友圈"。

这些联盟建立的初衷是联络感情，后来发现还可以嫁接资源，再后来，随着人数越来越多，逐渐形成了一个又一个很有特色的社群。2014 年，"南极圈"的创始人甚至把"南极圈"注册成了企业。腾讯也把自己企业的很多活动向"南极圈"的成员开放，并且还投资了"南极圈"。

许多离职员工会选择创业，有从事原来企业上下游产业的、有从事互补产业的、有从事竞争产业的，虽然这种优秀人才的流失让许多企业受到了损失，但是如果这些企业能够在他们离职创业之前做些有意义的事，甚至鼓励内部员工创业，也许会收到很好的效果。

所以对于人才保留，我们要把思维从留人向留住人力资源转变。要把企业和人才之间的关系从"雇佣"向"结盟"转变，从"打工"向"交往"转变，把人才离职从"离职"向"暂别"转变。我们要正确地对待人才保留，与其用传统的思维、固执的心态、僵化的态度去看待人才的离职，不如接受这种流动，用更加开放的态度、更加包容的心态去激活离职员工这笔隐形的资产。

因此，对待已经离职的人才，我们不必过分懊恼或者自责，也不要因为人才离职就老死不相往来。根据优秀企业的经验，我们可以在四个方面做好工作，以便留住离职人才资源。

（1）建立离职人才的人才库，并且定期更新。

（2）与离职人才保持沟通，并建立持续、良好的关系。

（3）和离职人才分享企业近期取得的发展与进步。

（4）可能的话，为在职或离职的人才打造创业孵化器，支持他们的创业活动。

🔗 前沿认知
低离职率并不代表保留人才是成功的

很多企业为了做好人才保留工作，会以员工离职率作为人力资源部绩效考核指标。把离职率的指标定得很低，仿佛只要离职率保持在比较低的水平，就代表企业的人才保留工作很成功。

这样的做法有失偏颇。员工离职率低，只能代表离职员工的人数比较少而已，并不能代表我们人才保留工作做得成功。

假设有这样一家企业，企业的招聘能力很强，只要有离职的员工，它很快就能补充上来。在这家企业保持一定的员工总人数的情况下，企业每个月都会有20个员工离职，后来经过企业的努力，每个月只有10个员工离职。按照我们一般的理解，是不是这个企业的人才保留工作做得很成功呢？

如果原来企业每个月离职的20名员工全都是工作态度比较差、能力比较低、绩效比较差的员工；现在每个月离职的这10名员工全都是工作态度特别好、能力特别强、绩效比较好的员工，是否还能说这家企业人才保留工作做得成功呢？

这是关于人才数量和人才质量思维习惯上的差异。我们总是下意识地认为数量上达到了，工作就完成了。这个思维惯性在有的事情上可能是成立的，但是在人力资源管理方面，如果持有这样简单的认识，不仅达不到目标，而且会出问题。

有人说，应该做离职人才的质量分析吧？只要我的企业保证离职的员工中差的员工多一点，优秀的员工少一点就好了吧？

这种观点只对了一半，我们的确应该做离职人才的质量分析，在降低人才离职率的同时，尽量让离职的人才都是那些低效的人才。但是真正成功的人才保留，其实不限于此。我们还要对企业留下来的人才做质量分析，保证我们留下来人才的质量。

互联网上有个形容某类职场人的名词叫"小白兔"。很多企业大佬们对这个名词都有共识。华为主要创始人任正非、巨人集团董事长史玉柱、奇虎360创始人周鸿祎、猎豹移动CEO傅盛等企业家都在公开场合表达过对"小白兔"员工的不满，他们认为如果企业的"小白兔"员工过多，必然会拖垮企业的发展。

"小白兔"员工就是那种工作态度好、待人热情，团队意识也不错，但是能力和业绩却很差的员工。"小白兔"员工的能力差，创造的贡献和价值很小，他们喜欢待在舒适区，追求安逸，不愿意做任何有挑战的事。

他们不具备内在的动力，很难被企业的制度或者机制激励。他们看起来对企业丝毫没有害处，比有追求、有冲劲的员工稳定性更高，但是企业却不能依靠他们发展。对企业来说，这类员工的存在，有时候可能比那种稳定性差，但是能力很强、绩效很高的员工更有风险。

奇虎360的创始人周鸿祎曾经公开说："企业发展到一定阶段，能力强的员工容易离职，因为他们对企业内愚蠢行为的容忍度不高，他们也容易找到好工作；能力差的员工倾向于留着不走，他们也不太好找工作，年头久了，他们就变中高层了。"他把这种现象叫"死海效应"。好员工像死海的水一样蒸发掉，然后死海盐度就变得很高，正常生物不容易存活。

随着企业的发展，渐渐地会有大量的"小白兔"员工聚集，因为"小白兔"员工这种人畜无害的性格，如果我们不注意，平时还很难发现，慢慢地，企业会变成一个"兔子窝"。"小白兔"员工因为本身就喜欢安逸的环境，喜欢在一个窝里长期栖息。很多"小白兔"员工是就算你赶他走，他都不会走的，他庆幸能找到这么一个安安稳稳的岗位。

所以，我们要做好人才保留，绝不仅是让员工不要离开企业，而是要优化企业的人才结构，要想办法保留住优秀的人才。要实现这一点，就要做好人才质量的盘点，对在职员工和离职员工都要进行人才质量盘点。不能只看数量上的离职率，更重要的是看留住人才的质量。

如果我们发现企业现在的"小白兔"员工比较多，我们要特别注意。除了采取一定的行动来改变这种状况之外，我们还要反思两个问题，一是在人才选拔的时候，为什么会录用这些"小白兔"员工呢？二是如果他们入职的时候没有"小白兔"特质，是什么原因让他们变成了"小白兔"员工？

疑难问题
如何预防员工离职带来的潜在风险

《财富》杂志（*Fortune Magazine*）曾经统计过，员工离职后，从找新人到顺利上手，仅是替换成本就高达离职员工薪水的 1.5 倍，如果离开的是管理人员则代价更高。核心人才的流失，至少有 2 个月的招聘期、3 个月的适应期，6 个月的融入期；此外，还有相当于 4 个月工资的招聘费用和超过 40% 的融入失败率。

员工离职除了会给企业带来直接的经济损失，还存在许多潜在的风险。

1. 岗位空缺的风险

组织如果对员工的离职没有预期，很可能没有储备人选可以接替离职者的工作，导致工作陷于被动局面。同时，在离职交接的过程中，也可能因为交接流程的不完善造成交接时间不充分、交接内容不全面，从而带来其他风险。

应对措施如下。

（1）提前预防。做好人才梯队建设，评估所有岗位的离职风险，建立关键岗位的后备人才库，平时要保障和强化对后备人才相关岗位能力的提前培养。建立关键岗位或非关键岗位大规模人才流失的应急预案。

对必要的关键岗位，因工作的特殊性，可在关键人才入职时签署离职事项承诺书，约定从提出离职到正式离开的时间、是否履行特殊的办理程序、详细的工作交接内容等相关离职事项，并约定违反这些条款的违约责任。

（2）规范流程。建立并维护正常的离职程序，规定不同的岗位和职责需要谁确认、确认什么、怎么确认，需要谁审批、以什么为依据批准，需要谁监督、怎么监督，需要谁负责、负什么责。在兼顾效率的同时，保证离职流程的完备和安全性。

（3）迅速反应并采取行动。当相关人员有离职意向时，迅速反应、立即行动，人力资源部和部门主管应与离职者做离职面谈，如果员工离职意愿明确，应立即进入交接流程。争取充足的交接时间，确保工作交接的完整性。注意离职面谈要定位于安抚而不是责备，切不可激化矛盾，让离职者产生抵触情绪。

2. 关键信息泄露的风险

企业的关键信息包括技术资料、商业秘密等关乎企业核心竞争力的重要信息。如果处在关键岗位、掌握这些核心机密的人离职，不论是到竞争对手处工作，还是自主创业，都必然会给企业带来巨大的影响，严重的甚至将危及企业的存亡。

应对措施如下。

（1）留人很重要，平时在留人上做好工作优于离职之后再弥补。关键岗位留人的方法多种多样，原则是"放长线"。比如，中国人对房子有着特殊的情感，企业可以购置房产，给关键岗位人才长期居住，承诺20年后将房产转到人才个人名下；可以赡养、照顾关键人才的父母；也可以设置股权激励，定期分红，保证人才的长期收益。当然，留人的方法除了物质层面，还有精神层面的。

（2）从流程和制度上，将核心竞争力打散、拆分。比如，某餐饮连锁品牌的祖传秘方，在工业化生产中，创始人将它分成8份，这8份分别属于不同的工序、工段，操作的时间、地点都不相同。每一份又由一个3～5人的团队负责研发、管理和升级。而整套秘方，由创始人的两个儿子继承。

（3）依赖组织与团队优于依赖个人，团队可以把核心能力内化于无形。比如，核心的发明创造或专利技术尽量归组织或团队所有，而不要只写个人的名字。某核心产品的技术研发即使可以由个人独立完成，也尽量由多人组成团队共同完成，并将所有的过程文件和资料全部转到企业档案室统一保存。

（4）利用法律手段保护企业的合法权益，与核心人才签订保密协议和竞业禁止协议。保密协议可以约束人才在职时对涉密信息、关键信息、技术资料的保密工作；竞业禁止协议可以约束人才离职后一段时间内对相关信息的保密工作。

3. 客户流失的风险

直接面向客户、与客户接触较多的人才离职后往往也容易把客户一起带走，尤其是当这个客户一开始就是由离职人才开发或长期维护、没有其他人参与的情况下。这类岗位在一线销售人员中最为常见，如果企业长期对一线销售人员实施"只追求业绩"的粗放式管理，那么必将在人才和客户流失方面存在巨大风险。

应对措施如下。

（1）注重品牌建设，提升企业品牌的知名度、美誉度和影响力，让客户选择企业的产品是因为企业的品牌，而不只是因为某个业务人员的"善交朋友"与"能说会道"。

（2）实施客户关系管理（Customer Relationship Management，CRM），建立并维护好客户档案和数据库，所有客户由企业统一管理。

（3）建立并实施轮岗制度，不论干部、员工还是一线业务部门。当某业务员负责同一地区时间较长时，往往会掌握该地区的重要客户资源，为了防范风险，可以阶段性进行岗位轮换，并落实到制度中。业务较优秀者可以通过晋升到更高岗位、工资待遇提升等方式实现轮岗。

4. 军心不稳的风险

平时朝夕相处的同事离开了，必然会对组织中的其他员工产生一定的影响。有权威机构估算，1 个员工离职会引起大约 3 个员工产生离职的想法。按照这个逻辑推算，如果某企业员工的年化离职率为 20%，那么，可能会有 60% 的员工正在另找工作。

企业中有些核心人才由于领导魅力、工作年限、岗位性质等因素，往往会逐渐形成一定的感召力和影响力，周围可能会存在一批"拥护者"或"追随者"。这类人才一旦离职，必然会给一个群体带来心理冲击，降低企业的凝聚力。更有一些核心管理者，比如总经理离职后，可能会带走一大批处在关键岗位的技术和管理骨干，给企业经营带来巨大影响。

应对措施如下。

（1）从选人的时期开始预防，选用具备不同背景的员工，进行多元化管理。

（2）利用企业文化，丰富员工生活，让员工与企业间产生情感。

（3）做好员工的职业生涯规划管理，定期组织相关的培训和讲座。

（4）在与即将离职的人才沟通时，注重与离职人才长期接触的未离职的内部人才的沟通，稳定军心。

第10章

如何在法律风险层面
管控人力成本

企业应当规范人力资源的各项流程，保证合法合规。
如果人力资源管理流程上存在违背法律法规的问题，可
能给企业造成人力成本的损失。人力资源管理流程中的
法律风险主要存在于入职、在职和离职三个环节。

10.1　员工入职环节重点法律风险防控

员工入职环节法律风险防控的重点，主要在编制和发出录用通知书的环节、员工入职登记的环节以及企业与员工订立劳动合同的环节。

10.1.1　录用通知书的注意事项

关于录用通知书的法律问题，很多人力资源管理人员并不清楚，常见问题有以下3个。

1. 已发的录用通知书，单位是否可以撤销？

有人认为，发了录用通知书，企业就一定要严格遵守录用通知书或者录用通知书具备不可撤销的法律效力。这类观点其实并不完全正确。

录用通知书在企业发出后能否撤销，这要看录用通知书是否构成要约（是指希望和他人订立合同的意思表示）。

录用通知书在法律上的性质是用人单位向劳动者发出的要约，不等同于劳动合同，是用人单位单方向劳动者发出的聘用意向，是合同的一种意思表示，是企业向应聘者阐述录用岗位／职位、录用条件、薪酬福利待遇、入职时间要求等并限期答复的文书。

如果候选人在录用通知书规定的期限内给予正式的答复确认，则构成要约。这时候作为候选人是可以毁约的，基本不需要承担违约责任。但是在企业接到候选人的正式确认之后，这时候双方就已经形成了事实上的法律关系，作为企业不能轻易地撤销录用通知书。

也就是说，只要劳动者表示同意并符合入职需要的规定条件，用人单位就应当按照录用通知书中承诺的内容如期与劳动者订立劳动合同，否则用人单位要承担相应的法律责任。

录用通知书发出后，用工双方仍处于劳动合同的订立过程中。此时如果劳动者在充分信任用人单位的基础上已经为签订劳动合同做了必要的准备和相关投入，用人单位违反录用通知书约定，则需要承担因违背诚信原则而导致的损害赔偿责任，具体赔偿以候选人的实际经济损失为依据。

如果候选人逾期答复或者没有正式答复，则失去企业必须录用候选人的约束。也就是说，这时候，企业对候选人发放的录用通知书已经失效。当然，如果企业继续另行发函或者录用通知书与候选人确认，那么又将形成另一个确认周期。

2. 企业已发录用通知书，候选人已确认，但候选人体检不合格，这时候企业拒绝录用候选人，是否可以？

有人认为这种情况当然不可以。其实也不一定。有一种情况是可以的，就是企业在该岗位的招聘岗位描述中已经注明了岗位上岗的条件是员工达到了某种身体条件，而体检证明候选人没有达到这种身体条件，单位当然是可以拒绝录用的。

也可以在录用通知书中注明职工上岗需要具备某种身体条件，这种身体条件是录用通知书成立的要件之一。如果候选人不具备，则企业可以不录用。当然，这里岗位需要的某种身体条件首先必须合法合规，其次应当合情合理。如果企业随意规定，当发生劳动争议时，仲裁或法院会支持劳动者的主张。

比如餐饮行业要求与顾客接触的一线服务人员必须持健康证上岗。那么，处在这个行业的企业，在招聘一线服务人员的招聘岗位说明以及录用通知书中对此项做出规定和说明就是合法合规、合情合理。这时候，即使候选人拿到企业的录用通知书并明确表示同意上岗，但体检发现不合格的，企业仍可以拒绝其上岗。

3. 录用通知书应该是在体检前发，还是体检后发？

这里要看企业对各岗位体检身体条件的规定是否合法合规、合情合理。如果录用通知书中明确规定了岗位上岗的条件是具备某种身体条件，就代表了录用通知书要约成立的前提是体检合格。那么，录用通知书是可以在体检前发的。

如果录用通知书中没有相关的规定，招聘岗位说明中也没有相关规定，可以考虑在候选人体检之后，再发放录用通知书。为了避免风险，职工因为体检产生的费用可以由企业承担。

【案例】

王华是山东一家外企的销售经理，销售业绩非常突出，在行业内已有一定的知名度。但是他一直希望能够找到一份在某企业的工作，并不断向同行业招聘相关人才的某企业投递简历。

2017 年 6 月的一天，他接到了该企业的一份录用通知书，该企业表示愿意录用他为销售经理，并且在录用通知书上明确了他的工资待遇，约定在一个月后正式到企业上班。

王华很满意这份工作，于是在录用通知书的规定时间内回复了该企业同意入职，并辞去了自己在外企的工作。不料想，在临近约定的前一天，该企业却突然通知他，由于企业的人力资源调整，他的职位另由他人代替。

王华一下子蒙了，原有的工作已经辞掉了，新的工作也没了。于是他打电话到这家企业，告知他们自己已经辞掉了工资待遇很好的工作，机会成本巨大，希望企业能够如约提供岗位。该企业却说，录用通知书只是一个通知，并不是劳动合同，不具有法律效力，他的说法不成立。

【案例分析】

用人单位发出录用通知书又撤销反悔的情况在实务中并不少见。一些用人单位认为，录用通知书不具有法律效力。因此，随意撤回也不会承担法律责任。这种想法是错误的。

虽然录用通知书和劳动合同不能画等号，但是，录用通知书是一种要约行为，对用人单位和员工都有约束力。用人单位单方面撤销录用的行为一旦给劳动者造成损失，用人单位就应该对劳动者的损失承担赔偿责任。

该企业的说法是否正确，关键在于企业解除的是一份合同还是一段劳动关系。因为录用通知书的作用一般是用人单位和劳动者就入职达成一定的协议，所以在录用通知书中会约定劳动者的入职时间。

这样一来，就算录用通知书生效了，在入职时间之前用人单位和劳动者的劳动关系也并没有形成。除非有一种情况，那就是在入职之前，劳动者已经行使了某种权利或履行了某种义务，表明双方的权利义务关系已经形成，那么此时双方实际就已经形成了劳动关系。

本案就是这种情况。该企业给王华发放录用通知书后，王华履行了辞去自己现有工作的义务，从而直接导致王华失去了原企业收入可观的工作，造成了巨大的损失。因此，如果该企业无法聘用王华，那么就应该对王华的损失承担赔偿责任。

【连线法条】

《中华人民共和国劳动合同法》（2012 年 12 月 28 日修正）

第七条　用人单位自用工之日起即与劳动者建立劳动关系。用人单位应当建立职工名册备查。

《中华人民共和国劳动法》（2018 年 12 月 29 日修订）

第十六条　劳动合同是劳动者与用人单位确立劳动关系、明确双方权利和义务的协议。建立劳动关系应当订立劳动合同。

10.1.2　入职登记时的注意事项

入职登记表是新进员工填写的一个基本的文件资料，其目的在于了解员工的基本信息，主要包括员工的基本信息、教育背景情况、工作经历信息和入职信息等。那么入职登记表究竟具有何种法律效力呢？

案例

张琳入职一家外企工作，签订了劳动合同和入职登记表。两年零5个月后离职，张琳到新企业工作7个月后又回到原企业工作。但是，在第二次入职时未填写入职登记表，仅签署了劳动合同。

一个月后，因张琳与领导发生争执，企业以此为由将其辞退，并表示愿意支付一个月的工资作为经济补偿金。但是张琳要求企业支付解除劳动关系补偿金为3.5个月工资，企业不同意，张琳便诉至劳动争议仲裁委员会，要求企业支付3.5个月的经济补偿金。

劳动争议仲裁委员会在审理时发现，张琳与企业之间有两个劳动合同，但是只有一个入职登记表。企业表示张琳在工作未满3年时曾离职过一次，后又入职。但是却没有提供任何证明张琳曾经离职的证据材料。

劳动争议仲裁委员会支持了张琳的请求。根据法律规定，裁决企业向张琳支付3.5个月的经济补偿金。

【案例分析】

本案的关键之处在于企业是否能够提供张琳曾离职、后又入职的证据，这也是企业最后败诉的原因所在。张琳第一次离职和第二次入职均未办理相应的离职、入职手续，没有辞职单、离职交接单，更无入职登记表。入职登记表的最大作用，就是证明员工的入职情况。

若企业登记和存留入职登记表，那么就能够证明张琳曾在工作未满3年时离职过。因此，在实务中，用人单位一定要合法、有效地行使各种法律赋予的权利，这样才能做好法律风险防控。

【连线法条】

《中国人民共和国劳动合同法》（2012年12月28日修正）

第四十七条　经济补偿按劳动者在本单位工作的年限，每满一年支付一个月工资的标准向劳动者支付。六个月以上不满一年的，按一年计算；不满六个月的，向劳动者支付半个月工资的经济补偿。……

10.1.3　订立劳动合同注意事项

劳动合同的签订一直是用人单位和员工都十分关注的问题，它对于规范劳资双方的权利义务，稳定市场经济条件下的劳动关系，进而促进社会的和谐发展，发挥了重要作用。但是在实践中，有些用人单位并不懂得如何有效地运用劳动合同。有的用人单位甚至认为劳动合同是对其自身权利的限制，在起草和签订中出现了许多漏洞，因而出现了违背法律和合同的行为，造成了对劳资双方利益的侵害。

劳动合同分为固定期限劳动合同、无固定期限劳动合同和以完成一定任务为期限的劳动合同。

用人单位根据员工岗位的不同，与员工订立不同种类的劳动合同。对于劳动合同中非基于真实意愿而订立的条款，则被视为违反法律规定，属于无效条款。

因此订立劳动合同并不是签个字那么简单，它是一种被法律明确化和约束化的行为。

案例

某市的一家韩企以生产廉价服装为主要经营业务，需要大量的纺织工人。由于该企业对员工的管理十分苛刻，甚至还有打骂员工的行为，因此很多工人在工作一段时间后，都不愿意在该企业工作。

后来，人力资源部要求所有新录用的员工，在签订劳动合同时在合同中约定，所有员工一律上交身份证，并向企业缴纳1 000元的押金，身份证只有在年底放假或合同到期时才返还给职工。时间一长，工人们忍无可忍，一纸诉状，联名将该企业告上了法庭。该企业的这种行为是否构成违法？

【案例分析】

不经法定程序，任何部门和个人都不得扣押公民的身份证。因此该企业以加强员工管理为借口扣押身份证的行为是违法的。

其次，劳动合同的订立应该是自愿的、平等的。为了保障劳动者的自主择业权，劳动者在合同期内可以依据法定程序解除劳动合同。所以，用人单位不得以收取押金的形式限制和剥夺劳动者的自由择业权，该企业的此种行为也是违法的。

综上所述，对于企业的两种违法行为给员工造成的经济损失，员工有权通过劳动争议仲裁或起诉要求该企业给予赔偿。

【连线法条】

《中华人民共和国劳动合同法》（2012年12月28日修正）

第三条 订立劳动合同，应当遵循合法、公平、平等自愿、协商一致、诚实信用的原则。依法订立的劳动合同具有约束力，用人单位与劳动者应当履行劳动合同约定的义务。……

第九条 用人单位招用劳动者，不得扣押劳动者的居民身份证和其他证件，不得要求劳动者提供担保或者以其他名义向劳动者收取财物。……

第八十四条 用人单位违反本法规定，扣押劳动者居民身份证等证件的，由劳动行政部门责令限期退还劳动者本人，并依照有关法律规定给予处罚。用人单位违反本法规定，以担保或者其他名义向劳动者收取财物的，由劳动行政部门责令限期退还劳动者本人，并以每人五百元以上二千元以下的标准处以罚款；给劳动者造成损害的，应当承担赔偿责任。劳动者依法解除或者终止劳动合同，用人单位扣押劳动者档案或者其他物品的，依照前款规定处罚。

《就业服务与就业管理规定》（2018年12月14日修订）

第十四条 用人单位招用人员不得有下列行为：
（一）提供虚假招聘信息，发布虚假招聘广告；
（二）扣押被录用人员的居民身份证和其他证件；
（三）以担保或者其他名义向劳动者收取财物；
（四）招用未满16周岁的未成年人以及国家法律、行政法规规定不得招用的其他人员；
（五）招用无合法身份证件的人员；
（六）以招用人员为名牟取不正当利益或进行其他违法活动。

10.2 员工在职环节重点法律风险防控

员工在职过程中，比较容易出现问题的环节包括调岗调薪的环节、企业中对待女职工的环节以及雇主责任险的环节。

10.2.1 调岗调薪注意事项

本节所讲的调岗调薪是指变更劳动者的工作岗位，降低劳动者的工资。一旦处理得不好，就会导致劳动者主动要求解除劳动合同或者是用人单位将其辞退，进而双方进行仲裁诉讼的后果。

根据《中华人民共和国劳动合同法》（2012年12月28日修正）第29条规定："用人单位与劳动者应当按照劳动合同的约定，全面履行各自的义务。"第三十条第一款还规定："用人单位应当按照劳动合同约定和国家规定，向劳动者及时足额支付劳动报酬。"

因此，在用人单位和劳动者签订了劳动合同之后，双方就应该严格按照劳动合同履行各自的义务。用人单位应该为劳动者提供工作条件和工作岗位。如果用人单位在不符合法律规定的条件下，私自调整劳动者的工作岗位，降低劳动者的报酬，将会面临如下法律后果。

（1）劳动者可以要求解除合同。如果用人单位私自单方面调整劳动者的工作岗位，降低劳动者的报酬，就属于未按照劳动合同的约定提供劳动条件，未足额支付工资报酬，因此劳动者有权单方面解除劳动合同。

（2）劳动者有权要求支付经济赔偿金。如果劳动者因为用人单位擅自调岗调薪而被迫解除劳动合同，则有权要求用人单位支付经济补偿金；如果是劳动者不服从用人单位擅自的调岗调薪，用人单位因此想要与劳动者解除劳动合同的，用人单位就属于违法解除劳动合同，劳动者有权要求用人单位支付双倍的经济补偿金。

（3）用人单位有可能支付赔偿金。要注意经济补偿金和赔偿金不是同一概念。在用人单位违法调岗调薪时，劳动者不服从调整的，此时用人单位往往会与劳动者解除劳动合同并且不支付任何的经济补偿金。

根据《中华人民共和国劳动合同法》（2012年12月28日修正）第85条的规定，用人单位解除或者终止劳动合同，未依法向劳动者支付经济补偿的，由劳动部门责令期限支付经济补偿；逾期不支付的，责令用人单位按照应支付金额的百分之五十以上百分之一百以下的标准向劳动者加付赔偿金。

用人单位在调岗调薪时，一定要向劳动者取得同意。擅自调整员工的工作岗位和报酬只能是损人不利己。

案例

小陈与某外资企业签订了为期2年的劳动合同，合同期限是2015年4月～2017年4月。劳动合同中双方约定，小陈的工作岗位是行政经理秘书，每月工资3 000元。

2016年6月，企业换了新的行政经理。新的行政经理想要用自己带来的秘书，因此，企业将小陈调整到清洁岗位，薪水变为1 500元。小陈没有同意企业的安排。合同到期后，小陈要求继续担任行政经理秘书一职，并且应该按照原来约定的薪资支付报酬。

企业因为小陈不服从企业的命令，便没有与小陈继续签订劳动合同，也没有支付经济补偿金。小陈不服，遂向当地的劳动争议仲裁委员会提出仲裁。经仲裁委员会仲裁，责令用人单位在2017年8月前支付小陈一个月的经济补偿金3 000元。

但是该企业一直拒不支付小陈的经济补偿金，于是劳动行政部门再次发出通知，责令该企业除了支付小陈3 000元经济补偿金之外，还需要支付小陈一个月的补偿金，共计6 000元。

【案例分析】

在实务中，许多用人单位在与员工解除劳动合同后，应该支付给劳动者经济补偿金，但是故意拖着不付。在这种情况下，劳动者可以向劳动监察部门投诉。本案例中，由于用人单位一致拖着不付经济补偿金，劳动行政部门为了惩罚这种做法，因此向用人单位加罚3 000元赔偿金，也是希望其他用人单位能够引以为戒，合法行事。

【连线法条】

《中华人民共和国劳动合同法》（2012年12月28日修正）

第三十八条　用人单位有下列情形之一的，劳动者可以解除劳动合同：

（一）未按照劳动合同约定提供劳动保护或者劳动条件的；

（二）未及时足额支付劳动报酬的；

（三）未依法为劳动者缴纳社会保险费的；

（四）用人单位的规章制度违反法律、法规的规定，损害劳动者权益的；

（五）因本法第二十六条第一款规定的情形致使劳动合同无效的；

（六）法律、行政法规规定劳动者可以解除劳动合同的其他情形。用人单位以暴力、威胁或者非法限制人身自由的手段强迫劳动者劳动的，或者用人单位违章指挥、强令冒险作业危及劳动者人身安全的，劳动者可以立即解除劳动合同，不需事先告知用人单位。……

第八十五条　用人单位有下列情形之一的，由劳动行政部门责令限期支付劳动报酬、加班费或者经济补偿；劳动报酬低于当地最低工资标准的，应当支付其差额部分；逾期不支付的，责令用人单位按应付金额百分之五十以上百分之一百以下的标准向劳动者加付赔偿金：

（一）未按照劳动合同的约定或者国家规定及时足额支付劳动者劳动报酬的；

（二）低于当地最低工资标准支付劳动者工资的；

（三）安排加班不支付加班费的；

（四）解除或者终止劳动合同，未依照本法规定向劳动者支付经济补偿的。

10.2.2　女性职工注意事项

女性职工的劳动保护是根据女性生理特点对其所采取的各项保护措施，也就是在劳动过程中的安全和卫生的特殊保护措施。由于女性生理条件的特殊性，法律以明文的方式规定禁止女性从事一些不利于身体健康的工作。

案例

小王今年26岁，被湖南某电镀厂招收为正式员工时已经怀孕两个月。进入工厂后，厂里安排她从事与有毒有害物质有关的工作，但是从没有告知过她，并且没有进行过相关的教育工作、发过相应的津贴和补助。

在工作了2个月后，小王产生了严重的不适感，经检查确认，这种现象与她从事的工作中所接触的化学物质有关。医生对其进行了特别的嘱咐，告知她已经怀孕的女工是不得从事这项工作的。

小王向厂里提出疑问，厂领导却说企业的物质没有问题，让她安心干活。小王不放心，经向劳动部门询问之后，小王提出了调换工作岗位，并且给予有毒有害岗位津贴的请求。厂里不仅没有解决这个问题，还以要辞退小王来威胁她。小王遂向当地的劳动争议仲裁委员会提起仲裁，请求得到公正的裁决，维护合法权益。

当地的劳动争议仲裁庭经审理后，支持了小王的请求，裁决该用人单位为小王调换工作岗位，并且补发之前的岗位津贴费用。

【案件分析】

我国法律对女职工的保护分为两种，即一般保护和特殊保护。一般保护是指在劳动就业、劳动报酬、职业培训、劳动保险福利等方面享有与男子平等的权利；特殊保护主要是在劳动保护方面，由于女职工的特殊需要而给予的特殊权益的法律保障，主要涉及女职工在生产中的安全和健康。

根据《女职工劳动保护规定》（2012年4月28日实施）第2条的明确规定："中华人民共和国境内一切国家机关、人民团体、企业、事业单位、社会团体、个体经济组织以及其他社会组织等用人单位及其女职工，适用本规定。"由此可见，"女职工"不仅包括通常意义上的工厂女工，还包括一切参加工作的女职工。

目前，对女职工产生职业危害的主要来源包括生产性有毒物质、振动性职业、过重的负重和低湿水冷作业，这些工作环境都会对女职工的身体健康产生特殊的影响。

本案中，该工厂严重违反了孕期保护的法律规定，安排已怀孕的女职工在有害物质环境中工作，给女职工的身心健康带来了严重的职业危害，这是属于生产性毒物对女职工造成危害的典型案例。

该工厂未经培训便安排女职工进行危险工作，并且拒绝依法调换岗位，其行为违反了我国法律规定。因此，劳动争议仲裁委员会支持了小王的一系列合法请求。

【连线法条】

《女职工劳动保护规定》（2012年4月28日实施）

女职工禁忌从事的劳动范围

一、女职工禁忌从事的劳动范围：

（一）矿山井下作业；

（二）体力劳动强度分级标准中规定的第四级体力劳动强度的作业；

（三）每小时负重6次以上、每次负重超过20公斤的作业，或者间断负重、每次负重超过25公斤的作业。

二、女职工在经期禁忌从事的劳动范围：

（一）冷水作业分级标准中规定的第二级、第三级、第四级冷水作业；

（二）低温作业分级标准中规定的第二级、第三级、第四级低温作业；

（三）体力劳动强度分级标准中规定的第三级、第四级体力劳动强度的作业；

（四）高处作业分级标准中规定的第三级、第四级高处作业。

三、女职工在孕期禁忌从事的劳动范围：

（一）作业场所空气中铅及其化合物、汞及其化合物、苯、镉、铍、砷、氰化物、氮氧化物、一氧化碳、二硫化碳、氯、己内酰胺、氯丁二烯、氯乙烯、环氧乙烷、苯胺、甲醛等有毒物质浓度超过国家职业卫生标准的作业；

（二）从事抗癌药物、己烯雌酚生产，接触麻醉剂气体等的作业；

（三）非密封源放射性物质的操作，核事故与放射事故的应急处置；

（四）高处作业分级标准中规定的高处作业；

（五）冷水作业分级标准中规定的冷水作业；

（六）低温作业分级标准中规定的低温作业；

（七）高温作业分级标准中规定的第三级、第四级的作业；

（八）噪声作业分级标准中规定的第三级、第四级的作业；

（九）体力劳动强度分级标准中规定的第三级、第四级体力劳动强度的作业；

（十）在密闭空间、高压室作业或者潜水作业，伴有强烈振动的作业，或者需要频繁弯腰、攀高、下蹲的作业。

四、女职工在哺乳期禁忌从事的劳动范围：

（一）孕期禁忌从事的劳动范围的第一项、第三项、第九项；

（二）作业场所空气中锰、氟、溴、甲醇、有机磷化合物、有机氯化合物等有毒物质浓度超过国家职业卫生标准的作业。

10.2.3　雇主责任险注意事项

很多人对雇主责任险有误解，认为雇主责任险是一种浪费。

1. 什么是雇主责任险

雇主责任险是帮助企业防范劳动用工的风险，使企业的雇员在受雇过程中（一般也包括上下班途中），当遭受意外或因患相关职业性疾病导致伤残或死亡时，对被保险人依法需承担的医疗费用和经济赔偿责任进行的赔付。

雇主责任险的保险范围一般包括工伤及职业病身故 / 伤残、医疗费用报销、误工津贴，也有的保险产品可以扩展到非工作期间发生的意外事故造成的员工伤残。

2. 雇主责任险和团体意外险有的区别

（1）被保险人不同。

雇主责任险的被保险人和受益人为企业，是为企业转嫁应承担的员工意外以及职业病费用的风险，是保险企业帮助企业承担赔付责任；团体意外险的被保险人为企业员工，受益人为员工本人或者员工指定的受益人，保险企业赔付员工后，不能免除企业（雇主）的赔偿责任。

（2）保障内容不同。

雇主责任险保障的是雇员工作期间发生的意外或由于工作导致的职业疾病，有的保险产品也可以扩展到非工作期间内的意外保障；团体意外险保障的是雇员日常工作生活过程中发生的意外事故，一般不包含员工工作期间发生的意外和职业病的保障。

3. 雇主责任险和工伤保险的区别

（1）赔偿责任不同。

工伤保险基金可以承担大部分的工伤赔偿责任，但仍然会有部分的工伤赔偿责任需要用人单位自身承担（如误工费及五级到十级伤残的一次性伤残就业补助金）；雇主责任险可以赔偿雇主对雇员依法应承担的经济赔偿责任，可以免除用人单位的后顾之忧。

（2）赔偿性质不同。

用人单位申领工伤保险金的次数反映了用人单位的劳动安全状况，很多地方政府会把是否发生工伤事故作为考核项，如果某个用人单位发生工伤次数较多或者申请的工伤保险金较多，可能会导致政府提高该企业的工伤保险缴费比例，严重的可能会引致行政处罚；雇主责任险的赔偿与劳动安全记录无关。

（3）申请的用时不同。

工伤保险金的申领程序较为复杂，从发生工伤到最终保险金到位即使不经鉴定程序用时也近半年，如果经过鉴定程序拖上一年也有可能；雇主责任险的理赔程序比工伤保险基金申领程序简单，也更加快捷。

4.企业购买雇主责任险的作用

（1）转移风险。

随着工伤条例对工伤事故的赔偿标准的进一步提高，企业购买雇主责任险可以有效地把用工的风险转嫁到出售雇主责任险的保险公司身上。

（2）提高福利。

对员工来说，有雇主责任险的企业比没有雇主责任险的企业多了一份保障和安全感。从另一个侧面看，算是员工福利的一种。

（3）保障没有社会保险者的权益。

短期工、学生工、小时工、季节工等这些不需要企业缴纳社会保险的用工形式，企业可以采取雇主责任险的方式防范其用工风险。

10.3　员工离职环节重点法律风险防控

企业在员工离职的问题上，比较容易出现法律风险的环节包括终止劳动合同的环节、处理经济补偿金的环节以及实施经济性裁员的环节。

10.3.1　终止劳动合同注意事项

《中华人民共和国劳动法》（2018年12月29日修订）规定了劳动合同终止的2种情况。

（1）劳动合同期限届满，劳动合同即告终止，这主要是针对有固定期限的劳动合同和以完成一定的工作为期限的劳动合同而言的。

（2）当事人约定的合同终止的条件出现，劳动合同终止，这种情况既适用于有固定期限和完成一定的工作为期限的劳动合同，也适用于无固定期限的劳动合同，劳动合同的这种终止属于约定终止。

劳动者在医疗期、孕期、产期和哺乳期内，劳动合同期限届满时，劳动合同的期限应自动延续至医疗期、孕期、产期和哺乳期满为止。

劳动合同终止，意味着劳动合同当事人协商确定的劳动权利和义务关系结束，此时，用人单位应当依法办理终止劳动合同的有关手续。

根据我国法律的规定，劳动合同终止的必备条件有以下6种（满足某一种即可）。

（1）劳动合同期满。劳动合同期满是劳动合同终止的最主要形式，适用于固定期限的劳动合同和以完成一定工作任务为期限的劳动合同。一旦约定的期限届满或工作任务完成，劳动合同通常都自然终止。

（2）劳动者开始依法享受基本养老保险待遇。由于退出劳动力市场的劳动者的基本生活已经通过养老保险制度得到保障，劳动者不再具备劳动合同意义上的主体资格，因此劳动合同自然终止。只要劳动者依法享受了基本养老保险待遇，劳动合同即行终止。

（3）劳动者死亡、被人民法院宣告死亡或者宣告失踪、死亡，意味着劳动者作为自然人从主体上的消灭。

宣告死亡，是公民下落不明达到法定期限，经利害关系人申请，由人民法院宣告该公民死亡的民事法律制度。宣告失踪，是公民下落不明满法定期限，经利害关系人申请，由法院宣告其失踪并对其财产实行代管的法律制度。当劳动者死亡、因下落不明被人民法院宣告失踪或者宣告死亡后，作为民事主体和劳动关系当事人，无法再享受权利和承担义务，自然也不能继续履行劳动合同，劳动合同当然终止。

（4）用人单位被依法宣告破产、被吊销营业执照、责令关闭、撤销。破产，指当债务人的全部资产不足以清偿到期债务时，债权人通过一定程序将债务人的全部资产供其平均受偿从而使债务人免除不能清偿的其他债务，并由人民法院宣告破产解散。

吊销营业执照是登记主管机关依照法律法规的规定，对企业法人违反规定实施的一种行政处罚，对企业法人而言，吊销营业执照就意味着其法人资格被强行剥夺，法人资格也就随之消亡。

用人单位被责令关闭，是指合法建立的企业或企业在存续过程中，未能一贯严格遵守有关法律法规，被有关政府部门依法查处。

用人单位被撤销是指企业未经合法程序成立，或者形式合法但不符合相关法律法规的实体规定，被政府部门发现后受到查处。

（5）用人单位决定提前解散。根据《中华人民共和国公司法》（2018年10月26日修正）规定，因企业章程规定的解散事由出现、股东会或者股东大会决议等原因，用人单位提前解散的，其法人资格便不复存在，必须终止一切经营和与经营业务有关的活动，原有的债权债务关系包括与劳动者的劳动合同关系，也随主体资格的消亡而消灭。

（6）法律、行政法规规定的其他情形终止。法律规定不可能包含现实生活中出现的所有现象，因此，《中华人民共和国劳动合同法》（2012年12月28日修正）将这一规定作为兜底条款。

10.3.2　经济补偿金的注意事项

经济补偿金是在劳动合同解除或终止后，用人单位依法一次性支付给劳动者的经济上的补助。我国法律一般称作"经济补偿"。

《中华人民共和国劳动合同法》（2012 年 12 月 28 日修正）的有关规定如下。

第四十六条　有下列情形之一的，用人单位应当向劳动者支付经济补偿：

（一）劳动者依照本法第三十八条　规定解除劳动合同的；

（二）用人单位依照本法第三十六条　规定向劳动者提出解除劳动合同并与劳动者协商一致解除劳动合同的；

（三）用人单位依照本法第四十条　规定解除劳动合同的；

（四）用人单位依照本法第四十一条　第一款规定解除劳动合同的；

（五）除用人单位维持或者提高劳动合同约定条件续订劳动合同，劳动者不同意续订的情形外，依照本法第四十四条　第一项规定终止固定期限劳动合同的；

（六）依照本法第四十四条　第四项、第五项规定终止劳动合同的；

（七）法律、行政法规规定的其他情形。

第四十七条　经济补偿按劳动者在本单位工作的年限，每满一年支付一个月工资的标准向劳动者支付。六个月以上不满一年的，按一年计算；不满六个月的，向劳动者支付半个月工资的经济补偿。

劳动者月工资高于用人单位所在直辖市、设区的市级人民政府公布的本地区上年度职工月平均工资三倍的，向其支付经济补偿的标准按职工月平均工资三倍的数额支付，向其支付经济补偿的年限最高不超过十二年。

本条所称月工资是指劳动者在劳动合同解除或者终止前十二个月的平均工资。

第四十八条　用人单位违反本法规定解除或者终止劳动合同，劳动者要求继续履行劳动合同的，用人单位应当继续履行；劳动者不要求继续履行劳动合同或者劳动合同已经不能继续履行的，用人单位应当依照本法第八十七条　规定支付赔偿金。

在经济补偿金的工资计算标准这一问题上，最容易引发混淆和纠纷的地方常见于计发经济补偿金的工资标准是否包括加班加点劳动报酬的问题。根据上述规定，企业在正常生产情况下，支付给职工的加班加点劳动报酬属于工资的组成部分，计发经济补偿金的工资标准应包括加班加点的劳动报酬。

10.3.3　经济性裁员的注意事项

经济性裁员，是指用人单位一次性辞退部分劳动者，以此作为改善生产经营状况的一种手段，其目的是保护自己在市场经济中的竞争和生存能力，渡过暂时的难关。

《中华人民共和国劳动法》（2018 年 12 月 29 日修订）第 27 条规定如下。

第二十七条　用人单位濒临破产进行法定整顿期间或者生产经营状况发生严重困难，确需裁减人员的，应当提前三十日向工会或者全体职工说明情况，听取工会或者职工的意见，经向劳动行政部门报告后，可以裁减人员。……

这一条是我国劳动法的新规定，也称经济裁员。由于"经济裁员"也必然要影响员工生活，增加社会失业率，因此，劳动行政部门要积极监督检查裁员是否符合本法规定的允许裁员的范围，是否遵守裁员的法定程序等。

一般来说，适用经济性裁员要满足如下条件（某一个即可适用）。

（1）用人单位属于濒临破产进行法定整顿期间，需要裁减人员的。依照《中华人民共和国企业破产法》（2007年6月1日实施），企业因经营管理不善造成严重亏损，不能清偿到期债务的，可以依法宣告破产。对濒临破产业，允许一定阶段（不超过两年）的整顿期。这些企业裁减人员的，可以解除劳动合同。

（2）用人单位因生产经营状况发生严重困难，确需裁减人员的。用人单位生产经营发生严重困难随时都有可能出现，在市场经济条件下，企业只能依靠自身力量克服上述困难，这就必然涉及裁员问题，因此裁减人员对用人单位来说势在必行。

（3）企业转产、重大技术革新或者经营方式调整，经变更劳动合同后，仍需裁减人员的。

（4）其他因劳动合同订立时所依据的客观经济情况发生重大变化，致使劳动合同无法履行的。

经济裁员除符合上述条件外，还需经过以下程序。

（1）提前30日向工会或者全体职工说明情况，并提供有关生产经营状况的资料；裁减人员既非职工的过错也非职工本身的原因，且裁员总会给职工在某种程度上造成生活等方面的负作用。为此，裁员前应听取工会或职工的意见。

（2）提出裁减人员方案，内容包括被裁减人员名单、裁减人时间及实施步骤，符合法律、行政法规规定和集体合同约定的被裁减人员的经济补偿办法。用人单位不得裁减下列人员：患职业病或者因工负伤并被确认丧失或者部分丧失劳动能力的；女职工在孕期、产期、哺乳期内的；法律、行政法规规定的其他情形。

（3）将裁减人员方案向工会或者全体职工征求意见，并对方案进行修改和完善。

（4）向当地劳动保障行政部门报告裁减人员方案以及工会或者全体职工的意见，并听取劳动保障行政部门的意见。

（5）由用人单位正式公布裁减人员方案，与被裁减人员办理解除劳动合同手续，按照有关规定向被裁减人员本人支付经济补偿金，并出具裁减人员证明书。

经济性裁员属于用人单位解除劳动合同的一种情形。在市场经济中，用人单位直接面对的是市场竞争，为更好地适应市场需求，使企业保持一定的活力，用人单位必须在用人方面形成"能上能下""能进能出"的体制。

为此，劳动合同法规定，在满足一定条件下，用人单位可以单方解除还未到期的固定期限劳动合同以及无固定期限劳动合同。经济性裁员是用人单位出于经营方面考虑，单方解除劳动合同的方式。尽管名为经济性裁员，但其实质是用人单位单方解除劳动合同的一种方式。

一般来说，经济性裁员只能发生在企业中，只有企业才有可能进行经济性裁员。构成经济性裁员必须要一次性解除法定数量的劳动合同。但根据《中华人民共和国劳动法》（2018年12月29日修订），有4类对象是不得裁的，包括患职业病或者因工负伤并被确认丧失或部分丧失劳动能力的；患病或者负伤，在规定的医疗期的；女职工在孕期、产期、哺乳期内的；法律、法规规定的其他情况。

案例

小张在某工厂从事服装生产的工作。随着经济的发展，科技逐渐代替人力进行纺织。于是，该用人单位便不再需要大量的人力，宣布实行经济性裁员，裁掉员工50人。小张属于被裁掉的50个人当中的一员，经与用人单位协商无效后，50人联合向当地的劳动争议仲裁委员会提起仲裁，要求恢复劳动关系。

【案例分析】

《中华人民共和国劳动合同法》中规定，用人单位适用经济性裁员条件的第三点是企业转产、重大技术革新或者经营方式调整，经变更劳动合同后，仍需裁减人员的。

在本案例中，就算该服装企业要进行重大的技术革新，也要先变更劳动合同，在确定有些员工实在无法安置的时候，才可以进行裁减，实行经济性裁员。

服装企业没有变更劳动合同就直接进行经济性裁员违反了法律规定。因此，仲裁委员会裁定该企业恢复这50名员工的劳动关系。

【连线法条】

《中华人民共和国劳动合同法》（2012年12月28日修正）

第四十一条　有下列情形之一，需要裁减人员二十人以上或者裁减不足二十人但占企业职工总数百分之十以上的，用人单位提前三十日向工会或者全体职工说明情况，听取工会或者职工的意见后，裁减人员方案经向劳动行政部门报告，可以裁减人员：

（一）依照企业破产法规定进行重整的；

（二）生产经营发生严重困难的；

（三）企业转产、重大技术革新或者经营方式调整，经变更劳动合同后，仍需裁减人员的；

（四）其他因劳动合同订立时所依据的客观经济情况发生重大变化，致使劳动合同无法履行的。

裁减人员时，应当优先留用下列人员：

（一）与本单位订立较长期限的固定期限劳动合同的；

（二）与本单位订立无固定期限劳动合同的；

（三）家庭无其他就业人员，有需要扶养的老人或者未成年人的。用人单位依照本条第一款规定裁减人员，在六个月内重新招用人员的，应当通知被裁减的人员，并在同等条件下优先招用被裁减的人员。

疑难问题
常见劳动争议的 5 种情况

在实务中，发生劳动争议的情况有很多种，比较常见的有以下 5 种。

1. 调岗降薪

调岗调薪是实务中最容易引起劳动争议的一种行为。有的用人单位以劳动者请病假、身体不足以完成原岗位工作为由，调动劳动者的工作岗位，降低劳动者的工资。但是，如果调岗降薪不符合法律规定，劳动者就有权要求继续按照劳动合同的约定在原岗位履行劳动合同，或者主动要求解除劳动合同，并要求用人单位支付经济补偿金。

2. 不按时足额地支付加班工资

劳动者主张加班费的，应当就加班事实的存在承担举证责任。但劳动者有证据证明用人单位掌握加班事实存在的证据，用人单位不提供的，由用人单位承担不利后果。

除此之外，《工资支付暂行规定》（1995 年 1 月 1 日实施）第 13 条明确规定，用人单位在劳动者完成劳动定额或规定的工作任务后，根据实际需要安排劳动者在法定标准工作时间以外工作的，应按以下标准支付工资：用人单位依法安排劳动者在日法定标准工作时间以外延长工作时间的，按照不低于劳动合同规定的本人小时工资标准的 150% 支付劳动者工资。

但在实务中，一些中小企业为了减少人力成本，经常迟发少发甚至不发加班费，引起了劳动者强烈的不满。故劳动者诉用人单位不按时按额支付加班工资的案件比较多。

3. 离职不支付经济补偿金和经济赔偿金

用人单位在与劳动者解除劳动合同时不支付经济补偿金和经济赔偿金是劳动争

议中最常见的情形，其原因就在于与用人单位解除劳动合同后，劳动者已经不再担心用人单位进行打击报复。

4. 孕妇三期

所谓的孕妇三期，指的是孕妇的怀孕期、产期和哺乳期。孕妇怀孕后，身体较差，无法集中精力，导致工作效率不能保证。同时，因为怀孕，一些女职工可能不再适合从事当前的工作，因此很多用人单位借故调整孕妇的工作岗位，降低孕妇的工资，甚至采取种种措施逼迫孕妇离职。用人单位以上的做法都是不正确的。一旦孕妇提起诉讼，败诉的往往都是用人单位。

5. 不按时缴纳社会保险

不缴纳或者少缴纳社会保险，是很多用人单位与劳动者发生劳动争议最常见的情形之一。很多用人单位为了节省开支，不为劳动者缴纳社会保险的做法是违反我国法律规定的。

如果用人单位不按时为员工缴纳社会保险，根据《中华人民共和国劳动合同法》（2012年12月28日修正）第38条的规定，劳动者有权解除劳动合同，有权要求支付经济补偿金。同时劳动者还可以到劳动监察部门投诉，要求补缴。